통째로 먹는 영어

2007년 7월 10일 초판 발행

지은이 Philip Cha
펴낸이 윤여득
펴낸곳 조은문화사
주소 서울특별시 성북구 보문동 4가 90-4호
등록 1980년 7월 12일·등록번호 제6-27호
전화 02-924-1140, 1145
팩스 02-924-1147
홈페이지 http://choun.co.kr
이메일 bookpost@hanmail.net

*책값은 표지의 뒷면에 있습니다.
*이 책은 저작권법에 따라 보호받는 저작물이므로 무단전재와 무단복제를 금지합니다.
ISBN 978-89-7149-354-0 35740

[환불문의] 한국 02-924-1140 / 미국 1-973-706-8404

통째로 먹는 영어

You Can Speak English.

저자 Philip Cha

조은문화사

들어가기 _ 말

이 책을 읽으시는 분들을 위해서

오늘날 우리들은 영어가 꼭 필요한 시대에 살고 있습니다.
영어의 필요성을 아무리 강조해도 지나치지 않을 만큼 영어는
세계 공통어가 되어가고 있으며 국제간의 무역거래 및 학술, 문화교류,
국경을 넘는 인터넷 사용 등 영어의 영향력은 향후 더욱 커지리라 믿습니다.

해외여행을 하신 다든지 미국에서 사업 또는 학업을 계속하시건
또는 이민을 계획하시는 분들에게 영어 실력은 현금보다 더 큰 힘을 가질 때도 있고
영어 해독이 가능한 사람에게 더 많은 성공의 기회가 있는 것은 주지의 사실입니다.

한국인들은 머리가 좋고 외국어 습득 능력도 상당하며 오랫동안
영어공부를 했음에도 불구하고 이상하리만치 영어에
주눅이 들어 있는 것은 사실입니다.
미국에서 오래 살았고 영어를 많이 공부했음에도 타민족에 비해
영어 구사능력이 뒤 떨어지는 이유는 당연히 한국어의 특성 때문입니다.

유럽국가의 언어나 스페인어 (남미 대부분의 나라에서 사용하고 있는 언어)
또는 중국어까지도 영어와 문법구조가 공통된 부분도 있고 라틴 계통의 언어는
비슷한 단어까지도 많아 영어를 배우는 데 상당한 이점이 있는 것은 사실입니다.
그러나 아무리 어순이나 언어구조가 다르다고 해도 한국인이 다른 외국어를

배우는 것과 비교하여 영어 습득은 노력에 비해 효과를
보지 못하고 있는 것은 사실입니다.

미국의 여러 조사기관에 의하면 한국인과 일본인의 영어 습득능력이 국가별로
분류해서 항상 하위권에 속한다는 결과가 나옵니다.

한국인의 영어 습득이 뒤떨어지는 데에는 여러 가지 이유가 있겠지만
한국인에게 적합한 교육방법과 영어교재가 부족하지 않나 하는
생각을 합니다.

영어를 배우기 위해서는 어느 국가든지 자국어와 영어 사이의 특별한 차이점,
언어 구성 및 어순, 사고방식과 표현의 차이점들을 찾아내고 그 차이점을
메꿔 나가는 노력이 선행되지 않으면 안 됩니다.
다시 말해서 프랑스사람이나 중동사람이 영어를 배우는 학습 방법과
한국인이 영어를 배우는 학습방법과 교재는 다를 수밖에 없습니다.

영어 실력 향상을 위해서는 많은 단어를 외우는 노력과 발음 정정에
시간을 많이 쓰는 것은 다시 생각해보아야할 문제들 중의 하나입니다.
어느 나라 사람이든지 영어 발음은 출신국 언어 (모국어)의 바탕 위에
형성되어지는 것이기 때문에 특별한 액센트가 있기 마련입니다.
한국인이 미국에서 태어나 미국인 보다 더 유창한 영어를 구사해도

미국인이 갖는 음색과 동일한 발음을 낼 수 없는 까닭은 인종에서 오는
신체적 차이 때문입니다.

한국어가 영어와 크게 다른 차이점들은 영어단어는 여러 개의 품사를 겸하는
특징이 있고 특별히 동사는 많은 기능을 가지고 있으므로 단어를 많이
알고 있는 것보다 영어의 기본구조에 익숙해지면서 동사의 기능을 이해하고
어순에 맞게 말하는 노력이 영어를 빨리 배우고 막힘없는
의사소통을 할 수 있는 지름길이라고 영어학자들은 말합니다.

구슬이 서말이라도 꿰어야 보배입니다.
아무리 많은 시간 영어를 공부했어도 알아듣지 못하고 말하지 못한다면
괜한 헛수고를 했음에 불과합니다.
그동안 여러분들이 영어공부에 투자한 많은 시간과 노력들이 이 책을
통해서 구슬이 꿰어져가는 확신을 갖게 되고 미로 속을 헤매던
답답함에서 해방되시리라 믿습니다.

단 한 권의 책이 여러분의 영어를 책임질 수는 없겠지만 이 책의 학습방법을 통해서
한국어와 영어의 근본 차이점들이 이해되고 필수문법과 다양한 예문들이 여러분의
영어실력 향상에 초석의 역할을 다 하리라 믿습니다.

이 책을 만드는 데 오랜 시간 많은 분들의 헌신적인 도움이 있었음을
밝히고 싶습니다.

그중에서도 특히 New Jersey Wayne high school의 Amy 선생님
Anthony school의 Hana Kim 양
Dartmouth 대학출신으로 창작활동을 하고 계시는 Sohwon양 Janiffer양,
Columbia 대학의 Rich 교수님,
그리고 다년간 ESL 교사와 공립학교에서 수고하고 계시는
Barbara 여사에게 감사드립니다.

또한 이 책의 출판을 맡아주신 조은문화사 윤여득 사장님과 직원 여러분께도
깊은 감사의 뜻을 전합니다.

2006년 6월
뉴저지에서, 저자

들어가기 _ 문법

■ 문장의 4대 요소
주어 + 동사 + 목적어 + 보어

■ 문장의 5형식
1형식　　주어 + 동사 (완전자동사)
2형식　　주어 + 동사 + 주격보어 (불완전자동사)
3형식　　주어 + 동사 + 목적어 (완전타동사)
4형식　　주어 + 동사 + 간접목적어 + 직접목적어 (완전타동사, 수여동사)
5형식　　주어 + 동사 + 목적어 + 목적보어 (불완전타동사)

문장의 4대요소가 문장의 5형식을 이루고 있습니다.
대부분의 동사는 자동사와 타동사를 겸하므로 어떤 동사든지
1형식 또는 2형식이 될수도 있고 3, 4, 5형식 중 하나 또는 둘 이상이 될 수도 있습니다.
문장의 형식은 동사의 역할에 따라 결정됩니다.

1. He looks fine.	그는 좋아 보입니다. (2형식)
2. He looks me in the face.	그는 나를 똑바로 봅니다. (3형식)
3. We all get old.	우리는 모두 나이 먹어 갑니다. (2형식)
4. Did you get the letter?	당신은 편지를 받았습니까? (3형식)
5. Can you get me the book, please?	나에게 그 책을 가져다 주시겠어요? (4형식)
6. I feel exhausted.	나는 굉장히 지쳤습니다. (2형식)
7. I feel pain.	나는 고통스럽습니다. (3형식)
8. She makes coffee.	그녀는 커피를 만듭니다. (3형식)
9. She made me a dress.	그녀는 나에게 드레스를 만들어 주었습니다. (4형식)
10. His jokes make us laugh.	그의 농담은 우리를 웃게 합니다. (5형식)

11. She keeps quiet.　　　　　　　그녀는 조용히 있습니다. (2형식)
12. Keep the change.　　　　　　잔돈은 가지세요. (3형식)
13. Keep the door shut, please.　　문을 닫힌 상태로 두세요. (5형식)

위에서 보듯이 같은 동사가 역할에 따라 여러 형식을 만들 수 있습니다.

■ 팔품사의 정의

1. 명사　　사물 (유형, 무형) 의 이름을 나타내는 말.
2. 대명사　명사를 대신하는 말.
3. 동사　　사람, 사물의 동작이나 상태를 나타내는 말.
4. 형용사　명사 또는 대명사를 수식하여 주는 말.
5. 부사　　동사, 형용사 또는 다른 부사를 수식하여 주는 말.
6. 전치사　명사 또는 대명사 앞에 놓여서 형용사구 (형용사) 부사구 (부사)를 만드는 말.
7. 접속사　낱말과 낱말, 구와 구, 절과 절을 연결하여 주는 말.
8. 감탄사　기쁨, 슬픔, 놀람 등 감정을 나타내는 말.

■ 문장의 4대 요소

주어 + 동사 + 목적어 + 보어

- 주어
  - 동사가 나타내는 동작이나 상태의 주체가 되는 것.
  - 주어가 될 수 있는 품사, 명사, 대명사 그 상당어구.
  - 우리말로는 은, 는, 이, 가로 해석됨.

- 동사
  - 주어의 동작 이나 상태를 나타내는 말, 동사의 원형은 우리말로 …(하)다로 끝남.
  - 영어의 모든 문장은 주어 + 동사라는 형태가 이루어질 때 가능합니다. 따라서 주어가 없거나 동사가 없는 문장은 존재하지 않습니다.

- 목적어
  • 동사가 나타내는 동작이나 상태의 대상이 되는 말.
  • 목적어가 될 수 있는 품사, 명사, 대명사 그 상당어구 (주어가 될 수 있는 품사와 같음).

■ 보어

동사만으로는 뜻이 불충분하기 때문에 주어 또는 목적어를 보충 설명하여 주는 말.
주격보어는 주어를 설명하여 줌.   주어 = 주격보어   2형식 (불완전자동사)
목적보어는 목적어를 설명하여 줌.   목적어 = 목적보어   5형식 (불완전타동사)
주격보어가 될 수 있는 품사, 명사, 형용사, 그 상당어구.
목적보어가 될 수 있는 품사, 명사, 형용사, 그 상당어구.
♣ 문장의 4대요소를 이루는 품사는 명사, 대명사, 형용사, 그 상당어구와 동사임.

■ 문법의 기능과 상호 보완관계

문장의 4대요소와 문장의 5형식 그리고 팔품사가 서로 유기적인 관계 속에 그 기능과 역할을 행하면서 문장을 만듭니다.

영문법은 쉬운 것에서부터 어려운 부분까지 단계적 또는 부분적으로 공부해 나가는 것이 아닙니다. 영문법은 마치 하나의 원통 안에서 서로 위치와 역할을 바꾸고 기능을 바꿔 가면서 문장을 만들어 나가는 것입니다.

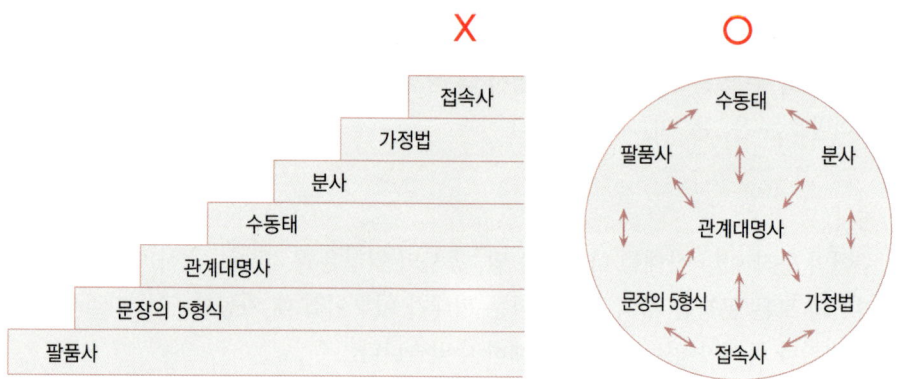

영문법은 어떤 부분은 잊어먹고 또 새로운 부분을 배워가면서 하는 공부가 아니고 일정한 부분은 한꺼번에 이해하고 있어야 합니다. 같은 부분을 반복하여 읽다보면 이해가 깊어질 것입니다.

영문법은 실제로 범위가 넓지만 유창한 영어를 하기 위해서 영문법 전부를 필요로 하는 것은 결코 아닙니다.

영단어가 약 2십만 개가 있는데 실제 생활을 하는 데 필요한 단어는 극히 제한돼 있는 것처럼 문법도 일상생활에 계속 반복적으로 쓰여지는 부분이 따로 있으므로 이 부분에 대해서만 집중적으로 공부하시면 됩니다.

단어를 외우는 데 명사는 사물의 이름이므로 단어가 갖는 뜻이 한정되어 있어서 짧은 시간에 많이 외울 수도 있습니다. 형용사와 부사도 그런 의미에선 마찬가지 입니다.

그러나 문법의 근간을 이루는 동사는 그 뜻과 기능, 문장 내에서의 역할도 함께 공부 해야 합니다. 또한 응용능력을 갖기 위해서는 동사가 갖는 문형들을 반드시 외워야 합니다.

■ 동사의 이해

문법의 중요 부분과 문장 속에서 많은 역할을 차지하고 있는 동사에 대한 공부는 충분한 예문을 통해서 그 기능을 이해하셔야 합니다.

대부분의 동사는 자동사와 타동사로 나뉘며 여러가지 뜻을가지고 있는 것 외에도,

– 동일한 동사가 문장의 형식을 바꿉니다.

1. He died.	그는 죽었다. (1형식)
2. He died young.	그는 젊은 나이에 죽었다. (2형식)
3. I make money.	나는 돈을 번다. (3형식)
4. I make them coffee.	나는 그들에게 커피를 만들어 준다. (4형식)
5. A sunny day makes me happy.	햇볕이 좋은 날은 나를 기분좋게 한다. (5형식)
6. The movie makes me cry.	그 영화는 나를 울게 한다. (5형식)

– 하나의 동사가 여러가지 문형 (sentence pattern)을 취합니다.

1. I know him.	나는 그를 알고 있다. (대명사가 목적어 – 3형식)
2. I know the laws.	나는 법률에 대한 지식이 있다. (명사가 목적어 – 3형식)

3. I know that she is a teacher. 나는 그 여자가 선생이라는 것을 알고 있다.
   (that절이 목적어 - 3형식)

4. I know how to play chess. 나는 체스를 하는 방법을 알고 있다.
   (wh. to do. (명사구)가 목적어 - 3형식)

5. I know who the man is. 나는 그 사람이 누군지 알고 있다.
   (wh절이 목적어 - 3형식)

6. I know her as a kind lady. 나는 그녀를 친절한 여자로 알고 있다.
   (her가 목적어 a kind lady가 목적보어 - 5형식)

7. I know him to be honest. 나는 그가 정직하다는 것을 알고 있다.
   (him이 목적어 honest 가 목적보어 - 5형식)

- 동사는 동명사 (동사의 원형에 ing가 붙은 꼴)가 되어 명사 역할을 합니다.

make   see   speak   write   play   feel
making seeing speaking writing playing feeling

- 동사의 원형이 to와 결합하여 부정사가 되어 명사 형용사 부사의 역할을 합니다.

to make / to see / to speak / to write / to play / to feel

- 현재분사 (동사의 원형에 ing가 붙은 꼴)는 진행형을 만듭니다.

She is making dinner.   I am speaking.   He is writing a letter.   They are playing.

- 과거분사 (동사의 과거분사형)는 have와 함께 완료형을 만듭니다.

He has made the table.   Have you seen a tiger?   She has written the letter.

- 과거분사는 be 동사와 결합하여 수동태를 만듭니다.

He makes the table. (능동태)   The table is made by him.   (수동태)
I saw the stars.   (능동태)   The stars were seen by me. (수동태)
They speak English. (능동태)   English is spoken by them. (수동태)

- 과거분사, 현재분사는 형용사 역할을 하면서 주격보어. 목적보어가 됩니다.

1. They seem delighted.   그들은 즐거워 보인다. (주격보어)
2. I became bored.   나는 지루해졌다. (주격보어)

3. You look tired.   당신은 피곤해 보이는군요. (주격보어)
4. He came running.   그는 뛰어서 왔다. (주격보어)
5. The music sounds amazing.   그 음악은 굉장하게 들린다. (주격보어)
6. She stands looking at the picture.   그 여자는 그림을 바라보면서 서 있다. (주격보어)
7. He wants the work done.   그는 그 일이 끝나기를 바란다. (목적보어)
8. Did you get it fixed?   당신은 그것을 수선시켰습니까? (목적보어)
9. I had my car stolen.   나는 자동차를 도난 당했다. (목적보어)
10. He saw them running.   그는 그들이 뛰어가는 것을 보았다. (목적보어)
11. We heard her laughing.   우리는 그녀가 웃는 것을 들었다. (목적보어)
12. I smell something burning.   나는 뭔가 타는 냄새를 맡고있다. (목적보어)

– 동사의 원형이 목적보어가 됩니다.

1. I will let you know the truth.   나는 당신에게 진실을 알게 하겠다. (목적보어)
2. He makes us laugh.   그는 우리들을 웃게 한다. (목적보어)
3. Please have him finish the job.   그에게 그일을 끝내게 하세요. (목적보어)
4. I heard you lie to him.   나는 당신이 그에게 거짓말하는 것을 들었다. (목적보어)
5. She helped me study English.   그녀는 내가 영어공부하는 것을 도와 주었다. (목적보어)

주어 + 동사라는 강력한 원칙을 고수하는 영어에서 동사는 절대적인 요소입니다.
언어학자들이 영어는 기본적인 동사만 가지고도 충분한 의사소통이 가능하다든지 짧은 기간 내에 습득이 가능한 언어라든지 하는 말은 술부의 중심이 되는 동사의 기능과 역할을 잘 이해할 때 가능합니다.
기초 영문법에 대한 숙달은 영어 실력 향상의 최고의 지름길이라고 말할 수 있습니다.

■ 평서문

사실을 그대로 말하는 것을 평서문이라고 합니다.
평서문을 부정문과 의문문으로 만드는 방법은 매우 간단합니다.

I love you. (평서문)
의문문은 문장의 어미에 do을 붙입니다.
Do I love you ? (의문문)
부정문은 동사 앞에 do not을 붙입니다.
I do not love you. (부정문)

be동사가 있는 문장은 be동사를 문장 앞에 두면 의문문이 되고 부정문은 be동사 다음에 not을 붙입니다.
This is a book. (평서문) → Is this a book? (의문문) → This is not a book. (부정문)
조동사가 있는 평서문의 의문문은 조동사를 주어 앞에 붙입니다.
He can speak English. (평서문) → Can he speak English? (의문문)
조동사가 있는 평서문의 부정문은 조동사 뒤에 not를 붙입니다.
He can speak English. (평서문) → He cannot speak English. (부정문)

평서문을 말할 수 있다면 그 평서문을 의문문과 부정문으로도 말할 수 있어야 합니다.

■ 조동사

조동사는 본동사 앞에서 본동사를 돕는 역할을 합니다.

- 조동사의 종류

can, could, may, might, must, will, should, would 등

1. You go.   당신은 갑니다.
2. You can go.   당신은 갈 수 있습니다.
3. You may go.   당신은 가도 좋습니다.
4. You might go.   당신은 가도 괜찮습니다.
5. You must go.   당신은 가야 합니다.
6. You have to go.   당신은 가지 않으면 안됩니다.
7. You will go.   당신은 갈 것입니다.
8. You shall go.   당신을 가게 하겠습니다.

9. You should go. 당신은 당연히 가야 합니다.
10. You would go. 당신은 가야할 것입니다.

조동사는 특별한 규칙에 의해서 사용되는 게 아니고 대화 도중 자연스럽게 본동사 앞에 두므로 다른 뜻의 문장을 만드는 것입니다.
평서문을 쉽게 만들 수 있는 능력이 생기면 상황에 맞는 조동사의 활용은 자연스럽게 이루어집니다.

■ 시제

영어의 시제는 미국인의 일상생활에서 비교적 엄격하게 쓰입니다.
충분한 시제를 갖고 있지 않은 우리말에 비하면 12시제가 많을 수도 있지만 머리속에 반드시 정립되어 있어야 합니다.
모든 평서문은 의문문과 부정문이 가능하므로 아래 12시제의 문장들도 모두 의문문과 부정문이 가능합니다.

1. I study English. 나는 영어를 공부한다. (현재형)
2. I studied English. 나는 영어를 공부했다. (과거형)
3. I will study English. 나는 영어를 공부할 것이다. (미래형)
4. I am studying English. 나는 영어를 공부하고 있다. (현재진행형)
5. I was studying English. 나는 영어를 공부하고 있었다. (과거진행형)
6. I will be studying English. 나는 영어를 공부하고 있을 것이다. (미래진행형)
7. I have studied English. 나는 영어를 공부했다. (현재완료형)
8. I had studied English. 나는 영어를 공부했었다. (과거완료형)
9. I will have studied English. 나는 영어를 공부할 것이다. (미래완료형)
10. I have been studying English. 나는 영어를 공부해오고 있다. (현재완료진행형)
11. I had been studying English. 나는 영어를 공부해오고 있었다. (과거완료진행형)
12. I will have been studying English. 나는 영어를 계속 공부하고 있을것이다. (미래완료진행형)

단 두 개의 단어로 주어 + 동사의 평서문을 만들 수 있다면 그 문장을 부정문, 의문문

그리고 12시제로도 동시에 만들 수 있어야 합니다.
단어 두 개로 수십 개의 문장을 만들 수가 있게 되는데 이것은 기초 문법을 숙지하고 있을 때 가능하며 이러한 요령으로 여러분은 상당한 양의 영어를 구사하시게 됩니다.

영어회화에서 almost(거의)라는 말은 통하지 않습니다.
거의 알아 들었는데, 거의 말을 할 뻔 했는데, 돌아서서 생각해보니 그 말이었는데 등 완전하게 알아듣고 완전하게 말하지 않는 한 모르는 것과 똑같은 결론이 됩니다.
회화에는 속도가 있고 말의 흐름이 있기 때문입니다.
문장을 외워서 말을 하게 되면 머리속에 기억되어 있는 그 문장만 사용하려고 합니다.
단어를 외우는 것 보다는 문장을 외우는 게 좋고 문장보다는 문형을 외워서 단어만 바꿔줌으로 문장들을 수없이 만드는 게 좋지만 문형의 근본을 이루는 기초 문법을 숙달하는 게 더 빠른 방법입니다.
문법의 이해는 문장을 만들 수 있는 근본적인 능력을 갖게 해줍니다.
외국인과 대화 도중 하고 싶은 말이 즉시 나오지 않는 이유는 의식 속에 문장을 구성하는 데 시간이 걸리는 탓이므로 기초 문법이 무의식 속에 자리잡힐 때까지 반복하지 않으면 안됩니다.

■ 수동태

미국에서는 능동태와 수동태의 쓰이는 비율은 반반 정도라고 합니다.
능동태의 또 다른 표현 방법이 수동태이므로 내가 능동태로 할 수 있는 말을 수동태로 바꿀 수 있다면 말할 수 있는 능력은 당연히 배로 늘어납니다. 한국어에는 수동태가 없으므로 약간 어색할 수 있지만 규칙을 이해 하면 쉽게 익숙해집니다.

능동태 문장을 수동태로 바꾸기 위해서는 동사는 반드시 완전타동사이어야 한다는 원칙이 있습니다. 따라서 3형식의 문장은 모두 수동태로 바꿀 수 있습니다.

- 능동태를 수동태로 만드는 공식
능동태의 동사를 be + pp (타동사의 과거분사)로 바꿉니다.
조동사가 있는 문장은 조동사는 그대로 같은 위치에 둡니다. (조동사 + be + pp)
능동태의 목적어를 수동태의 주어로 하며 능동태의 주어는 수동태에서 목적격으로 바꾼 후 by 뒤에 둡니다.

1. I love you. (능동태)
2. You are loved by me. (수동태)
3. He writes a letter. (능동태)
4. A letter is written by him. (수동태)
5. They will finish the work. (능동태)
6. The work will be finished by them. (수동태)
7. I can do this. (능동태)
8. This can be done by me. (수동태)

자동사 + 전치사가 타동사의 역할을 하는 경우에도 똑같은 원칙이 적용됩니다.
He laughs at me. → I am laughed at by him.

모든 평서문은 부정문과 의문문이 가능한 것처럼 수동태의 문장들도 의문문과 부정문 만드는 방법이 똑같이 적용됩니다.

- 수동태의 시제

1. You are loved by me. (현재수동태)
2. You were loved by me. (과거수동태)
3. You will be loved by me. (미래수동태)
4. You have been loved by me. (현재완료수동태)
5. You had been loved by me. (과거완료수동태)
6. You will have been loved by me. (미래완료수동태)
7. You are being loved by me. (현재진행수동태)
8. You were being loved by me. (과거진행수동태)

수동태의 시제에서 능동태의 현재완료진행형, 과거완료진행형, 미래완료진행형, 미래진행형은 수동태의 시제로 사용되어질 수 없습니다.
따라서 수동태의 시제는 8가지입니다.

■ 동명사

동사의 원형에 ing를 붙여서 (현재분사와 같은 꼴) 동사를 명사로 사용하는 것을 동명사라고 합니다.
또한 동사의 성질을 가지고 있으므로 목적어를 취할 수 있습니다.
동명사는 명사로서 문장의 4대요소 (주어 + 동사 + 목적어 + 보어) 안에서 주어, 목적어, 보어의 역할을 합니다.

1. Seeing is believing.   보는 것이 믿는 것이다.
    (seeing 주어 / believing 주격보어)
2. Teaching is learning.   가르치는 것이 배우는 것이다.
    (teaching 주어 / learning 주격보어)
3. His duty is watching the children.
    그의 임무는 어린이들을 지켜보는 것이다. (watching 주격보어)
4. Talking to you makes me feel good.
    당신에게 말하는 것은 나를 기분좋게 한다. (talking 주어)
5. Telling the truth is a great thing.   진실을 말하는 것은 위대한 일이다. (telling 주어)
6. Love is sharing.   사랑은 나누는 것이다. (sharing 주격보어)
7. I love swimming.   나는 수영을 좋아한다. (swimming 목적어)
8. I enjoy walking.   나는 걷는 것을 즐긴다. (walking 목적어)
9. Speaking English brings you more chances.
    영어를 말하는 것은 당신에게 더 많은 기회를 가져온다. (speaking 주어)
10. Helping others makes a better world.
    다른 사람을 돕는 것은 더 좋은 세상을 만든다. (helping 주어)

♣ 5번의 Telling은 문장의 주어로서 그리고 (동사의 성질을 가지고 있으므로) 목적어 (truth)을 가질 수 있습니다.

♣ 9번의 Speaking은 문장의 주어로서 그리고 (동사의 성질을 가지고 있으므로) 목적어 (English)을 가질 수 있습니다.

♣ 10번의 Helping은 문장의 주어로서 그리고 (동사의 성질을 을가지고 있으므로) 목적어 (others)을 가질 수 있습니다.

■ 부정사

동사의 원형에 to가 붙어서 3가지의 품사 (명사, 형용사, 부사)의 역할을 합니다.
또한 동사의 성질을 가지고 있으므로 목적어를 취할 수 있습니다.

- 명사적 용법 (주어, 목적어, 보어로 쓰임)

1. To speak is easy.　　　　　　　　말하는 것은 쉽다. (to speak 주어)
2. To meet you is my pleasure.　　 당신을 만나는 것은 나의 기쁨이다. (to meet 주어)
3. My job is to teach English.　　 내 직업은 영어를 가르치는 것이다.
　　　　　　　　　　　　　　　　　　(to teach 주격보어)
4. Love is to help.　　　　　　　　 사랑은 돕는것 이다. (to help 주격보어)
5. I want to walk.　　　　　　　　　나는 걷고 싶다. (to walk 목적어)
6. She begins to cry.　　　　　　　 그녀는 울기 시작한다. (to cry 목적어)
7. I like to play tennis.　　　　　　나는 테니스 치는 것을 좋아한다. (to play 목적어)
8. We want you to come.　　　　　 우리는 당신이 와 주기를 바란다. (to come 목적보어)
9. She expects him to work harder. 그녀는 그가 더 열심히 일하기를 기대한다.
　　　　　　　　　　　　　　　　　　(to work 목적보어)
10. He tells me to wait.　　　　　　그는 나에게 기다리라고 말한다. (to wait 목적보어)

♠ 2번의 to meet와 3번의 to teach, 7번의 to play는 동사의 성질을 가지고 있으므로 you와 English와 tennis를 목적어로 취할 수 있습니다.

- 형용사적 용법 (명사, 대명사를 수식함)

1. I need something to drink.　　　　나는 마실 것이 필요하다.
2. She has no friend to help her.　 그녀는 그녀를 도와줄 친구가 없다.
3. Can I have a chair to sit on?　　 내가 앉을 수 있도록 의자를 가져다 주시겠어요?
4. He is not a man to say it.　　　　그는 그런 말을 할 사람이 아니다.
5. The best way to learn English is to read this book.
　　　　　　　　　　　　　　　　　　영어를 배우는 가장 좋은 방법은 이 책을 읽는 것이다.
6. My brother wants books to study. 나의 동생은 공부할 책을 원한다.

1. to drink가 something 수식 | 2. to help가 friend 수식 | 3. to sit가 chair 수식 | 4. to say가 a man 수식 | 5. to learn이 the best way 수식 | 6. to study가 books 수식

— 부사적 용법 (동사, 형용사, 또는 다른 부사 수식)

1. We eat to live.   우리는 살기 위해서 먹는다.
2. She came to see me.   그녀는 나를 만나기 위해서 왔다.
3. He delights to hear from her.   그는 그녀로부터 소식을 듣고 기뻐한다.
4. I work to succeed.   나는 성공하기 위해서 일한다.
5. I am very glad to see you.   당신을 뵙게 되어 기쁩니다.
6. You are too young to marry.   당신은 결혼하기에는 너무 어리다.
7. English is easy to learn.   영어는 배우기 쉽다.
8. I am rich enough to travel to Europe.   나는 유럽여행을 갈만큼 충분히 부자다.

1. to live가 동사 eat 수식 | 2. to see가 동사 came 수식 | 3. to hear가 동사 delights 수식 | 4. to succeed가 동사 work 수식 | 5. to see가 형용사 glad 수식 | 6. to marry가 형용사 young 수식 | 7. to learn이 형용사 easy 수식 | 8. to travel이 부사 enough 수식

■ 현재분사

동사의 원형에 ing가 붙어서 (동명사와 같은 꼴) be동사와 함께 진행형 문장을 만듭니다. 동사의 변형이므로 동사의 성질을 갖고 있으며 품사로서는 형용사로 명사나 대명사를 수식하고 2형식의 주격보어 5형식의 목적보어가 될 수 있습니다.

1. This coming Sunday is my birthday.   이번 일요일은 나의 생일이다.
2. The man talking to the lady is my uncle.   그 여자와 말하고 있는 남자는 나의 삼촌이다.
3. My friend living in America says that he feels lonely.
   미국에 사는 내 친구는 외롭다고 말한다.
4. He is walking.   그는 걷고있다.
5. She was talking with them.   그녀는 그들과 함께 이야기하고 있었다.
6. I will be waiting for your call.   나는 당신의 전화를 기다리고 있을 것이다.
7. This game seems exciting.   이 경기는 흥미진진한 것 같다.
8. The man stands listening to the music.   그 남자는 음악을 들으면서 서있다.
9. They came running.   그들은 달려서 왔다.
10. Watch the children playing.   어린이들이 노는 것을 지켜보아라.

11. She kept him waiting.   그녀는 그를 기다리게 했다.
12. I see her crying.   나는 그녀가 우는 것을 본다.
13. Did you hear him singing?   당신은 그가 노래하는 것을 들었습니까?
14. He found her sleeping on the couch.   그는 그녀가 소파에서 자는 것을 발견했다.

1. coming, Sunday (명사) 수식 | 2. talking, the man (명사) 수식 | 3. living, my friend (명사) 수식 | 4. 현재 진행형 | 5. 과거 진행형 | 6. 미래 진행형 | 7. exciting 주격보어 | 8. listening 주격보어 | 9. running 주격보어 | 10. playing 목적보어 | 11. waiting 목적보어 | 12. crying 목적보어 | 13. singing 목적보어 | 14. sleeping 목적보어

■ 과거분사

과거분사는 동사의 3주요형의 하나인 과거분사를 말합니다.
품사로는 형용사 구실을 하며 동사의 성질을 띠고 있습니다.
또한 …하여진, …되어진이라는 수동의 뜻을 가지며 형용사로서 명사, 대명사를 수식하고 현재분사와 마찬가지로 2형식의 주격보어, 5형식의 목적보어가 됩니다.
또한 have동사와 결합하여 완료형을 만들고 be동사와 결합하여 수동태를 만듭니다.

1. Look at the fallen leaves.   떨어진 낙엽들을 보아라.
2. I saw many wounded soldiers in the hospital.
   나는 병원에서 부상당한 많은 병사들을 보았다.
3. He seems shocked at the news.   그는 그 뉴스를 듣고 놀란 것 같다.
4. She became excited.   그녀는 흥분됐다.
5. They got married.   그들은 결혼했다.
6. You look tired.   당신은 피곤하게 보인다.
7. I found the house burnt.   나는 그 집이 불에 탄 것을 알았다.
8. They want the job done.   그들은 그 일이 끝나기를 바란다.
9. She heard her name called.   그녀는 그녀의 이름이 불리는 것을 들었다.
10. Did you get the book printed?   당신은 그 책을 인쇄했습니까?
11. Please keep the window shut.   창문을 닫힌 상태로 두세요.
12. She has read the book.   그녀는 그 책을 다 읽었다.

13. I will have finished it by tomorrow. 나는 내일까지 그일을 끝낼 것이다.
14. I had seen him before. 나는 이전에 그를 본 적이 있었다.
15. Children are loved by their parents. 어린이들은 그들의 부모에 의해서 사랑 받는다.
16. The bridge will be built by the workers. 그 다리는 일꾼들에 의해서 건축될 것이다.

1. fallen, leaves (명사) 수식 | 2. wounded, soldiers (명사) 수식 | 3. shocked 주격보어 | 4. excited 주격보어 | 5. married 주격보어 | 6. tired 주격보어 | 7. burnt 목적보어 | 8. done 목적보어 | 9. called 목적보어 | 10. printed 목적보어 | 11. shut 목적보어 | 12. has read 현재완료 | 13. will have finished 미래완료 | 14. had seen 과거완료 | 15. are loved 현재수동태 | 16. will be built 미래수동태

■ 전치사

at, in, of, to, on, for, with, off, from, behind 등 전치사 혼자서는 문장 안에서 어떤 의미를 만들 수는 없습니다.
그러나 전치사가 명사 또는 대명사와 결합할때 하나의 구를 이루게 됩니다.
따라서 전명구는 형용사구 (형용사)와 부사구 (부사)의 역할을 하게 됩니다.
전치사 뒤에 있는 명사 또는 대명사를 전치사의 목적어라고 하며 대명사인 경우 목적격을 취합니다.
전치사 뒤에는 동사가 올 수 없고 당연히 동명사 (명사로서)가 옵니다.

1. He saw the beautiful flowers on the table. 그는 책상 위에 있는 아름다운 꽃을 보았다.
2. I have friends from Texas. 나는 텍사스 출신 친구들이 있다.
3. There are many young men in red caps. 빨간 모자를 쓴 많은 젊은이들이 있다.
4. He is the guy with a golden gun. 그가 황금권총을 가진 사나이다.
5. I have a present for you. 나는 당신을 위한 선물을 가지고 있다.
6. Have you seen roses without thorns? 가시 없는 장미를 본 적이 있습니까?
7. She likes to sit beside me. 그녀는 내 옆에 앉기를 좋아한다.
8. He lives in America. 그는 미국에 살고 있다.
9. She went to the park. 그녀는 공원에 갔다.
10. I will see you at the airport. 나는 당신을 공항에서 만날 것이다.

11. Mountains are behind my house.　　나의 집 뒤에는 산이 있다.
12. He laughs at me.　　그는 나를 보고 웃는다.
13. They will come back after seven.　　그들은 7시 후에 돌아올 것이다.

1. on the table (형용사구) flower 수식 | 2. from Texas (형용사구) friends 수식 | 3. in red caps (형용사구) young men 수식 | 4. with a golden gun (형용사구) the guy 수식 | 5. for you (형용사구) present 수식 | 6. without thorns (형용사구) roses 수식 | 7. beside me (부사구) sit 수식 | 8. in America (부사구) live 수식 | 9. to the park (부사구) went 수식 | 10. at the airport (부사구) see 수식 | 11. behind my house (부사구) are 수식 | 12. at me (부사구) laugh 수식 | 13. after six (부사구) come 수식

■ 구
두 개 이상의 단어가 모여서 하나의 품사와 같은 역할을 할 때 이것을 구라고 합니다.

– 구의 종류
to 부정사와 전명구 (전치사 + 명사 또는 대명사)가 있습니다.
• 부정사 : 명사적 용법, 형용사적 용법, 부사적 용법.
• 전명구 : 형용사구, 부사구.

■ 절
두 개 이상의 단어들이 모여서 주어 + 동사의 관계를 갖출 때 이것을 절이라고 합니다. 두 개의 절이 모일 때 문장 가운데 중심이 되는 절을 주절이라고 하며 주절에 딸린 절을 종속절이라고 합니다.

절에는 명사절, 형용사절, 부사절이 있으며 하나의 품사와 같은 역할을 합니다.
우리들이 영어공부를 하는 목적은 절, 즉 문장을 만들기 위한 과정입니다.
두 개의 절이 모이면 등위 접속사 (and, or, but, for, so 등)에 의해서 중문이 되고 종속 접속사 (that, when, after, as 등)에 의해서 복문이 되기도 합니다.
그러나 매우 중요한 것은 중문이건 복문이건 모두 단문에서 나오기 때문에 단문을 만

드는 데 강해져야 합니다. 결국 단문들이 접속사에 의해서 중문 또는 복문이 되기 때문입니다.

He is a teacher. I am a doctor.　　(2개의 단문)
He is a teacher, but I am a doctor. (중문)
He reads a book. She talks.　　(2개의 단문)
He reads a book while she talks.　(복문)

■ **명사절 (명사)**
명사의 역할을 하는 명사절은 문장의 4대요소 (주어 + 동사 + 목적어 + 보어)에서 주어, 목적어, 보어의 역할을 합니다.
명사절은 종속접속사 that, whether (if), 관계대명사 what (선행사 포함), 간접의문문의 의문사 (who, which, what, where, when, why, how) 등으로 이끌립니다.

1. What he wants is your car.　　　그가 원하는 것은 당신의 자동차이다.
2. What I say is that you don't know the truth.
　　　　　　　　　　　내가 말하는 것은 당신이 진실을 모른다는 것이다.
3. Whether you are rich or not doesn't matter to me.
　　　　　　　　　　　당신이 부자이건 아니건 나에게 중요하지 않다.
4. That she will marry you is sure.　그녀가 당신과 결혼하는 것은 확실하다.
5. What belongs to me belongs to you.
　　　　　　　　　　　나에게 속하는 것은 네게 속한다. (내 물건이 너의 물건이다)
6. This is what they want.　　　　이것이 그들이 원하는 것이다.
7. Is this what you said?　　　　이것이 당신이 말한 것입니까?
8. My point is that you should study harder.
　　　　　　　　　　　내 요점은 당신이 더 열심히 공부해야 한다는 것이다.
9. The problem is that he is too young for the job.
　　　　　　　　　　　문제는 그 일을 위해서는 그가 너무 어리다는 것이다.
10. What I see is what you see.　　내가 보는 것이 당신이 보는 것이다.
11. I want to know if (whether) he is at home.　나는 그가 집에 있는지 없는지 알고 싶다.

12. Did you ask whether he would come back or not?
　　　　　　　　　　　　　　　　　그가 돌아올 것인지 아닌지 물어봤습니까 ?
13. They say that spring is around the corner.　그들은 봄이 곧 온다고 말한다.
14. Did you promise that you would help him?　당신은 그를 돕겠다고 약속했습니까?
15. I think that he is a good man.　나는 그가 좋은 사람이라고 생각한다.
16. We love what is beautiful.　우리는 아름다운 것을 사랑한다.
17. I want what you have.　나는 당신이 가지고 있는 것을 원한다.
18. She knows who you are.　그녀는 당신이 누구인지 알고 있다.
19. Did you ask how he handled it?　그가 그것을 어떻게 처리했는지 물어보았습니까?
20. The report shows what the problems are.
　　　　　　　　　　　　　　　　　그 보고서는 그 문제가 무엇인지 밝히고 있다.

1. What he wants = 주어 | 2. What I say = 주어, that절 = 주격보어 | 3. Whether you are rich or not = 주어 | 4. That she will marry you = 주어 | 5. What belongs to me = 주어 | 6. what they want = 주격보어 | 7. what you said = 주격보어 | 8. that절 = 주격보어 | 9. that절 = 주격보어 | 10. What I see = 주어, what you see = 주격보어 | 11. If절 = 목적어 | 12. whether절 = 목적어 | 13. that절 = 목적어 | 14. that절 = 목적어 | 15. that절 = 목적어 | 16. what is beautiful = 목적어 | 17. what you have = 목적어 | 18. 간접의문문의 의문사 (who) = 목적어 | 19. 간접의문문의 의문사 (how) = 목적어 | 20. 간접의문문의 의문사 (what) = 목적어

■ 형용사절 (형용사)

관계대명사, 관계부사는 선행사 (명사)를 수식하는 형용사절 (형용사)을 이끕니다.
(형용사절은 관계대명사와 관계부사에 의해서만 이끌립니다.)

1. She is the lady who loves me.　그녀가 나를 사랑하는 여자입니다.
2. I know a man who speaks English very well.
　　　　　　　　　　　　　　　　　나는 영어를 아주 잘 하는 사람을 알고 있습니다.
3. I have friends who can help me.　나는 나를 도울 수 있는 친구들이 있습니다.

4. This is the American whom I met at the park.
   이 사람이 내가 공원에서 만난 미국인입니다.
5. I need somebody whom I really love.
   나는 내가 정말로 사랑해야 할 누군가가 필요합니다.
6. She lost the watch that she bought yesterday.
   그 여자는 어제 산 시계를 잃어버렸습니다.
7. He has three dogs that he trains.   그는 훈련시키는 3마리의 개를 가지고 있습니다.
8. She still has the dress that she bought in Paris ten years ago.
   그녀는 파리에서 10년 전에 산 드레스를 아직도 가지고 있습니다.
9. This is the house where I live.   이것이 내가 살고 있는 집입니다.
10. Please, tell me the time when you leave.
    당신이 언제 떠나는지 나에게 말해 주세요.
11. I can't understand the reason why they fight everyday.
    나는 그들이 매일 왜 싸우는지 이해할 수 없습니다.
12. We all know the way how he solved the problem.
    우리는 모두 그가 그 문제를 어떻게 해결했는지 알고 있습니다.

1. 관계대명사 who가 이끄는 절이 선행사 lady 수식 (주격) | 2. 관계대명사 who가 이끄는 절이 선행사 man 수식 (주격) | 3. 관계대명사 who가 이끄는 절이 선행사 friends 수식 (주격) | 4. 관계대명사 whom이 이끄는 절이 선행사 American 수식 (목적격) | 5. 관계대명사 whom이 이끄는절이 선행사 somebody 수식 (목적격) | 6. 관계대명사 that이 이끄는 절이 선행사 watch 수식 (목적격) | 7. 관계대명사 that이 이끄는 절이 선행사 dogs 수식 (목적격) | 8. 관계대명사 that이 이끄는 절이 선행사 dress 수식 (목적격) | 9. 관계부사 where이 이끄는 절이 선행사 house 수식 | 10. 관계부사 when이 이끄는 절이 선행사 time 수식 | 11. 관계부사 why가 이끄는 절이 선행사 reason 수식 | 12. 관계부사 how가 이끄는 절이 선행사 way 수식

♣ 관계대명사는 문장과 문장을 잇는 접속사와 대명사의 구실을 겸합니다.
♣ 관계부사는 문장과 문장을 잇는 접속사와 부사의 구실을 겸합니다. 관계부사 다음에는 항상 주어 + 동사의 어순이 옵니다.
♣ 관계대명사의 격은 선행사의 격과는 상관없이 관계대명사가 이끄는 절 안에서 (주어, 주격보어, 목적어)의 역할에 따라 결정됩니다.
♣ 관계대명사의 목적격 (whom, that)은 생략이 가능합니다.

♣ 관계부사 (where 제외)의 선행사 10번의 time 11번의 reason 12번의 way는 생략될 수 있습니다.

■ 부사절 (부사)
부사의 역할을 하는 부사절은 명사절을 이끄는 종속접속사 that, whether (if)을 제외하고 다음과 같은 종속접속사에 이끌립니다.

when, as, before, after, since, until, while, because, if, though, than, as soon as, whenever 등

1. He called when I was reading a book.   그는 내가 책을 읽고 있을 때 전화했다.
2. I want to take a nap when it rains.   비가 올 때 나는 낮잠을 자고싶다.
3. She likes to sing as she walks.   그녀는 걸으면서 노래하기를 좋아한다.
4. You should do it as you promised.   당신은 당신이 약속한대로 그것을 해야할 것이다.
5. Get up before the sun rises.   해가 뜨기 전에 잠자리에서 일어나라.
6. Everybody arrived there before it snowed.
   눈이 오기 전에 모두가 거기에 도착했다.
7. We will discuss it after we have dinner.   우리는 저녁식사 후 그것에 관해서 의논할 것이다.
8. I will join your party after I finish my job.   내가 일을 마친 후에 당신의 파티에 참석할 것이다.
9. I have known him since he was a boy.   나는 그를 어렸을 때부터 알고 있다.
10. He has been out of work since he graduated.
    그는 졸업 후 줄곧 직장을 갖지 못하고 있다.
11. We have nothing to do until he comes back.
    우리는 그가 돌아올 때까지 아무 것도 할 일이 없다.
12. Wait here until you are called.   부를 때까지 여기서 기다려라.
13. He works while you sleep.   그는 당신이 자는 동안 일한다.
14. We built while they fought.   그들이 싸우는 동안 우리는 건설했다.
15. I don't like you, because you talk too much.
    당신은 너무 말이 많기 때문에 당신을 좋아하지 않는다.
16. I will lend him some money, because I trust him.
    그를 믿을 수 있기 때문에 그에게 돈을 빌려줄 것이다.
17. I will be happy if she shows up.   그녀가 나타난다면 나는 행복할 것이다.

18. You can have it if you want. 만일 당신이 원하면 그것을 가져도 좋다.
19. Though he is very rich, he is so humble. 그는 매우 부자임에도 아주 겸손하다.
20. Though I love you so much, I can't help you this time.
    내가 당신을 사랑하지만 이번에는 도울 수가 없다.
21. China is a little bigger than America. 중국이 미국보다 조금 더 크다.
22. Do you think he is taller than I am? 당신은 그가 나보다 크다고 생각하십니까?
23. The war broke out as soon as I left the country.
    내가 그 나라를 떠나자마자 전쟁이 일어났다.
24. He started to eat as soon as he got back home.
    그는 집에 돌아오자마자 먹기 시작했다.
25. They fight whenever they meet. 그들은 만날 때마다 싸운다.
26. She smiles at me whenever she sees me.
    그녀는 나를 볼 때마다 미소짓는다.

■ 부사에 대해서 (부사구, 부사절)

부사가 문장의 4대요소 (주어 + 동사 + 목적어 + 보어)에는 포함되지 않습니다. 우리말의 빨리, 조용히, 몹시, 빠르게, 어디에, 어디로 (히, 시, 리, 게, 에, 로) 등으로 끝이 납니다. 그러나 주어 + 동사가 잘 만들어지는 시기부터는 부사를 사용함으로써 문장의 내용이 풍요로워지고 주어의 의지와 상황을 보다 정확히 전해주는 구실을 합니다.

1. I like you very much. 나는 당신을 매우 좋아합니다.
2. She bought flowers for me. 그녀는 나를 위해서 꽃을 샀다.
3. You can eat it slowly. 당신은 그것을 천천히 먹을 수 있다.
4. She went to the park. 그녀는 공원에 갔다.
5. I will stay with you. 나는 당신과 함께 머무를 것이다.
6. Do it quickly. 그것을 빨리 해라.

♣ 1번 문장의 very much, 2번 문장의 for me, 3번 문장의 slowly, 4번 문장의 to the park, 5번 문장의 with you, 6번 문장의 quickly는 각 문장의 내용들을 더 선명하고 사실적으로 표현해주는 부사, 부사구들입니다.

부사의 또다른 중요한 점은 타동사와 결합하여 많은 뜻을 만들어 냅니다.
Give up …을 포기하다. / Give over …을 넘겨주다. 양도하다.
Lay aside …을 옆으로 치우다. 저축하다. / Lay out …을 계획하다. 진열(전시)하다.
Put off …을 연기하다. 미루다. / Put on …을 입다. (모자를) 쓰다.
Take back …을 취소하다. 도로 찾다. / Take out …을 끄집어내다. 꺼내다.
Turn on …을 켜다. 틀다. / Turn off …을 잠그다. 끄다.

■ 시제의 일치

주절과 종속절이 있는 문장에서 주절의 동사와 종속절의 동사의 시제는 서로 일치하지 않으면 안 됩니다.

주절의 동사가 현재, 미래, 현재완료이면 종속절의 시제에는 제한이 없습니다.
People say (will say, have said) that she plays the piano.
                              that she played the piano.
                              that she will play the piano.

주절의 동사가 과거이면 종속절의 시제는 과거, 과거 미래, 과거 완료가 되어야 합니다.
People said that she played the piano.
            that she would play the piano.
            that she had played the piano.

■ 상당어구

하나 또는 그이상의 단어가 구나 절 또는 분사, 동명사가 되어 특정한 품사의 역할을 할 때 이것을 상당어구라고 합니다.

— 명사 상당어구
- 명사절 : 종속 접속사 that, if, whether로 이끌림.
- 관계대명사 what, 간접의문문의 의문사 : who, what, where, how 등이 이끄는 절.
- 동명사.

- to부정사의 명사적 용법.
- wh. to do (명사구).
- 문장의 4대요소 (주어+ 동사+ 목적어+ 보어) 안에서 주어, 목적어, 주격보어, 목적보어의 구실을 합니다.

– 형용사 상당어구
- 관계대명사, 관계부사로 이끌리는 형용사절.
- 전명구의 형용사 역할.
- 부정사의 형용사적 용법.
- 과거 분사, 현재분사.
- 문장의 4대요소 (주어 + 동사 + 목적어 + 보어) 안에서 주격 보어, 목적보어 구실을 합니다.

– 부사 상당어구
- 명사절을 이끄는 that, if, whether을 제외한 종속접속사 while, when, before, as, since, until, because, after 등으로 이끌리는 부사절.
- 전명구의 부사역할.
- to 부정사의 부사적 용법.

■ 문장의 5형식
– 1형식
a. 주어 + 동사 (완전자동사)

완전자동사는 주어와 함께 스스로 완전한 문장을 만듭니다. 또한 주어와 동사 이외에 다른 요소는 필요치 않습니다. 주어가 될 수 있는 품사는 명사, 대명사, 그 상당어구입니다.

1. Birds sing.	새들이 지저귄다.
2. They work.	그들은 일한다.
3. He died.	그는 죽었다.
4. God exists.	하나님은 존재하신다.
5. Time flew.	시간이 지나갔다.

6. The sun sets. 해가 진다.
7. People talk. 사람들이 이야기하고 있다.
8. The flowers smile. 꽃들이 미소 짓는다.

– 2형식
a. 주어 + 동사 + 주격보어 (불완전자동사)
• 불완전자동사는 반드시 주격보어를 취합니다.
• 주격보어가 될수 있는 품사는 명사와 형용사, 그 상당어구입니다.
• 대표적인 불완전자동사들 : appear, be, become, come, feel, get, grow, go, smell, sound, taste, turn, keep, run, look, seem 등

1. This is his car. 이것은 그의 자동차이다.
2. He is a boy. 그는 소년이다.
3. She looks beautiful. 그 여자는 아름다워 보인다.
4. My son became a doctor. 나의 아들은 의사가 되었다.
5. They seem kind. 그들은 친절한 것 같다.
6. The food smells good. 그 음식은 맛있는 냄새가 난다.
7. She appears upset. 그녀는 당황한 것 같다.
8. I feel great. 나는 기분이 매우 좋다.
9. The song sounds familiar. 그 노래는 들어본 듯하다.
10. The coffee tastes sweet. 그 커피는 단맛이 나다.
11. Everybody gets old. 모두가 나이를 먹는다.
12. My dream came true. 내 꿈이 이루어졌다.
13. The plant grows tall. 나무들이 크게 자란다.
14. She went blind. 그녀는 소경이 됐다.
15. He turned pale. 그는 창백해졌다.
16. I kept silent. 나는 침묵을 지켰다.

b. 주어 + 동사 + done (과거분사가 주격보어)
1. They got hurt. 그들은 부상 당했다.
2. She became bored. 그 여자는 지루해졌다.

3. He seems delighted.   그는 기뻐하는 것 같다.
4. I feel tired.   나는 피곤함을 느낀다.
5. She looked surprised.   그 여자는 놀라 보였다.
6. It smells burnt.   그것은 탄내가 난다.

c. 주어 + 동사 + to do (to부정사가 주격보어)

1. He is to come here.   그는 여기 오기로 되어 있다.
2. We are to help the poor.   우리는 가난한 사람들을 도와야 한다.
3. My dream is to master English.   나의 꿈은 영어에 숙달하는 것이다.
4. Her wish is to marry me.   그녀의 소원은 나와 결혼하는 것이다.

d. 주어 + 동사 + ing (현재분사가 주격보어)

1. The game seems exciting.   그 경기는 흥미진진한 것 같다.
2. Ants keep moving.   개미들은 계속 움직인다.
3. The book looks interesting.   그 책은 흥미 있어 보인다.
4. The music sounds amazing.   그 음악은 굉장하게 들린다.
5. He came running.   그는 뛰어서 왔다.
6. She stands smiling.   그 여자는 계속 미소를 지은 채 서있다.

– 3형식

a. 주어 + 동사 + 목적어 (완전타동사)

완전타동사가 목적어를 취하는 것은 자명한 사실입니다.
영어동사의 대부분이 완전타동사의 역할을 하므로 3형식의 문장을 만들 수 있으며 수동태 문장의 원형이 됩니다.

1. We love you.   우리는 당신을 사랑합니다.
2. I write a letter.   나는 편지를 쓴다.
3. He learns English.   그는 영어를 배운다.
4. They play tennis.   그들은 테니스를 친다.
5. Who said that?   누가 그것을 말했습니까?
6. People help people.   사람들은 사람들을 돕는다.

7. She has money.   그녀는 돈을 가지고 있다.
8. They speak French.   그들은 프랑스어를 말합니다.
9. What do you cook tonight?   오늘밤 무슨 요리를 하세요?
10. Everybody drinks water.   모두가 물을 마신다.
11. Snow covered my house.   눈이 나의 집을 덮었다.
12. Trucks carry goods.   트럭들이 상품을 운반한다.
13. Faith will move a mountain.   신념은 산이라도 움직일 것이다.
14. Money can't buy happiness.   돈이 행복을 살 수는 없다.
15. She wants to go.   그녀는 가기를 원한다.
16. He hopes to see me.   그는 나를 만나기를 희망한다.
17. My brother finished eating.   나의 동생은 먹는 것을 끝냈다.
18. I enjoy reading books.   나는 책 읽는 것을 즐긴다.
19. She loves what is expensive.   그 여자는 비싼 것을 좋아한다.
20. I will buy what you want.   나는 당신이 원하는 것을 사줄 것이다.
21. We believe that he is a good man.   우리는 그가 좋은 사람이라고 믿는다.
22. She thinks that she has to study English.   그 여자는 영어를 공부하지 않으면 안 된다고 생각한다.
23. Nobody remembers what happened there.   거기서 무슨 일이 있었는지 아무도 기억하지 못한다.
24. He knows who you are.   그는 당신이 누구인지 알고 있다.
25. I will learn how to play chess.   나는 체스(서양장기)를 배울 것이다.
26. Did you decide which to buy?   어느 것을 살 것인지 결정하셨나요?

b. 주어 + 동사 + to do (to부정사가 목적어)

1. I promise to come back.   나는 돌아올 것을 약속한다.
2. She loves to see movies.   그 여자는 영화 보는 것을 좋아한다.
3. The baby begins to talk.   그 아기는 말하기 시작한다.
4. Mary hates to study.   메어리는 공부하는 것을 싫어한다.
5. They plan to visit America.   그들은 미국을 방문할 작정이다.
6. I hope to meet you again.   나는 당신을 또 만나기를 희망한다.

c. 주어 + 동사 + ing (동명사가 목적어)

1. I enjoyed talking to you. 나는 당신과 말하는 것이 즐거웠습니다.
2. He has to stop smoking. 그는 담배를 끊지 않으면 안 된다.
3. Did you finish reading the book? 당신은 그 책을 다 읽으셨습니까?
4. We will start working tomorrow. 우리는 내일 일하기 시작할 것이다.
5. We love playing soccer. 우리는 축구하는 것을 좋아한다.
6. She avoids seeing me. 그 여자는 나를 보는 것을 피한다.

d. 주어 + 동사 + that절 (that절이 목적어)

1. I know that America is a big country. 나는 미국이 큰 나라라는 것을 알고 있다.
2. He thinks that the world is too small. 그는 세상이 좁다고 생각한다.
3. People say that the winter is over. 사람들은 겨울이 지나갔다고 말한다.
4. We believe that God made the world. 우리는 하나님이 세상을 창조했다고 믿는다.
5. I hear that you will move to America. 미국으로 이사 가신다면서요.
6. I feel that everything is all right. 모든 것이 잘 되어 가는 느낌이 든다.

e. 주어 + 동사 + wh. to do (wh. to do가 목적어)

1. We didn't decide what to buy yet. 우리는 아직 무엇을 살지 결정하지 않았다.
2. You should learn how to drive a car. 당신은 운전하는 것을 배워야 할 것이다.
3. I can't say where to go right now. 지금 당장 어디로 가는지 말할 수 없다.
4. She knows what to do next. 그녀는 다음에 무엇을 할지 알고 있다.
5. He understands how to use a computer. 그는 컴퓨터를 어떻게 사용하는지 알고 있다.
6. I forgot when to start the work. 나는 그 일을 언제 시작해야 하는지 잊어버렸다.

f. 주어 + 동사 + wh절 (wh절이 목적어)

1. He never asks why I was late. 그는 내가 왜 늦었는지 결코 물어보지 않는다.
2. You could imagine who she is. 당신은 그 여자가 누군지 상상할 수 있다.
3. I forgot where I put my key. 나는 열쇠를 어디다 뒀는지 잊어버렸다.
4. They know who I am. 그들은 내가 누군지 알고 있다.
5. Do you remember when she moved to China?
  당신은 그 여자가 언제 중국으로 이사갔는지 기억하십니까?

6. She wonders how he finished the work   그녀는 그가 그 일을 어떻게 끝냈는지 궁금해 한다.

♣ wh. to do (명사구) : what, which, when, where, how, whether가 to do와 연결하여 명사구를 이룸.
♣ wh절 : who, what, which, where, when, why, how, whether, if 로 이끌리는 절.

- 4 형식
a. 주어 + 동사 + 간접목적어 (사람) + 직접목적어 (사물)
완전타동사이지만 두 개의 목적어를 필요로 하는 동사를 수여동사라고 하며 수여동사는 4형식문장을 만듭니다.

대표적인 수여동사들은 다음과 같습니다 (수여동사에는 …을 주다. 라는 뜻이 포함되어 있음).
give, teach, tell, show, make, buy, pay, promise, fix, bring, guarantee, drop, cook, cut, lend, recommend, forgive, order, read, prepare, send, deny offer, sell, get, write, ask 등
4형식의 문장에서 직접목적어를 앞으로 옮기고 간접목적어 앞에 전치사(to, For)를 둠으로 3형식의 문장으로 전환됩니다.

4형식의 문장을 3형식으로 전환시에는 대부분의 동사의 경우 간접 목적어 앞에 전치사 to를 두지만 get, make, buy는 간접 목적어 앞에 전치사 for를 둡니다.

1. He gave me flowers.   (4형식)   →   He gave flowers to me.   (3형식)
2. He bought me a watch. (4형식)   →   He bought a watch for me. (3형식)
3. He teaches me English. (4형식)   →   He teaches English to me. (3형식)
4. He brings me books.   (4형식)   →   He brings books to me.   (3형식)
5. He shows me love.   (4형식)   →   He shows love to me.   (3형식)
6. He lends me a camera. (4형식)   →   He lends a camera to me. (3형식)

b. 주어 + 동사 + 간접목적어 + that절 (that절이 직접목적어)
1. He tells me that he was in America for three years.
   그는 삼 년동안 미국에 있었다고 나에게 말한다.
2. She promised me that she would buy it for me.
   그 여자는 나에게 그것을 사주겠다고 약속했다.

3. He shows his friends that his story was true.
　　　　　　　　　　　　　그는 그의 이야기가 진실이라는 것을 친구들에게 증명한다.
4. Would you remind me that I have to call her?
　　　　　　　　　　　　　내가 그녀에게 전화할 수 있도록 알려주시겠어요?
5. I will convince them that he is innocent.　　나는 그가 무죄라는 것을 그들에게 납득시킬 것이다.
6. I assure you that your son will be successful in America.
　　　　　　　　　　　　　나는 당신의 아들이 미국에서 성공할 것을 당신에게 보장합니다.

c. 주어 + 동사 + 간접목적어 + wh. to do (wh. to do가 직접목적어)

1. Please, don't tell me what to do.　　　제발 나에게 무엇을 하라고 명령하지 마세요.
2. I asked him how to get to the airport.　　나는 그에게 공항 가는 길을 물어 보았다.
3. Could you advise me which one to buy?　어느 것을 사야 좋을지 조언해 주시겠어요?
4. He will show you how to make it.　　　그는 그것을 어떻게 만드는지 당신에게 보여줄 것이다.
5. Did you inform them when to arrive there?
　　　　　　　　　　　　　거기에 언제 도착하는지 그들에게 알렸습니까?
6. He teaches us how to deal with customers.
　　　　　　　　　　　　　그는 우리들에게 손님 다루는 법을 가르쳐준다.

d. 주어 + 동사 + 간접목적어 + wh절 (wh절이 직접목적어)

1. Could you show me where they work?　그들이 어디서 일하는지 보여주시겠어요?
2. I will tell you who they are.　　　　　　나는 그들이 누구인지 당신에게 말할 것이다.
3. Did you inform him what happened here?
　　　　　　　　　　　　　당신은 여기서 무슨 일이 있었는지 그에게 알렸습니까?
4. She will remind us when we leave.　　그녀는 우리가 언제 떠나야 하는지를 알려줄 것이다.
5. You should ask her why she was angry at you.
　　　　　　　　　　　　　왜 그녀가 당신에게 화를 냈는지 물어봐야 할 것이다.
6. Would you advise us how we solve the problem?
　　　　　　　　　　　　　우리가 어떻게 그 문제를 해결할지 충고해 주시겠어요?

− 5형식

a. 주어 + 동사 + 목적어 + 목적보어 (불완전타동사)

• 불완전타동사는 반드시 목적보어를 필요로 하며 목적어와 목적보어 사이에는 주부 + 술부의 관

계가 성립됩니다. 목적보어가 될 수 있는 품사는 명사, 형용사 그 상당어구입니다.
- 대표적인 불완전타동사들 : call, elect, make, report, see, hear, think, want, hate, mind, watch, observe, notice, let, have, smell, find, catch, keep, leave, set, start, feel 등

1. People call me John.   사람들은 나를 John이라고 부른다.
2. We elected him president.   우리는 그를 대통령으로 선출했다.
3. I will make my mother happy.   나는 나의 어머니를 행복하게 할 것이다.
4. She thinks me a gentleman.   그녀는 나를 신사라고 생각한다.
5. Please, keep the food warm.   그 음식을 따뜻하게 보관하세요.
6. Did you set the bird free?   당신은 새를 놓아주었습니까?
7. They found the man dead.   그들은 그 남자가 죽은 것을 발견했다.
8. My business keeps me busy.   나는 사업 때문에 바쁘다.
9. He made his son a doctor.   그는 그의 아들을 의사로 만들었다.
10. You should not leave the door open.   너는 문을 열어 놓아서는 안 된다.

b. 주어 + 동사 + 목적어 + to do (to부정사가 목적보어)

- 이 문형에 자주 쓰이는 동사들 : tell, want, expect, allow, ask, cause, encourage, force, lead, like, need, order, press, push, require, train, warn, write 등

1. I want you to study harder.   나는 당신이 더 열심히 공부하기를 바란다.
2. He ordered us to wait.   그는 우리들에게 기다리라고 명령했다.
3. Did she tell you to wash the dishes?   그 여자가 당신에게 접시를 씻으라고 말했습니까?
4. They expect you to join the party.   그들은 당신이 파티에 참석할 것을 기대한다.
5. I don't like women to talk too much.   나는 여자들이 너무 많이 떠드는 것을 좋아하지 않는다.
6. People need you to save the country.   사람들은 당신이 나라를 구해주었으면 한다.
7. Did she ask you to come to her house?   그녀가 당신에게 그녀의 집으로 오라고 부탁했습니까?
8. What caused you to change your mind?   무엇이 당신의 마음을 바꾸게 했습니까?
9. Please allow me to introduce myself.   제 자신을 소개할 수 있도록 허락해 주세요.
10. Don't push me to accept the offer.   내가 그 제안을 수락하도록 강요하지 마세요.

c. 주어 + 동사 + 목적어 + do (동사의 원형이 목적보어)

- 이 문형에 쓰이는 동사들은 지각동사 see, hear, feel와 사역동사 let make have 그리고 help가 있습니다.

1. I saw you talk to my sister. 나는 당신이 나의 누이와 이야기하는 것을 보았다.
2. Everybody heard you sing. 모두가 당신이 노래하는 것을 들었다.
3. I feel something creep on my back. 나의 등에 무언가가 기어가고 있는 것 같다.
4. I will let you know when she comes. 그녀가 언제 오는지 알려 드리겠습니다
5. The spring shower makes the trees grow. 봄비는 나무들을 자라게 한다.
6. Would you have him return my call? 그에게 전화하라고 해주시겠습니까?
7. I will help you go to America. 나는 당신이 미국에 가는것을 도울 것이다.
8. Could you help me find the hotel around here? 이 근처에서 제가 호텔 찾는것을 도와 주시겠어요?

d. 주어 + 동사 + 목적어 + ing (현재분사가 목적보어)

- 이 문형에 자주쓰이는 동사들 : see, hear, feel, have, watch, observe, notice, smell, find, catch, keep, leave 등

1. I see her crying. 나는 그 여자가 울고 있는 것을 바라본다.
2. We heard them fighting. 우리는 그들이 싸우는 것을 들었다.
3. He watches the children playing. 그는 어린이들이 놀고 있는 것을 지켜본다.
4. Did you notice her nodding? 그녀가 졸고 있는 것을 눈치챘습니까?
5. I found the book interesting. 나는 그 책이 흥미있다는 것을 알았다.
6. He smells something burning. 그는 뭔가 타고 있는 냄새를 맡고 있다.
7. You kept me waiting again. 당신이 나를 또 기다리게 했군요.
8. He caught the burglar running away. 그는 도둑이 도망가는 것을 붙잡았다.

e. 주어 + 동사 + 목적어 + done (과거분사가 목적보어)

- 이문형에서는 목적어와 목적보어 사이에 피동의 관계가 성립합니다.
- 이 문형에 자주 쓰이는 동사들 : see, feel, make, want, get, have, find, hear 등

1. I want everything done as soon as possible.
   나는 모든 것이 가능한 한 빨리 끝났으면 한다.
2. We found the deer injured.   우리는 사슴이 다쳐 있는 것을 발견했다.
3. Why don't you have a new suit made?   새양복을 한 벌 맞춰입지 그러세요?
4. Did you hear your name called?   당신 이름을 부르는 것을 들었어요?
5. I will get my book published next month.   내 책은 다음달에 출판될 것이다.
6. You (had) better get your hair cut.   이발을 하는 편이 좋겠어요.
7. God will make you known to the world.   하느님은 당신을 전 세계에 알릴 것이다.
8. I had my car stolen.   나는 자동차를 도난 당했다.

f. 주어 + 동사 + 목적어 + as (명사, 형용사, 그 상당어구), (as 이하가 목적보어)

- 이 문형에 자주 쓰이는 동사들 : count, choose, describe, regard

1. They count me as one of their friends.   그들은 나를 그들의 친구 중 한 사람으로 여긴다.
2. We will choose him as our leader.   우리는 그를 지도자로 선출할 것이다.
3. You should not regard her as a fool.   당신은 그 여자를 바보로 생각해선 안 된다.
4. People describe him as an honest politician.
   사람들은 그를 정직한 정치인으로 평한다.

이 책의 특징 >>>

1

4,500여 개의 예문을 통해 익히자.

문법과 문형을 자연스럽게 익히며 예문들이 쉽게 외워지도록 문장의 3형식을 중심으로 만들었습니다

2

상당어구를 응용하자.

목적어가 명사나 대명사가 아닌 그 상당어구(that절, wh절, to부정사, 동명사 등)인 경우 붉은 색 단어로 표시하여 즉시 응용이 가능하도록 했습니다.

3

스스로 응용력을 키워 나가자.

필수 문법편을 따로 두었으며, 수동태의 예문들은 예문의 마지막에 실었습니다.
또한 각 동사의 3주요형을 표시 하였습니다.

4

본서에 나오는 예문을 기억하자.

미국의 실생활에 빈번하게 사용되는 표현들이므로 현지생활에서 말하고 읽는 데 큰 도움이 되도록 짜여 있습니다.
또한 사전식 교재이므로 각 페이지 별로 공부 하실 수 있습니다.

5

부록으로

영어의 필수동사 318개, 필수명사 399개, 필수형용사 329개, 부사 144개가 실려 있습니다.

contents

이책을 읽으시는 분들을 위해서 4

문법 8

동사 예문편 43

부록 520

- 필수동사 318개
- 필수명사 399개
- 필수형용사 329개
- 부사 144개

한국어 사고가 영어 사고와 판이하게 다르기 때문에 영어가 한국인에게 어려운 것은 사실입니다. 그러나 빈번하게 사용되는 문법 부분 그리고 이 책에 소개된 문장의 5형식과 문형들을 충분히 익히시면 짧은 시간에 상당한 수준의 영어가 가능합니다. 하나의 문장에 최대한의 문법을 대입시켜 수십 개의 문장을 동시에 만드는 것이 영어회화의 지름길입니다. 영어가 문법의 근간을 이루는 문장의 5형식에서 시작하여 5형식으로 끝난다는 말은 결코 과언이 아닙니다. 따라서 문법 편을 반복해서 읽으시면 큰 도움이 되리라 믿습니다. 영어의 뜻을 우리말로 직역한다는 것은 다소 무리가 있습니다. 해석을 참고하시면서 영어문장을 그대로 외우시는 가운데 미국적 사고 방식이 습득되리라 믿습니다.

풍부한 예문과 쉽게 읽혀지는 내용들이므로 중간에 포기하지 마시고 꾸준히 반복해서 읽어가시면 문법과 문형들이 자연스럽게 익혀질 것입니다. 또한 전체적으로 영어의 흐름을 이해하시게 되고 영어에 자신감을 갖게 되며 여러분의 실력 향상에 큰 성과를 보시리라 믿습니다. 외국어 습득에는 결코 왕도가 없다는 것을 명심하시기 바랍니다.

You Can Speak English!

영어의 기본구조에 익숙해지면서 어순에 맞게 말하는 노력이
영어를 빨리 배우고 막힘 없는 의사소통을 할 수 있는 지름길이다.

Accept [æksépt] accepted - accepted

타동사 받아들이다. 수락하다. 인정하다.

1. She accepted my offer.
2. I will accept your offer.
3. Did you accept his offer?
4. We do not accept credit cards here.
5. Mr. Kim never accepts any help from others.
6. She accepts my invitation to dinner.
7. I am sorry, I can't accept it.
8. He has to accept all the responsibility for the accident.
9. Wise men accept the blame when they make mistakes.
10. I accept that she is very smart.
11. You should accept that she left you.
12. My idea was accepted by everybody
13. She is accepted to Cornell University.

1. 그녀는 나의 제안을 받아들였다. | 2. 나는 당신의 제의를 받아들이겠습니다. | 3. 당신은 그의 제안을 받아들였습니까? | 4. 우리는 신용카드는 받지 않습니다. (상점에서) | 5. 미스터 김은 다른 사람들로부터 어떤 도움도 받지 않습니다. | 6. 그녀는 나의 저녁 초대를 받아 들인다. | 7. 미안하지만 그것을 받아들일 수 없습니다. | 8. 그는 사고에 대한 모든 책임을 감수하지 않으면 안된다. | 9. 현명한 사람들은 그들이 실수할 때 비난을 받아들인다. | 10. 나는 그 여자가 매우 영리하다는 것을 인정합니다. | 11. 당신은 그녀가 당신을 떠났다는 사실을 인정해야 할 것입니다. | 12. 나의 아이디어는 모든 사람들에게 받아들여졌다. | 13. 그녀는 코넬대학에서 입학허가를 받았습니다.

• 타동사의 목적어로 that절을 취함. 10. 11번.

Account [əkáunt] accounted – accounted 　명사　계산. 셈. 계좌.

타동사 …라고 생각하다.

1. We account her (to be) a fine lady.

1. 우리는 그녀가 훌륭한 여자라고 생각한다.

• 불완전타동사 (5형식)의 목적보어로 명사를 취함. 1번. (to be)는 생략 가능.

자동사 설명을 하다.

1. You should account for the missing books.
2. How do you account for his success?
3. His failure accounted for his suicide.
4. The report accounts for racism.
5. Could you account for the accident that happened last night?

1. 당신은 행방불명된 책에 대해서 설명해야 할 것이다. | 2. 그의 성공을 어떻게 설명하시겠습니까? | 3. 그는 실패해서 자살했다. | 4. 그 보고서는 인종차별에 대해서 설명한다. | 5. 어젯밤 일어난 사고에 대해서 설명해 주시겠어요?

• that (관계대명사) 이하는 형용사절로 선행사 accidant 수식. 5번.

Achieve [ətʃíːv] achieved - achieved

타동사 (목적, 목표)를 이루다. 성취하다.

1. She achieved an "A" in English.
2. Did he achieve the task?
3. You can never achieve anything if you do not work hard.
4. He will achieve his goals some day.
5. Anybody can achieve his dreams as long as he does his best.
6. I will try to achieve first place in the race.
7. Women have to achieve equality in the workplace.
8. The Romans used to achieve many victories.

1. 그녀는 영어에서 A학점을 받았다. | 2. 그는 그 임무를 완수했습니까? | 3. 당신은 열심히 일하지 않으면 어떤 것도 성취할 수 없습니다. | 4. 그는 언젠가 그의 목표를 달성 할 것이다. | 5. 누구든지 최선을 다하는 한 꿈을 이룰 수 있습니다. | 6. 나는 그 경기에서 일등을 하기 위해서 노력할 것이다. | 7. 여자들은 직장에서 남녀평등을 성취하지 않으면 안 된다. | 8. 로마인들은 많은 승리를 했다.

자동사 목적을 이루다.

1. I achieved a lot this year.
2. My father tells me to achieve.

1. 나는 금년에 많은 일들을 이루었다. | 2. 나의 아버지는 나에게 목적을 이루도록 (여러 가지 일을 성취하도록) 말씀 하신다.

Act [ækt] acted – acted 【명사】 행위. 행동.

【타동사】 …처럼 행동하다.

1. You should act your age.
2. She acted the role of Juliet in the movie.

1. 당신은 나이에 맞는 행동을 하셔야 합니다. | 2. 그 여자는 그 영화에서 줄리엣 역을 연기했습니다.

【자동사】 행동하다. …답게 행동하다.

1. She acts strangely these days.
2. My daughter acts responsibly all the time.
3. He acts without thinking.
4. Don't act so silly.
5. He acts old for his age.
6. She was acting weird recently.
7. I act happy, but I feel sad.
8. He will act in the movie.
9. The police act on information.
10. They act like tough guys.
11. She acts like a child when she complains.
12. She acts as if she has never seen me before.
13. He acts as a chairman.
14. Salt acts as a preservative.

1. 그녀는 요즈음 이상하게 행동한다. | 2. 나의 딸은 항상 이성에 맞게 행동을 한다. | 3. 그는 아무 생각없이 행동한다. | 4. 어리석게 행동하지 마세요. | 5. 그는 나이에 비해 어른스럽게 행동한다. | 6. 그녀는 최근 별나게 행동하고 있었습니다. | 7. 나는 기쁜듯이 행동하지만 사실은 우울합니다. | 8. 그는 그 영화에서 연기할 것이다. | 9. 경찰은 정보에 근거

해서 행동한다. | 10. 그들은 거친 사내들처럼 행동한다. | 11. 그녀는 불평할 때는 어린아이처럼 행동한다. | 12. 그녀는 마치 나를 이전에 결코 본 적이 없는 것처럼 행동한다. | 13. 그는 의장으로서 활동한다. (일을 처리해 나간다) | 14. 소금은 방부제 역할을 한다.

- 불완전자동사 (2형식)의 주격보어로 형용사를 취함. 4. 5. 6. 7번.
- 10. 11번의 like는 전치사.

Add [æd] added - added

타동사 더하다. 가산하다. 추가하다.

1. Can you add my name to the mailing list?
2. My company adds two hundred jobs within a year.
3. You should add three dollars to the total amount.
4. He adds fuel to the fire.
5. Why don't you add some sugar to your tea?
6. I have nothing to add.
7. I added up all the money we spent.
8. The sales tax adds 3 dollars to the price of the shoes.
9. If you add six and six, you get twelve.
10. She adds that her mother never agrees with her decisions.
11. He added that he would bring his children next time.
12. The interest will be added to your savings.
13. Another item was added to her shopping list.

1. 나의 이름을 메일링 리스트에 넣어 주시겠습니까? | 2. 나의 회사는 일년 이내에 이백 개의 일자리를 늘린다. | 3. 당신은 전체 금액에 3불을 더해야 합니다. | 4. 그는 불에 연료를 더한다. (불난 집에 부채질) | 5. 당신의 티에 설탕을 좀 넣지그러세요? | 6. 나는 추가 해야할 어떤 것도 가지고 있지 않다. | 7. 나는 우리가 쓴 모든 돈을 합계했다. | 8. 판매세가 구두 가격에 3불 추가된다. (더해진다) | 9. 만일 당신이 6에 6을 더하면 12가 된다. | 10. 그녀는 그녀의 어머니가 그녀의 결정에 결코 동의하지 않는다고 말한다. | 11. 그는 그의 아이들을 다음에 데려오겠다고 말했다. | 12. 이자 수익은 당신의 저축통장에 추가될 것입니다. | 13. 또 다른 아이템이 그녀의 쇼핑 리스트에 추가되었다.

• Add가 목적어로 that절을 취할 경우 덧붙여 말하다로 해석. 10. 11번.

자동사 증가되다

1. The new project only adds to the expense.
2. Small problems add up quickly.
3. Talking with her will add to my pleasure.

---

1. 그 새로운 사업계획은 오직 경비만을 증가시킨다. | 2. 작은 문제들은 빨리 늘어난다. | 3. 그녀와 대화함으로써 나의 기쁨이 늘어난다.

Admit [ædmit] admitted - admitted

타동사 받아들이다. 인정하다.

1. Some countries still don't admit travelers.
2. This ticket admits one person.
3. You have to admit the defeat.
4. She never admits her mistakes.
5. He admitted his guilt.
6. You are wrong, but you don't admit it.
7. We admit that he is good at his job.
8. You should admit that you were drunk last night.
9. I admit that I was feeling terrible by what you said.
10. My brother will be admitted to the college next year.
11. She was admitted to the hospital.
12. Only members could be admitted to the club.

---

1. 어떤 나라들은 아직도 여행객을 받아들이지 않는다. | 2. 이 입장표는 한 사람만 입장시킨다. | 3. 당신은 패배를 인정하지 않으면 안 된다. | 4. 그녀는 결코 그녀의 실수를 인정하지 않습니다. | 5. 그는 그의 유죄를 인정했다. | 6. 당신이 틀렸어요, 그러나 인정하지 않는군요. | 7. 우리는 그가 그의 직무에 능숙하다는것을 인정합니다. | 8. 당신은 어젯밤 술에 취했다는 것을 인정해야 합니다. | 9. 나는 당신 말 때문에 매우 불쾌했다는 것을 인정합니다. | 10. 나의 형은 내년에 대학에 입학할 것이다. | 11. 그녀는 병원에 입원했다. | 12. 오직 회원만이 그 클럽에 들어갈 수 있다.

• 타동사의 목적어로 that절을 취함. 7. 8. 9번.

자동사 고백하다. 인정하다.

1. The boy admitted to stealing the bike.
2. She admits to lying to her mother.
3. The man finally admitted to the murder.

1. 그 소년은 자전거를 훔쳤다고 고백했다. | 2. 그녀는 그녀의 어머니에게 거짓말한 것을 인정한다. | 3. 그 남자는 결국 살인한 것을 인정했다.

Affect [əfékt] affected - affected

타동사 …에게 영향을 미치다.

1. Your kindness affects everybody.
2. His speech affected all of us.
3. Your faith will affect your life.
4. I try to positively affect everyone I meet.
5. Don't let his nasty words affect you.
6. Diseases affect children's growth.
7. Bad weather affects small businesses.
8. The threat of terror affects living in the city.
9. Politics affect our lives.
10. The new law may affect the economy.
11. We were all affected by the news of her death.
12. Everybody will be affected by his story.

1. 당신의 친절한 행위는 모두에게 좋은 영향을 끼칩니다. | 2. 그의 연설은 우리들 모두에게 영향을 미쳤다. | 3. 당신의 신념은 당신의 삶에 영향을 미칠 것이다. | 4. 나는 내가 만나는 모든사람에게 긍정적으로 영향을 끼치기 위해서 노력한다. | 5. 그의 무례한 말들이 당신에게 영향을 끼치지 않도록 하세요. | 6. 질병은 어린이들의 성장에 영향을 끼친다. | 7. 나쁜 날씨는 소매업에 영향을 끼친다. | 8. 테러의 위협은 도시 생활에 영향을 준다. | 9. 정치는 우리들의 삶에 영향을 준다. | 10. 새로운 법은 경제에 영향을 줄지도 모른다. | 11. 우리는 그녀가 죽었다는 소식에 모두 놀랐다. (영향을 받았다.) | 12. 모두가 그의 이야기에 감동될 것이다.

• Affect가 수동태로 쓰일 경우 감동되다 또는 (감정적으로) 크게 영향 받아지다 (놀라다)로 쓰임.

Afford [əfɔ́:rd] afforded - afforded

타동사 …할 여유가 있다. 형편이 되다. 제공하다.

1. He can afford a new computer.
2. She is able to afford a new car.
3. I can't afford a house.
4. If you can't afford college, take out a loan from the bank.
5. He can afford to buy a new suit.
6. I can afford to take a vacation this year.
7. They can afford to help the homeless.
8. The window affords a beautiful view over the city.
9. Traveling affords new knowledge.

---

1. 그는 새 컴퓨터를 살 형편이 됩니다. | 2. 그녀는 새 자동차를 살 여유가 있습니다. | 3. 나는 집을 살 형편이 못됩니다. | 4. 만일 당신이 대학에 갈 돈이 없으면 은행에서 학자금 대출을 받으세요. | 5. 그는 새 양복을 살 여유가 있습니다. | 6. 나는 금년에 휴가갈 형편이 됩니다. | 7. 그들은 노숙자들을 도울 형편이 됩니다. | 8. 그 창문은 도시의 아름다운 경치를 제공합니다. | 9. 여행은 새로운 지식을 제공합니다.

- Afford는 조동사 can, could 등과 함께 …할 여유가 있다의 뜻을 가짐.
- 타동사 (3형식)의 목적어로 to부정사를 취함 5. 6. 7번.
- 8. 9번은 문어체 문장임. …을 제공하다의 뜻을 가짐.

Agree [əgríː] agreed - agreed

타동사 동의하다. 찬성하다.

1. I agree that we need more money.
2. People agree that the world has to be more peaceful.
3. She agrees that her daughter will marry Robert.

1. 나는 우리가 더 많은 돈을 필요로 한다는 데 동의한다. | 2. 사람들은 세상이 더 평화로워져야 되는 것에 동의한다. | 3. 그녀는 그녀의 딸이 로버트와 결혼하는 것에 동의한다.

• 타동사의 목적어로 that절을 취함. 타동사 1, 2, 3번.

자동사 동의하다. 찬성하다.

1. We all agree to the proposal.
2. Did you agree to the contract?
3. The couple doesn't agree on anything.
4. They finally agreed on the name of the company.
5. They never agree on which restaurant to go to.
6. My parents agree on the date for my wedding.
7. She agrees with my decision.
8. I don't agree with his plan.
9. I agree with you about Joseph.
10. My boss agrees with me about the project.
11. Did you agree with him on the matter?
12. His story does not agree with what he said.
13. She agrees to meet him tonight.
14. I agreed to help her.
15. We all agree to have a meeting every month.

1. 우리는 모두 그 제안에 동의한다. | 2. 당신은 그 계약에 동의했습니까? | 3. 그 부부는 어떤 것에도 동의하지 않는다. (의견일치를 이루지 않는다.) | 4. 그들은 마침내 회사 이름에 (회사 이름을 짓는 일) 동의했다. | 5. 그들은 결코 식당 선택에 일치하지 못한다. | 6. 나의 부모님은 나의 결혼식 날짜에 동의하신다. | 7. 그녀는 나의 결정에 동의한다. | 8. 나는 그의 계획에 동의하지 않는다. | 9. 나는 조섭에 관해서 너의 생각에 동의한다. | 10. 나의 사장님은 그 사업에 관해서 나에게 동의하신다. | 11. 당신은 그 문제에 관해서 그와 동의했습니까? | 12. 그의 이야기는 그가 말한 것과 일치하지 않는다. | 13. 그녀는 오늘밤 그를 만날 작정이다. (만날 것에 동의한다.) | 14. 나는 그녀를 돕는 일에 찬성했다. | 15. 우리는 모두 매달 회의를 하는 것에 동의한다.

Aim [eim] aimed – aimed

타동사 겨냥하다.

1. The man aimed his gun at me.
2. They aimed the commercial toward women.
3. His gun was aimed at me.
4. The commercial was aimed toward women.
5. Many commercials are aimed at rich people.

1. 그 남자는 나에게 권총을 겨누었다. | 2. 그들은 여성을 대상으로 상업광고를 준비했다. (준비하다). | 3. 그의 권총이 나에게 겨눠졌다. | 4. 그 상업광고는 여자들을 대상으로 겨냥되어졌다. | 5. 많은 상업광고들은 부유한 사람들을 목표로 겨냥되어진다.

자동사 겨냥하다. 노력하다. …할 작정이다.

1. I will aim to earn an A in English class.
2. They aim to win the game.
3. She aims to lose 20 pounds before July.
4. He aims to leave tomorrow.
5. My brother aims to open another restaurant.
6. We aim to finish the job by Tuesday.
7. The man was aiming at the deer.
8. Aim at the target and shoot.
9. Work hard and aim at success.
10. The police aimed at the suspect with a gun.

1. 나는 영어수업에서 A를 받기 위해서 노력할 것이다. | 2. 그들은 그 시합에서 이기기 위해서 노력한다. | 3. 그녀는 7월 이전에 20파운드를 줄이기 위해서 노력한다. | 4. 그는 내일 떠날 작정이다. | 5. 나의 형은 레스토랑을 하나 더 개업할 작정이다. | 6. 우리는 화요일까지 그 일을 끝낼 작정이다. | 7. 그 남자는 사슴을 겨누고 있었다. | 8. 목표를 겨누

시고 쏘세요. | 9. 성공을 목표로 열심히 일하세요. | 10. 경찰은 권총으로 용의자를 겨냥했다.

- 자동사 1. 2. 3번은 …하기 위해 노력 하다. / 4. 5. 6번은 …할 작정이다. / 7. 8. 9. 10번은 …을 겨냥하다. 조준하다.

Allow [əláu] allowed - allowed

타동사 허락하다. 허가하다. 인정하다.

1. The park allows small dogs.
2. My laboratory doesn't allow any guests.
3. The airline allows one bag per traveler.
4. I don't allow the cat in my bedroom.
5. My father allows me to drive his car sometimes.
6. The credit card company allows me to spend up to $1000.
7. She allows children to play in her backyard.
8. We allow that America is the strongest country in the world.
9. I allow that she was right.
10. You are allowed to stay out late on weekends.
11. Everybody is allowed to make mistakes.
12. Smoking is not allowed.
13. Please allow me.

1. 그 공원은 작은 개들의 입장을 허락합니다. | 2. 나의 연구실은 어떤 내방객도 허락하지 않습니다. | 3. 그 항공사는 승객당 하나의 가방만 허용합니다. | 4. 나는 내 침실에 고양이를 들어오지 못하게 합니다. | 5. 나의 아버지는 가끔씩 나에게 그의 자동차를 운전하게 합니다. | 6. 그 신용카드 회사는 내가 최대 1000불까지 사용하는 것을 허락합니다. | 7. 그녀는 어린이들이 그녀의 뒷뜰에서 놀도록 허락합니다. | 8. 우리는 미국이 세계에서 가장 강한 국가라는 것을 인정한다. | 9. 나는 그녀가 옳았다는 것을 인정한다. | 10. 당신은 주말에는 늦게까지 외출할 수 있다. | 11. 누구나 실수할 수 있습니다. | 12. 흡연금지. | 13. 나에게 (…하도록) 허락해 주십시요. (식당에서 계산을 하고 싶을 때, 길을 안내하고 싶을 때 등)

- 불완전타동사 (5형식)의 목적보어로 to부정사를 취함 5. 6. 7번.
- 타동사의 목적어로 that절을 취함 8. 9번.

자동사 고려하다. 참작하다.

1. You have to allow for delays sometimes.
2. Allow for extra time when you travel.

---

1. 당신은 가끔 늦어질 수 있는 경우도 고려해야 합니다. | 2. 여행할 때는 여분의 시간을 고려하십시요.

Answer [ǽnsər] answered - answered 　명사 대답. 답.

타동사 (사람 질문에) 답하다.

1. Please answer all the questions.
2. Why don't you answer me?
3. She never answers my letters.
4. Did she answer you?
5. I will answer all your questions.
6. My dad answers the phone when it rings.
7. Answer the door when somebody knocks.
8. He answers that he does not know it.
9. She answers that the accident was his responsibility.

---

1. 모든 질문에 대답해 주십시요. | 2. 어째서 나에게 대답하지 않으세요? | 3. 그녀는 결코 나의 편지에 답장하지 않는다. | 4. 그녀가 당신에게 대답했습니까? | 5. 나는 당신의 모든 질문에 대답할 것입니다. | 6. 나의 아버지는 전화벨이 울리면 전화를 받으신다. | 7. 누군가가 노크할 때 문에 나가보십시오. | 8. 그는 알고 있지 않다고 대답합니다. | 9. 그녀는 그 사고는 그의 책임이라고 대답한다.

- 타동사의 목적어로 that절을 취함. 8. 9번.
- Answer (타동사) 사람, 질문, 전화, 노크소리 등에 답하다.

자동사 책임지다.

1. Did you answer for the damage you have caused?
2. They have to answer for their actions.

---

1. 당신은 당신이 일으킨 손해에 대해서 보상했습니까? | 2. 그들은 그들의 행동에 책임지지 않으면 안 된다.

- Answer for (자동사) …에 대한 책임을 지다.

Appear [əpíər] appeared - appeared

자동사 …하게 보이다. 나타나다.

1. She appears (to be) rich.
2. He appears (to be) very upset.
3. The man appears (to be) calm.
4. The street appears quiet.
5. You should appear in court next Tuesday.
6. He appeared before the judge last month.
7. The story will appear in the Sunday newspaper.
8. Dark clouds appeared in the sky.
9. The dog appeared out of nowhere.
10. She didn't appear until the party was over.
11. He appeared at my house late last night.
12. The famous singer sometimes appears at the small club in my town.
13. The winter of Paris appeared on the screen.

---

1. 그녀는 부자로 보입니다. | 2. 그는 화가 난 것처럼 보입니다. | 3. 그 남자는 침착하게 보입니다. | 4. 거리는 한산해 보인다. | 5. 당신은 다음주 화요일 법원에 출두해야 합니다. | 6. 그는 지난달 법정에 출두했다. | 7. 그 이야기는 일요일 신문에 나올 것이다. | 8. 검은 구름이 하늘에 나타났다. | 9. 그 개가 어디선가 나타났다. | 10. 그녀는 파티가 끝날 때까지 나타나지 않았다. | 11. 그는 어젯밤 늦게 나의 집에 나타났다. | 12. 그 유명한 가수는 가끔 우리 동네 작은 클럽에 나타난다. | 13. 파리의 겨울이 스크린에 나타났다.

- 1, 2, 3번의 (to be)는 생략 가능.
- 불완전자동사 (2형식)의 주격보어로 형용사를 취함. 1, 2, 3, 4번.

Apply [əpláɪ] applied - applied

타동사 적용하다. 응용하다.

1. You should apply your skills in real situations.
2. Apply yourself to your studies.
3. He doesn't know how to apply what he has learned.
4. Did you apply the lotion evenly over your skin?
5. Women apply dyes to change their hair color.
6. Computers will be applied to all kinds of businesses.
7. The theory can be applied to the basic math.

1. 당신은 실제 상황에서 당신의 솜씨를 활용해야 할 것이다. | 2. 공부에 당신 자신을 전념시키세요. (공부에 전념하세요.) | 3. 그는 그가 배운 것을 활용할 줄 모른다. | 4. 당신은 피부에 로션을 고르게 발랐습니까? | 5. 여자들은 그들의 머리색을 바꾸기 위해 염색약을 바른다. | 6. 컴퓨터는 모든 비즈니스에 이용(사용)되어 질 것이다 . | 7. 그 이론은 기초수학에 적용되어 질 수 있다.

- 타동사의 목적어로 관계대명사 what을 취함. 3번.
- 관계대명사 what은 선행사를 포함하고 있음.

자동사 신청하다. 적용되다.

1. Twenty people applied for the job.
2. She applies for a credit card.
3. Most students apply to more than three colleges.
4. The rule applies to all the employees.
5. The discount only applies to club members.
6. Did your son apply to Duke University?
7. The laws no longer apply.
8. Spice applies to most food.

1. 이십명이 그 직장에 지원했다. | 2. 그녀는 신용카드를 신청한다. | 3. 대부분의 학생들은 3개 이상 대학에 입학원서를 제출한다. | 4. 그 규칙은 모든 직원들에게 적용된다. | 5. 할인가격은 클럽멤버에게만 적용된다. | 6. 당신의 아들은 듀크 대학에 입학원서를 냈습니까? | 7. 그 법은 더이상 적용되지 않는다. | 8. 양념(향료)는 대부분의 음식에 이용된다.

- Apply는 자동사로서 사용 빈도가 훨씬 높으며 자동사 예문 1번부터 8번까지는 자주 쓰이는 표현임.

Argue [á:rgju:] argued - argued

타동사 주장하다.

1. I argued my point until he understood.
2. He argues *that* we should help the blind.
3. The general argues *that* we have to attack the enemy first.
4. People argue *that* it would be unfair to punish people before a trial.

1. 나는 그가 이해할 때까지 나의 요점을 주장했다. | 2. 그는 우리가 장님들을 도와줘야 한다고 주장한다. | 3. 사령관은 우리가 먼저 적을 공격해야 한다고 주장한다. | 4. 사람들은 재판 전에 처벌하는 것은 공정하지 않다고 주장한다.

- 타동사의 목적어로 that절을 취함. 2, 3, 4번.

자동사 논쟁하다.

1. She never argues with her parents.
2. He argues with his friends over politics.
3. Don't argue about the matter.
4. Parents sometimes argue about their children.
5. Have you argued about the money with your wife?
6. I argue against sending troops to the Middle East.
7. They argue for building more houses.

1. 그녀는 그녀의 부모님과 결코 다투지 않는다. | 2. 그는 정치에 관해서 그의 친구들과 논쟁한다. | 3. 그 문제에 관해서 다투지 마세요. | 4. 부모님들은 때때로 자녀 문제로 다투신다. | 5. 당신은 부인과 돈 문제로 다투어 보신 적이 있으세요? | 6. 나는 중동에 군대를 보내는 것에 반대한다. | 7. 그들은 더 많은 집을 짓도록 주장한다.

- 자동사로의 사용 빈도가 높음.
- Argue against …에 반대 주장을 하다. / Argue for …에 찬성하다.

Arrange [əréindʒ] arranged - arranged

타동사 준비하다. 주선하다. 정리하다.

1. He will arrange your flight.
2. Who arranged this meeting?
3. She arranged the dinner table.
4. My brother arranges a trip to the beach every year.
5. My secretary arranges my entire schedule.
6. She arranges the jewelry in the display case.
7. They arrange the chairs in a line.
8. She arranges the files alphabetically.

---

1. 그가 당신의 여행을 준비할 것이다. | 2. 누가 회의를 주선했습니까? | 3. 그녀가 저녁 식탁을 준비했습니다. | 4. 나의 형은 매년 바닷가 여행을 준비합니다. | 5. 나의 비서는 나의 모든 스케줄을 담당합니다. | 6. 그녀는 진열대에 보석들을 가지런히 합니다. | 7. 그들은 줄에 맞도록 의자들을 배열합니다. (가지런히 하다.) | 8. 그녀는 알파벳순으로 서류들을 정리합니다.

자동사 마련하다. 준비하다.

1. I will arrange for a private meeting between the two presidents.
2. She arranges for transportation everyday.
3. We arranged to go to the movies this weekend.
4. He arranged to meet his friends tonight.
5. I will arrange for him to lend you some money.
6. My mom arranges for me to have English lessons.
7. Why don't you arrange for a taxi to pick us up?

---

1. 나는 두 나라 대통령들 사이에 사적인 회담을 준비할 것이다. | 2. 그녀는 매일 교통편을 준비합니다. | 3. 우리는 이번 주말에 극장에 가도록 준비했다. | 4. 그는 오늘밤 친구들을 만나기로 계획했다. | 5. 나는 그가 당신에게 돈을 빌려주게 할 것이다. | 6. 나의 어머니는 내가 영어 수업을 받도록 준비해 주신다. | 7. 택시가 우리들을 데리러 오도록 준비해 두지 그러세요?

• 전치사의 목적어가 to부정사의 의미상의 주어가 됨. 5. 6. 7번.

Arrive [əráiv] arrived - arrived

자동사 도착하다. 닿다.

1. Planes never arrive on time.
2. His letter arrived last week.
3. We arrived at the airport two hours late.
4. What time does the train arrive in Philadelphia?
5. I try to arrive at school thirty minutes early every day.
6. They are going to arrive in Seoul at four p.m.
7. The packages that I ordered will arrive before Christmas.
8. I can't wait until you arrive.
9. The day that I have waited for has arrived.

---

1. 비행기는 결코 정시에 도착하지 않는다. | 2. 그의 편지는 지난주에 도착했다. | 3. 우리는 공항에 두 시간 늦게 도착했다. | 4. 그 기차는 몇시에 필라델피아에 도착합니까? | 5. 나는 매일 30분 일찍 학교에 도착하기 위해서 노력한다. | 6. 그들은 오후 4시에 서울에 도착할 예정이다. | 7. 내가 주문한 그 소포는 크리스마스 이전에 도착할 것이다. | 8. 당신이 도착할 때까지 기다릴 수 없군요. | 9. 내가 기다리던 그 날이 왔다.

- that (관계대명사) 이하 I ordered 까지는 형용사절로 선행사 packages 수식. 7번.
- that (관계대명사) 이하 I have waited for 까지는 형용사절로 선행사 day 수식. 9번.

Ask [æsk] asked - asked

타동사 묻다. …에게 물어보다. …에게 부탁하다.

1. You ask too many questions.
2. Don't ask women's ages.
3. She asks me a question.
4. She asks a question of me.
5. I ask him to come to my house.
6. Why don't you ask the restaurant to deliver the lunch?
7. He asked me to get her a cup of coffee.
8. He asks me where she lives.
9. Please ask her when they come.
10. Let me ask him what we should do after arriving there.
11. Would you ask him what to do next?
12. You should ask her which to buy.
13. I will ask him when to start work.
14. The salesperson asked me $50 for the shoes.
15. I will ask my boss for a raise.
16. Did you ask him for some money?
17. He asked me about her family.
18. Why don't you ask her out to dinner?
19. She was asked out to dinner.
20. No question was asked of me.
21. I was asked 3 questions.

1. 당신은 너무 많은 질문을 합니다. | 2. 여자들의 나이는 묻지 마세요. | 3. 그녀는 나에게 한 가지 질문을 한다. | 4. 그녀는 한 가지 질문을 나에게 한다. | 5. 나는 그에게 나의 집에 와달라고 부탁한다. | 6. 식당에 점심을 배달하도록 왜 부탁하지 않으세요? | 7. 그는 나에게 그녀에게 커피 한 잔을 가져다 주도록 부탁했다. | 8. 그는 나에게 그녀가 어디서 사는지 물어본다. | 9. 그들이 언제 오는지 그녀에게 물어봐 주세요. | 10. 우리가 거기 도

착한 후 무엇을 할지 그에게 물어보겠습니다. | 11. 다음에 무엇을 할지 그에게 물어보시 겠어요? | 12. 당신은 그녀에게 어느 것을 사야 할지 물어봐야 합니다. | 13. 나는 그에게 언제 일을 시작 할지 물어보겠습니다. | 14. 그 판매원은 구두값으로 50불을 나에게 청구했다. | 15. 나는 사장님에게 봉급 인상을 요청할 것입니다. | 16. 당신은 그에게 돈을 부탁했습니까? | 17. 그는 나에게 그녀의 가족에 관해서 물어보았다. | 18. 그녀를 저녁식사에 초대하지 그러세요? | 19. 그녀는 저녁식사에 초대되었다. | 20. 나는 어떤 질문도 받지 않았다. | 21. 나는 3개의 질문을 받았다.

- 불완전타동사 (5형식)의 목적보어로 to부정사를 취함. 5. 6. 7번.
- 4형식의 직접목적어로 wh절을 취함. 8. 9. 10번. 앞의 대명사는 간접목적어.
- 4형식의 직접목적어로 wh. to do를 취함. 11. 12. 13번. 앞의 대명사는 간접목적어.

자동사 묻다. 요청하다.

1. She asks about living in America.
2. He asks for a glass of water.
3. I ask for directions when I get lost.
4. Why don't you ask around?
5. Did you ask about his family?

1. 그녀는 미국에서 사는 것에 대해서 질문한다. | 2. 그는 한잔의 물을 요구하다. | 3. 나는 길을 잃을 때 방향을 물어본다. | 4. 주위 사람들에게 물어보지 그러세요? | 5. 당신은 그의 가족에 관해서 질문했습니까?

Attack [ətǽk]   attacked - attacked   **명사** 공격. 습격.

타동사 공격하다. 비난하다.

1. Japan attacked America.
2. Wild animals attack people.
3. Burglars attacked a citizen.
4. Somebody attacked her as she got into her car.
5. Your dog looks like it is going to attack me.
6. Don't attack others' beliefs even if you don't agree with them.
7. The newspaper attacked the president for his policy.
8. He was so hungry, he attacked his dinner.
9. Many people attacked his idea.
10. His idea was attacked by many people.
11. He was attacked while walking home.

1. 일본은 미국을 공격했었다. | 2. 야생동물은 사람을 공격한다. | 3. 강도가 시민을 공격했다. | 4. 누군가가 그녀가 자동차에 들어가고 있을 때 공격했다. | 5. 당신의 개는 마치 나를 공격할 것처럼 보이는군요. | 6. 비록 당신의 생각이 다른 사람들과 다르다해도 그들의 신념을 비난하지 마세요 | 7. 그 신문은 대통령의 정책에 대해서 대통령을 공격했다. | 8. 그는 매우 배고팠으므로 그 음식을 미친 듯이 먹어댔다. | 9. 많은 사람들이 그의 생각을 비난했다. | 10. 그의 생각은 많은 사람들에 의해서 공격당했다. (많은 사람들이 공격했다) | 11. 그가 집에 가고 있을 때 공격당했다.

• Attack 사람, 물건, 신념, 인격 등을 공격 할 때 사용 할 수 있는 단어.

Avoid [əvɔ́id] avoided – avoided

타동사 …을 피하다.

1. She avoids me all day.
2. He avoids argument with everybody.
3. I avoid the crowd on the street.
4. We avoid nasty people.
5. Our country must avoid involvement in war.
6. I try to avoid seeing him.
7. She should avoid walking alone at night.
8. He avoids upsetting his lovely wife.
9. If you avoid paying the fine, you might go to jail.

---

1. 그녀는 하루종일 나를 피한다. | 2. 그는 누구하고든지 논쟁을 피한다. | 3. 나는 거리에 군중들을 피한다. | 4. 우리는 심술궂은 (비열한) 사람들을 피한다. | 5. 우리나라는 전쟁에 말려드는 것을 피해야 한다. | 6. 나는 그를 만나는 것을 피하려고 노력한다. | 7. 그 여자는 밤에 홀로 걷는 것을 피해야 한다. | 8. 그는 그의 사랑스러운 부인의 기분을 상하게 하는것을 피한다. | 9. 만일 당신이 벌금 내는 것을 피하면 (내지 않으면) 감옥에 가야 될지도 모른다.

- 타동사의 목적어로 동명사를 취함. 6. 7. 8. 9번.
- 동명사만을 목적어로 취하는 대표적인 동사들 : avoid, enjoy, stop, finish, mind, deny.

You Can Speak English!

B

어학 공부를 하루 한 시간씩 장기적으로 하는 것 보다는
짧은 기간 강도 높게 (하루 5시간 이상 일 년 정도) 하는 것이 훨씬 효과적이다.

Base [beis] based - based 명사 기초, 근거.

타동사 …의 근거를 두다. …을 형성하다.

1. We base our business in Manhattan.
2. I base the knowledge on my education.
3. She bases her opinions on facts.
4. He seems to base his life on others' ideas.
5. Our business is based in Manhattan
6. The law firm is based in Chicago.
7. The movie is based on a true story.
8. Racial discrimination is based on prejudice.
9. The novel is based on American history.

1. 우리는 맨해튼에 사업의 본거지를 두고 있다. ㅣ 2. 나는 나의 교육을 바탕으로 지식(학문)을 형성해 나간다. ㅣ 3. 그녀는 사실을 바탕으로 의견의 근거를 둔다. ㅣ 4. 그는 다른 사람들의 생각으로 그의 삶(일상사)을 결정한다. ㅣ 5. 우리들의 사업은 맨해튼에 근거를 두고 있습니다. ㅣ 6. 그 법률회사는 시카고에 본사를 두고 있습니다. ㅣ 7. 그 영화는 실화에 근거를 두고 있습니다. ㅣ 8. 인종차별은 편견에 근거를 두고 있습니다. ㅣ 9. 그 소설은 미국 역사에 근거를 두고 있습니다.

• 수동태형으로 많이 쓰이는 동사 임. 5. 6. 7. 8. 9번.

Beat [biːt] beat - beaten   명사 계속해서 치기.

타동사 때리다. …을 이기다.

1. My brother beats me sometimes when he gets angry.
2. You should not beat children.
3. I beat a punching bag for exercise.
4. Girls beat boys at tennis these days.
5. You can't beat me at chess.
6. We beat the other team by six points.
7. He beat the world record for sprinting 100 meters.
8. He was beaten black and blue by the bad guys.
9. My team was beaten.

1. 나의 형은 화가 나면 가끔 나를 때린다. | 2. 당신은 어린이들을 때려서는 안 된다. | 3. 나는 운동을 위해서 펀칭백을 때린다. | 4. 요즘은 소녀들이 소년들을 테니스 시합에서 이긴다. | 5. 당신은 체스에서 나를 이길 수 없습니다. | 6. 우리는 상대팀을 6점 차이로 이겼다. | 7. 그는 100미터 단거리 경주에서 세계 신기록을 깼다. | 8. 나쁜 녀석들은 그를 멍이 들도록 때렸다. | 9. 우리팀이 시합에서 졌다.

자동사 계속해서 치다.

1. The rain is beating against the windows.
2. My heart beats faster every time I see her.
3. Don't beat on the door with your fist.

1. 비가 유리창을 때리고 있습니다. | 2. 나의 심장은 그녀를 볼 때마다 더 빨리 뜁니다. | 3. 주먹으로 문을 치지 마세요.

• Beat 때리다. 치다. 이기다의 일반적인 단어. 수동태형 (8, 9번)으로도 자주 쓰임.

Become [bikʌ́m] became - become

자동사 …이 되다.

1. She will become a teacher.
2. He became a doctor.
3. Children become adults over time.
4. He became very angry.
5. Mr. Yoon became rich.
6. The wind starts to become stronger.
7. Partnerships in business are becoming more common.
8. Everything seems to become harder.
9. The weather becomes warm in May.
10. We became very bored during his long speech.
11. He became excited during the game.
12. His voice became strained.

---

1. 그녀는 선생이 될 것이다. | 2. 그는 의사가 되었습니다. | 3. 어린이들은 시간이 지나면 어른이 됩니다. | 4. 그는 매우 화가 났다. | 5. 미스터 윤은 부자가 됐습니다. | 6. 바람은 점점 강해지기 시작한다. | 7. 사업에서 동업 관계는 점점 일반적인 형태가 되고 있습니다. | 8. 모든 것이 점점 힘들어지는 것 같습니다. | 9. 날씨가 오월에는 따뜻해졌다. | 10. 우리는 그의 긴 연설동안 매우 따분해졌다. | 11. 그는 그 경기 동안 내내 흥분했다. | 12. 그의 목소리가 긴장됐다.

- 불완전자동사 (2형식)의 주격보어로 명사, 형용사를 취함. 1번 부터 9번 까지.
- 불완전자동사 (2형식)의 주격보어로 과거분사를 취함. 10. 11. 12번.

Begin [bigín] began - begun

타동사 시작하다.

1. He begins his breakfast at 8 o'clock in the morning.
2. When did you begin the work?
3. The baby begins to cry when she is not with her mother.
4. He began to study English.
5. She begins to feel angry.
6. The maid began cleaning the room.
7. I began working here in 2003.
8. She just begins talking anytime, anywhere.

1. 그는 아침 8시에 아침식사를 한다. | 2. 당신은 언제 그 일을 시작했습니까? | 3. 그 아기는 엄마가 있지 않으면 울기 시작한다. | 4. 그는 영어를 공부하기 시작했다. | 5. 그녀는 화가 나기 시작한다. | 6. 그 하녀는 방을 청소하기 시작했다. | 7. 나는 2003년에 여기서 일하기 시작했다. | 8. 그녀는 때와 장소를 가리지 않고 떠들기 시작한다.

- 타동사의 목적어로 to부정사를 3. 4. 5번.
- 타동사의 목적어로 동명사를 취함. 6. 7. 8번.
- begin 목적어로 부정사 동명사 둘다 취할 수 있음.

자동사 시작하다. 시작되다.

1. Our school begins at 9 o'clock.
2. My family begins with a prayer every morning.
3. Love begins with a smile.

1. 우리들의 학교는 9시에 시작한다. | 2. 나의 가족은 매일 아침 기도로 시작한다. | 3. 사랑은 미소와 함께 시작한다.

Believe [bilíːv] believed - believed

타동사 믿다. 신용하다.

1. We believe your story.
2. Do you believe that?
3. I don't believe anything he says.
4. She believes that he is a good man.
5. I can't believe that summer is over.
6. He believes that she will be back tomorrow.
7. Mr. Park is believed to be one of the best painters in Korea.
8. It is believed that Columbus discovered America.

1. 우리는 당신의 이야기를 믿습니다. | 2. 당신은 그것을 믿으세요? | 3. 나는 그가 말하는 어떤 것도 믿지 않습니다. | 4. 그녀는 그가 좋은 사람이라고 믿는다. | 5. 여름이 끝났다니 믿을 수가 없어요. | 6. 그는 그녀가 내일 돌아올 것이라고 믿고 있다. | 7. 미스터 박은 한국에서 최고의 화가 중의 한 사람으로 여겨진다. | 8. 콜롬버스가 미국을 발견했다고 믿습니다.

• 타동사의 목적어로 that절을 취함. 4. 5. 6번.

자동사 인격을 믿다. 존재를 믿다.

1. I believe in him.
2. Children still believe in Santa Claus.
3. Most Americans believe in God.

1. 나는 그의 인격을 믿는다. | 2. 어린이들은 아직도 산타 클로스의 존재를 믿는다. | 3. 대부분의 미국인들은 하나님의 존재를 믿는다.

Belong [bilɔ́(:)ŋ] belonged - belonged

자동사 …의 소유이다. …에 속하다.

1. The car belongs to me.
2. The books belong to the school.
3. This house belongs to my uncle.
4. Who does it belong to?
5. She belonged to the choir for many years.
6. My father belongs to the golf club.
7. They belong to our church.
8. Put the chair back where it belongs.
9. I feel like I belong here.
10. You should stay where you belong.

---

1. 그 자동차는 나의 소유다. | 2. 그 책들은 학교 소유입니다. | 3. 이 집은 나의 아저씨의 소유이다. | 4. 그것은 누구의 것입니까? | 5. 그녀는 몇 년동안 합창대에 속해 있었습니다. | 6. 나의 아버지는 골프클럽 회원이다. (속해 있다.) | 7. 그들은 우리 교회에 속해 있다. (교회 멤버들이다.) | 8. 의자를 제자리에 가져다 두세요. | 9. 나는 여기에 소속된 것처럼 느껴지는군요. | 10. 당신은 당신이 있어야 할 곳에 있어야 합니다.

- 어떤 자동사들은 일정한 전치사와 결합하여 타동사의 역할을 함.
- belong to …의 것이다. …에 속하다. / wait for …을 기다리다. / laugh at …을 보고 (듣고) 웃다. / listen to …을 듣다.

Break [breik] broke - broken   명사 깨진곳. 잠시의 휴식.

타동사 깨뜨리다. 부수다. (약속, 법규 따위를) 어기다.

1. Did she break the glass again?
2. I broke the lamp.
3. My nephew breaks his toys.
4. Who broke the window?
5. He broke his leg skiing.
6. You will be punished, if you break the rules.
7. You should not break your promises to others.
8. It will break my heart if you leave me.
9. He broke the world record.
10. The explosion broke the door into pieces.
11. The switch is broken.
12. The window was broken.

1. 그녀가 또 유리컵을 깨뜨렸나요? | 2. 내가 램프등을 부셨습니다. | 3. 나의 조카는 그의 장난감을 부순다. | 4. 누가 유리창을 깨뜨렸죠? | 5. 그는 스키를 타다가 다리가 부러졌습니다. | 6. 만일 당신이 규칙을 어기면 벌을 받을것입니다. | 7. 다른 사람들과 한 약속들을 어기지 마세요. | 8. 만일 당신이 나를 떠나면 나의 마음이 아플 거에요. | 9. 그는 세계신기록을 수립했다. | 10. 폭발로 인해서 문이 산산조각 났다. | 11. 스위치가 부서져 있군요. | 12. 유리창이 부서졌습니다.

자동사 잠시 휴식을 취하다. 깨어지다.

1. The plate broke.
2. We break for lunch at noon.
3. It just broke; I didn't even touch it.
4. Glass breaks easily.

---

1. 접시가 깨졌다. | 2. 우리는 정오에 점심을 먹으며 휴식을 갖는다. | 3. 만지지도 않았는데, 그냥 그것이 저절로 부서졌어요. | 4. 유리는 쉽게 부서집니다.

- Break 타동사로서 물건 물질 등을 부수다 깨뜨리다. 망가뜨리다. 규칙 약속 등을 어기다. 범하다 등의 뜻이 있음. 자동사로서 부서지다 깨어지다. 잠간 휴식하다의 뜻이 있음.

Build [bild] built - built

타동사 건축하다.

1. I want to build my own house.
2. The city is building a new road to the airport.
3. China started to build big ships.
4. They used to build many factories in America during the 1940's.
5. He has built up the business over many years.
6. He tries to build his political career.
7. You have to build up the customers' trust for your business.
8. She builds up strength in her leg.
9. The house was built sixty years ago.
10. The church was built of stones.
11. My house will be built near the lake.
12. His success was built on his diligence.

1. 나는 내 자신의 집을 짓고 싶습니다. | 2. 그 도시는 공항까지 새 도로를 만들고 있습니다. | 3. 중국은 큰 배들을 만들기 시작했습니다. | 4. 미국은 1940년대 많은 공장들을 짓곤했습니다. | 5. 그는 수년에 걸쳐 사업을 일구었습니다. | 6. 그는 그의 정치 경력을 쌓기 위해 노력합니다. | 7. 당신은 사업을 위해서 고객들의 신뢰를 쌓지 않으면 안 됩니다. | 8. 그녀는 다리근육을 만든다. | 9. 그 집은 60년 전에 지어졌습니다. | 10. 그 교회는 돌로 지어졌습니다. | 11. 나의 집은 호수 가까이 지어질 것입니다. | 12. 그의 성공은 그의 근면으로 이루어졌습니다.

Burn [bəːrn] burned - burned　**명사** 화상.

타동사 태우다.

1. He burned his hand on the stove.
2. I'm sorry, I burned your toast.
3. Cars burn gasoline.
4. The crazy guy burned many buildings.
5. The Indians burned the whole village.
6. People burn up fat through physical excersice.
7. The garbage is burned in a pit.
8. Don't stay too long under the sun, you might get burned.
9. She is burned out, because she worked too much.
10. Many buildings were burned by the crazy guy.
11. The whole city was burned down, because of the war.

1. 그는 스토브에 손을 데었다. | 2. 미안하지만 당신의 토스트를 태워버렸군요. | 3. 자동차는 기름을 태웁니다. (사용합니다) | 4. 그 미친 남자가 많은 빌딩에 불을 질렀습니다. | 5. 인디안들이 마을 전체를 불 태웠습니다. | 6. 사람들은 운동을 해서 지방을 태웁니다. | 7. 쓰레기가 구덩이에서 소각된다. | 8. 햇볕 아래 너무 오래 있지 마세요, 탈지도 모릅니다. | 9. 그녀는 너무 일을 많이 해서 지쳤습니다. | 10. 많은 빌딩들이 그 미친 사내에 의해서 불에 탔다. | 11. 도시전체가 전쟁 때문에 불에탔다.

자동사 (물건 따위가) 타다.

1. The wild fire is still burning.
2. His house burned down last night.
3. Christmas lights burn brightly all around the town.
4. It smells like your dinner is burning.
5. The electric wire burned.

1. 산불이 아직도 타고 있습니다. | 2. 그의 집은 어젯밤 불에 탔습니다. | 3. 크리스마스 조명이 온 동네 주위를 밝게 빛내고 있습니다. | 4. 당신의 저녁식사가 타고 있는 냄새가 나는군요. | 5. 전선줄이 탔습니다.

Buy [bai] bought – bought　명사 물건 사기.

타동사　사다. 구입하다.

1. He bought a house in America.
2. She bought this handbag three years ago.
3. What did you buy?
4. Money can't buy happiness.
5. A dollar doesn't buy much these days.
6. I usually buy Christmas gifts early.
7. Let me buy you a drink.
8. Let me buy a drink for you.
9. My brother buys me many books.
10. My brother buys many books for me.
11. I will buy a nice gift for my mother.
12. He bought the car for $2,000.
13. Only students can buy the ticket for $5.
14. The watch was bought for me.
15. The land will be bought to build a new school.

---

1. 그는 미국에 집을 샀습니다. | 2. 그는 삼 년 전에 이 핸드백을 샀습니다. | 3. 무엇을 사셨어요? | 4. 돈으로 행복을 살 수는 없습니다. | 5. 1달러로는 요즈음 살만한 것이 없어요. | 6. 나는 대게 크리스마스 선물을 일찍 삽니다. | 7. 제가 한잔 사겠습니다. | 8. 제가 한잔 사겠습니다. | 9. 나의 형은 나에게 많은 책을 사준다. | 10. 나의 형은 나에게 많은 책을 사준다. | 11. 나는 어머니를 위해서 좋은 선물을 살 것이다. | 12. 그는 그 자동차를 이천불에 샀다. | 13. 학생들만이 5달러에 그 표를 살 수 있습니다. | 14. 그 시계는 나를 위해서 구입되었다. | 15. 그 땅은 새 학교를 짓기 위해서 매입될 것 이다.

- 문장의 4형식. 7. 9번. 이들을 3형식으로 전환하면 8. 10번.
- 4형식을 만드는 대표적인 동사들 : teach, tell, give, show, make, buy, lend, promise, fix offer, sell, earn, get, write, guarantee, ask, bring, cook, cut, recommend, feed, read, forgive, order, drop 등.

You Can Speak English!

C

영어 실력의 발전단계에서 중요한 것 중의 하나는 교재선택이다.
이 책은 초급반에서 부터 고급반에 이르기까지 적합한 교재가 될 것이다.

Call [kɔːl] called - called 명사 부르는 소리. 전화의 통화.

타동사 …에게 전화하다. 부르다. …라고 부르다.

1. Please call me tomorrow.
2. Somebody called you while you were out.
3. Don't call him when he is at work.
4. Call the police right away if something bad happens.
5. Don't you hear? Somebody is calling you.
6. My boss called a meeting yesterday.
7. We call him Eric.
8. Everybody calls him "Shorty."
9. What do you call this flower?
10. We call it rose.
11. You should not call anybody a fool.
12. Do you want to be called Miss or Mrs?
13. He is called Eric.
14. It is called rose.
15. Some people are called by nicknames.

---

1. 내일 전화해주세요. | 2. 당신이 밖에 있는 동안 누군가 전화했는데요. | 3. 그가 일할때에는 그에게 전화하지 마세요. | 4. 만일 좋지 않은 일이 일어나면 경찰에게 전화하십시오. | 5. 누군가 당신을 부르고 있는데, 듣지 못하셨어요? | 6. 나의 사장님은 어제 회의를 소집했습니다. | 7. 우리는 그를 에릭이라고 부른다. | 8. 모두가 그를 꼬마라고 부른다. | 9. 이 꽃의 이름은 무엇입니까? | 10. 우리는 그것을 장미라고 부릅니다. | 11. 당신은 누구에게든지 바보라고 불러서는 안 됩니다. | 12. 당신은 미스라고 불려지길 원하세요 아니면 미세스라고 불려지기 원하세요? | 13. 그는 에릭이라고 불립니다. | 14. 그것은 장미라고 불립니다. | 15. 어떤 사람들은 별명으로 불려집니다.

- 불완전타동사 (5형식)의 목적보어로 명사, 대명사를 취함. 7. 8. 9. 10. 11번.
- 5형식의 문장에서는 능동태의 목적어가 수동태의 주어가 되며 2형식의 문장이 됨.
- 7. 10번 능동태. 13. 14번 수동태.
- 5형식의 문장 (불완전타동사, 목적보어를 필요로 함)을 이루는 대표적인 동사들 : call, elect, make, report, think, want, hear, hate, mind, like, remember, understand, watch, smell, observe, find, notice, catch, believe, have, leave, let, keep, set, start, judge, get 등.

Care [kɛər] cared - cared 　명사　걱정. 근심. 관심.

자동사 염려하다. 신경쓰다.

1. She really cares about her son.
2. He doesn't care about his appearance.
3. I care less about my clothes.
4. People care about the environment.
5. She cares about my health.
6. Who cares?
7. I don't care whatever you do.
8. He doesn't care whether we win or lose.
9. She cares for her mother.
10. Doctors care for the patients in the hospital.
11. Would you care for a drink?

1. 그녀는 정말로 그녀의 아들에게 신경을 쓴다. | 2. 그는 그의 외모에 신경쓰지 않는다. | 3. 나는 나의 옷에 별로 신경을 쓰지 않는다. | 4. 사람들은 환경문제에 관심을 가지고 있습니다. | 5. 그녀는 나의 건강에 신경을 쓴다. | 6. 누가 신경쓰는데요? (아무도 신경쓰지 않는다.) | 7. 당신이 무엇을 하든 상관 없습니다. | 8. 그는 우리가 경기에서 이기든 지든 상관하지 않는다. | 9. 그녀는 그녀의 어머니를 보살핀다. | 10. 의사선생님들은 병원에서 환자들을 보살핀다. | 11. 음료수 한잔 하시겠어요?

Carry [kǽri] carried - carried

타동사 물건을 나르다. 운반하다. 휴대하다. 취급하다.

1. I carried the boxes to the car.
2. Would you carry my suitcase upstairs?
3. Don't carry anything too heavy.
4. She carries her baby in her arms.
5. He was carrying two bags.
6. I never carry much cash on me.
7. The cops in America carry guns.
8. We don't carry that brand anymore in our store.
9. The bus can carry thirty passengers.
10. Big trucks carry heavy merchandise.
11. The pipes carry water across the desert.

1. 나는 상자들을 자동차로 옮겼다. | 2. 이층으로 나의 가방 좀 옮겨 주시겠어요? | 3. 무거운 것들을 옮기지 마세요. | 4. 그녀는 그녀의 팔에 아기를 안고 있다. | 5. 그는 두 개의 가방을 휴대하고 있었습니다. | 6. 나는 결코 많은 현금을 휴대하지 않습니다. | 7. 미국의 경찰들을 권총을 휴대합니다. | 8. 우리 가게에서는 그 상표를 더 이상 취급하지 않습니다. | 9. 그 버스는 30명의 승객을 태울 수 있습니다. | 10. 큰 트럭들은 무거운 상품들을 수송합니다. | 11. 파이프는 사막을 가로질러 물을 공급합니다.

Catch [kætʃ] caught - caught   명사 붙듦. 불 잡음.

타동사 붙들다. 잡다. …에 타다.

1. The police caught the robber.
2. Catch me, if you can.
3. He throws the ball and the dog catches it.
4. Did you catch any fish today?
5. Put on the heavy coat or else you might catch a cold.
6. Hurry or you won't catch the bus.
7. I didn't catch his first name.
8. I caught him stealing something from my store.
9. The officer caught the man speeding.
10. I caught her looking through my letter.
11. He was caught stealing something.
12. The man was caught speeding.
13. She was caught looking through my letters.
14. They got caught in heavy traffic.

1. 경찰이 강도를 붙잡았다. | 2. 붙잡을 수 있으면 잡아보세요. | 3. 그가 공을 던지면 개가 물어온다. | 4. 오늘 물고기 좀 잡으셨나요? | 5. 두툼한 코트를 입으세요, 안그러면 감기에 걸릴지 몰라요. | 6. 서두르지 않으면 버스를 탈 수 없어요. | 7. 나는 그의 이름을 기억하지 못했다. | 8. 나는 그가 나의 가게에서 무언가를 훔치는 것을 붙잡았다. | 9. 경찰은 그 남자가 과속하는 것을 붙잡았다. | 10. 나는 그녀가 내 편지를 들여다 보는 것을 붙잡았다. | 11. 그는 무언가를 훔치다가 붙들렸다. | 12. 그 남자는 속도를 내다가 붙잡혔다. | 13. 그녀는 나의 편지를 엿보다가 붙들렸다. | 14. 그들은 심한 교통체증에 갇혔다.

- 불완전타동사 (5형식)의 목적보어로 현재분사를 취함. 8. 9. 10번. 이들의 수동태 문장은 11. 12. 13번.

자동사 붙들려고 하다. 휘감기다.

1. A drowning man will catch at even a straw.
2. My pants caught on the fence and tore.

---

1. 물에 빠진 사람은 지푸라기라도 잡으려고 한다. | 2. 나의 바지가 울타리에 걸려서 찢어졌다.

Cause [kɔːz] caused - caused   **명사** 원인, 이유.

타동사 …의 원인이 되다. 야기 시키다.

1. Heavy traffic caused long delays.
2. The fire caused big damages.
3. Driving fast causes accidents.
4. The small fights caused a big war.
5. Who caused this mess?
6. He used to cause problems.
7. What caused him to change his mind?
8. His hot temper caused them to fight.
9. She caused me to spend money.
10. The storm caused the ship to sink.
11. Accidents are caused by driving fast.
12. Long delays are caused by heavy traffic.

1. 교통체증이 긴 지체(지연)의 원인이 되었다. | 2. 불이 큰 손해를 야기시켰다. | 3. 과속은 사고의 원인이 됩니다. | 4. 작은 싸움이 큰 전쟁의 원인이 되었다. | 5. 누가 이렇게 어질러 놓았죠 ? | 6. 그는 문제를 일으키곤 했습니다. | 7. 무엇이 그가 그의 마음을 바꾸게 했습니까? | 8. 그의 급한 성격이 그들이 싸우는 원인이 되었습니다. | 9. 그녀 때문에 나는 돈을 낭비했습니다. | 10. 폭풍우가 그 배를 가라 앉게 했습니다. | 11. 사고는 과속 때문에 발생합니다. | 12. 긴 지체(연기)는 심한 교통체증 때문에 일어납니다.

• 불완전타동사 (5형식)의 목적보어로 to부정사를 취함. 7. 8. 9. 10번.

Change [tʃeindʒ] changed - changed 　명사 변화, 교환.

타동사 바꾸다. 교환하다. (탈것을)갈아타다

1. He changes his job every year.
2. We (had) better change the subject.
3. She should change her life style.
4. The Congress will change the tax system
5. He changes his shirt for a new one.
6. I will change a plane in Dallas.
7. If you change your mind, please let me know.
8. You should change the flat tire right now.
9. Can you change the light bulb, please
10. Going to college will change your life.
11. Would you change these dollars for pesos?

1. 그는 그의 직장을 매년 바꾼다. | 2. 화제를 바꾸는 편이 좋겠습니다. | 3. 그녀는 삶의 태도(생활 방식)를 바꿔야 할 것입니다. | 4. 의회는 세금제도를 바꿀 것이다. | 5. 그는 새 셔츠로 갈아입는다. | 6. 나는 댈라스에서 비행기를 바꿔 탈 것이다. | 7. 만일 마음이 바뀌면 저에게 알려 주십시요. | 8. 당신은 펑크난 타이어를 지금 당장 바꾸셔야 합니다. | 9. 전등을 바꾸어 주시겠어요 ? | 10. 대학에 가는 것은 당신의 삶을 바꿀 것이다. | 11. 이 달러를 페소(멕시코 화폐)로 바꾸어 주시겠습니까?

자동사 변하다. 바뀌다.

1. The world changes.
2. Water changes to ice.
3. Leaves change from green to gold.
4. You have not changed at all.
5. Winter will change into spring.
6. He changed after his mother died.

---

1. 세상은 변한다. | 2. 물은 얼음으로 바뀐다. | 3. 나뭇잎들이 초록색에서 황금색으로 바뀐다. | 4. 당신은 전혀 변하지 않았군. | 5. 겨울은 봄으로 바뀔 것이다. | 6. 그는 그의 어머님이 돌아가신 후 변했다.

Charge [tʃɑːrdʒ] charged - charged   명사 화물. 고소. (치러야 될)요금.

타동사 충전하다. (요금 일정액 등을)부담시키다. (사람을)고발하다.

1. Did you charge the camera's battery?
2. They charged him twenty dollars for the watch.
3. She charged me thirty dollars for the shoes.
4. He charges one dollar for a cup of coffee.
5. How much would you charge for this book?
6. Did you charge the airplane ticket on your credit card?
7. The police charged him with a crime.
8. Charge this bill to Room 212 please.
9. The mechanic did not charge me to fix my car.
10. Many people charge that police use excessive force.
11. He charges that the restaurant has been very dirty.
12. I was charged thirty dollars for the shoes.
13. He was charged with a crime.

1. 당신은 카메라의 배터리를 충전했습니까? | 2. 그들은 그에게 시계값으로 20불을 요구했다. | 3. 그녀는 나에게 구두 가격으로 30불을 요구했다. | 4. 그는 커피 한 잔에 1불을 요구한다. | 5. 이 책값은 얼마입니까? | 6. 당신은 신용카드로 비행기표를 구입했습니까? | 7. 경찰은 범죄혐의로 그를 고발했다. | 8. 이 계산서를 212호실로 부담시키십시요. | 9. 그 정비사는 나의 자동차를 수리하는데 요금을 청구하지 않았다. | 10. 많은 사람들은 경찰이 권력을 남용한다고 비난한다. | 11. 그는 그 식당이 매우 불결하다고 비난한다. | 12. 나는 구두값으로 30불이 청구되었다 | 13. 그는 범죄로 고발되었다.

- Charge 사용 빈도가 높은 동사.
- 3. 7번의 수동형은 12. 13번.
- 타동사의 목적어로 that절을 취함. 10. 11번. 해석은 비난하다, 고발하다.

자동사 요금을 받다.

1. Do you charge for this drink?
2. The FBI charged into the house.

---

1. 당신은 이 음료수값을 받겠습니까? | 2. FBI가 그 집에 들이닥쳤다.

Check [tʃek] checked - checked   명사 점검. 검사. 대조.

타동사 점검 하다. 조사 하다.

1. The teacher checks my homework.
2. Did you check the mailbox this morning?
3. Let me check your bag, please.
4. I will check the spelling of the names.
5. Why don't you check the outside temperature?
6. Doctors check the spread of disease with microscopes.
7. I have to check that all the applications are filled correctly.
8. You should check that everything is ready for the picnic.
9. Could you check when he comes back?
10. Can you check how the accident happened?
11. Please check whether we still have the meeting or not.
12. I already checked who did it.
13. You (had) better check out your car. It's making a terrible noise.
14. Check out that girl in the white jacket!
15. You should check him out before offering him a job.
16. You can only check out five books at a time.
17. Did you check over the contract?
18. Doctor Kim checks over his new patients.

1. 선생님은 나의 숙제를 검사하신다. | 2. 당신은 오늘 아침 우편함을 점검하셨나요? | 3. 제가 잠깐 당신의 가방을 조사하겠습니다. | 4. 내가 그 이름들의 철자를 확인하겠습니다. | 5. 바깥 날씨를 알아 보시겠어요? | 6. 의사들은 현미경으로 질병의 확산을 조사한다. | 7. 나는 모든 신청서들이 정확하게 작성되었는지 조사해야 한다. | 8. 소풍을 위해서 모든 것이 준비가 되었는지 조사해 보세요. | 9. 그가 언제 올지 알아보시겠어요? | 10. 사고가 어떻게 일어났는지 알아볼 수 있습니까? | 11. 우리가 회의를 할 것인지 하지 않을 건지 알아봐 주세요. | 12. 나는 누가 그것을 했는지 이미 알아보았습니다. | 13. 당신의 자동차를 점검해 보는 것이 좋겠습니다. 이상한 소리가 나고 있군요. | 14. 하얀 자켓을 입고 있는 저 아가씨를 보세요! | 15. 당신은 그에게 일자리를 제공하기전에 먼저 누구인지 알아봐야 합니다. | 16. 당신은 한번에 다섯권만 대출할 수 있습니다. (도서관에서) | 17. 계약서를 조사해보셨나요? | 18. 김 선생님은 새 환자들을 확인해 보십니다.

- 타동사의 목적어로 that절을 취함 7. 8번.
- 타동사의 목적어로 wh절을 취함. 9. 10. 11. 12번.

자동사 조사하다.

1. Mr. Kim checked in at the hotel.
2. You should check out by 1 PM from the hotel.
3. You (had) better check on the chicken on the grill.

---

1. 미스터 김이 호텔에 체크인했습니다. (투숙 수속을 끝냈습니다) | 2. 당신은 오후 1시까지 호텔에서 체크아웃을 해야 합니다. | 3. 그릴 위에 있는 닭고기를 살펴 보세요.

Choose [tʃuːz] chose - chosen

타동사 (많은 것 중에서) 선택하다. 고르다. 결정하다.

1. The city will choose a new mayor tomorrow.
2. She chose a pink dress for the party.
3. Why don't you choose him for the job?
4. My wife chose me this suit.
5. My wife chose this suit for me.
6. They chose to ignore his opinion.
7. She chose to quit her job.
8. He chose to move to the suburbs.
9. I will choose when I leave.
10. She could choose which car she wants to buy.
11. You choose whatever you like.
12. You can choose when you want to eat dinner.
13. We will choose Paul as our leader.
14. They choose him for their caption.
15. Paul will be chosen as our leader.
16. He was chosen for (as) their caption.
17. This suit was chosen for me by my wife.

---

1. 그 도시는 내일 새로운 시장을 선출할 것이다. | 2. 그녀는 파티를 위해서 핑크드레스를 골랐습니다. | 3. 그 일을 위해서 그 사람을 선택하지 그러세요 ? | 4. 나의 부인은 나에게 이 양복을 골라주었다. | 5. 나의 부인은 나에게 이 양복을 골라주었다. | 6. 그들은 그의 의견을 무시 하기로 결정했다. | 7. 그녀는 직장을 그만두기로 결정했다. | 8. 그는 교외로 이사 가기로 결정했다. | 9. 나는 내가 떠날때 떠날 것이다. | 10. 그녀는 사고 싶은 자동차를 고를 수 있다. | 11. 당신이 좋아하는 것은 무엇이든 고르세요. | 12. 저녁을 먹고 싶을 때 드세요. | 13. 우리는 Paul을 우리들의 리더로 선택할 것이다. | 14. 그들은 그를 그들의 팀장으로 뽑았다. | 15. 폴은 우리들의 리더로 선출될 것이다. | 16. 그는 그들의 팀장으로 선출되었다. | 17. 이 양복은 나의 부인이 나를 위해서 골라주었다.

- 타동사의 목적어로 to부정사를 취함 6. 7. 8번. 해석은 …하기로 결정하다.
- 타동사의 목적어로 wh절을 취함. 9. 10. 11. 12번.
- 불완전타동사 (5형식)의 목적보어로 as (for) 이하를 취함 13. 14번.
- 문장의 4형식 4번. 5번은 3형식의 문장.

Claim [kleim] claimed - claimed 명사 요구. 청구액.

타동사 (당연한 권리로써) 요구하다. 주장하다.

1. He claims his prize.
2. Strong countries used to claim lands for their country.
3. Poor people in America can claim food stamps.
4. Did you claim compensation for your injury?
5. He claims to remember what she wore yesterday.
6. The man claims to be the leader of the group.
7. They claim to have discovered another star in the sky.
8. He claims that these books belong to him.
9. She claims that she saw a ghost several times.
10. The report claims that women eat more than men.
11. Lost items can be claimed at the counter.
12. The small island is claimed by both Japan and Russia.

1. 그는 그의 상(상품)을 요구한다. | 2. 강한 나라들은 그들의 나라를 위해서 땅을 요구하곤 했다. | 3. 미국에서 가난한 사람들은 푸드 스탬프를 요구할 수 있습니다. | 4. 당신은 부상에 대해서 보상을 요구했습니까? | 5. 그는 그녀가 어제 입은 옷을 기억한다고 주장한다. | 6. 그 남자는 그 그룹의 리더라고 주장한다. | 7. 그들은 하늘에서 또다른 별을 발견했다고 주장한다. | 8. 그는 그 책들이 그의 것이라고 주장한다. | 9. 그녀는 귀신을 몇 번 보았다고 주장한다. | 10. 그 보고서는 여자들이 남자들보다 더 많이 먹는다고 말한다. | 11. 분실물들은 카운터에서 찾을 수 있습니다. | 12. 그 작은 섬은 일본과 러시아에 의해서 (자기것이라고) 주장된다.

- 타동사의 목적어로 to부정사를 취함. 5. 6. 7번.
- 타동사의 목적어로 that절을 취함. 8. 9. 10번.
- 7번은 완료형 부정사.

Clean [kliːn] cleaned - cleaned

타동사 청소하다. …을 깨끗이 하다.

1. You should clean your room everyday.
2. Why don't you clean your desk?
3. My mom cleans the whole house twice a week
4. He cleans his car almost everyday.
5. Did you clean the table for dinner?
6. You have to clean it before you cook fish.
7. Who cleans up this mess?
8. She cleans up her baby.

1. 당신은 당신의 방을 매일 청소해야 한다. | 2. 책상을 치우지 그러세요? | 3. 나의 어머니는 일주일에 두 번 집안 전체를 청소하신다. | 4. 그는 그의 자동차를 거의 매일 세차한다. | 5. 저녁식사를 위해 식탁을 깨끗이 치우셨나요? | 6. 생선을 요리하기 전에 먼저 깨끗이 씻으세요. | 7. 누가 이 지저분한 것들을 청소하지요? | 8. 그녀는 그녀의 아기를 목욕시킨다.

자동사 깨끗해지다.

1. This kind of cloth cleans easily.

1. 이런 종류의 천은 쉽게 세탁이 된다.

Clear [kliər] cleared - cleared

타동사 깨끗이 치우다. (공간들을) 마련하다. (문제를) 해결하다. (빚을) 갚다. (머리를) 맑게하다.

1. Did you clear the snow?
2. Why don't you clear the table?
3. I will clear the space for my computer.
4. We cleared the space to dance.
5. I have to clear the problem first.
6. She hopes to clear her debt this year.
7. The sweepers clear the streets of debris.
8. You should clear your mind before you start to study.
9. Somebody, clear up the mess, please.
10. Johnny, please clear all the toys away before going to bed.
11. You are cleared for take off.

1. 당신은 눈을 깨끗이 치웠습니까? | 2. 식탁을 좀 치우지 그러세요? | 3. 나는 컴퓨터를 놓을 자리를 마련하겠습니다. (다른 물건을 옮김으로써) | 4. 우리는 춤추기 위한 공간을 확보했다. | 5. 나는 먼저 이 문제를 해결하지 않으면 안 된다. | 6. 그녀는 금년에 그녀의 빚을 청산하기를 희망한다. | 7. 청소부들이 먼지가 쌓인 거리를 청소하고 있다. | 8. 공부를 시작하기 전 머리를 맑게 하세요. | 9. 제발 누군가 이 어지러진 것들을 치우세요. | 10. Johnny, 잠자리에 들기 전 장난감들을 정돈하세요. | 11. 당신은 이륙할 수 있습니다. (이륙 허가)

자동사 맑아지다.

1. The weather will clear tomorrow.
2. The fog clears before noon.

1. 내일은 날씨가 맑아질 것입니다. | 2. 안개는 정오 전에 갠다.

Climb [klaim] climbed - climbed　명사 등반. 기어오름.

타동사 (산에) 오르다. 기어오르다.

1. People climb mountains.
2. Who climbed Mr. Everest for the first time?
3. Have you ever climbed Mt. Hanla?
4. The kids are climbing trees.
5. The boy tries to climb the high fence.
6. My uncle climbed the corporate ladder.

1. 사람들이 산에 오른다. | 2. 누가 처음으로 에베레스트 산을 등반했습니까? | 3. 한라산을 등반 해본 적이 있으세요? | 4. 아이들이 나무에 오르고 있습니다. | 5. 그 소년은 높은 울타리에 오르려고 애를 씁니다. | 6. 나의 삼촌은 회사에서 (높은 자리로) 승진하셨습니다.

자동사 오르다. 기어어르다.

1. He climbs up and down the ladder.
2. Can you climb down the cliff?
3. The man climbed onto the roof.
4. The airplane climbs into the sky.
5. Ivy climbed up the front of the building.
6. The cost of living climbs up every year.

1. 그는 사다리를 오르내린다. | 2. 낭떨어지 아래로 기어내려갈 수 있습니까? | 3. 그 남자는 지붕 위로 올라갔다. | 4. 비행기가 창공에 뜬다. | 5. 넝쿨이 빌딩 전면에 기어 올라갔다. | 6. 생활비가 매년 오릅니다.

• Climb up 기어 오르다. / Climb down 기어 내리다.

Close [klouz] closed - closed

타동사 (눈을) 감다. 닫다. 끝내다.

1. Close your eyes, please.
2. They close the store at 6 o'clock.
3. Did you close the deal?
4. I will close my bank account.
5. Why don't you close your book and go to bed?
6. Can you close the window, please?
7. My English teacher closes his class with jokes.
8. The company closed its Seoul branch.
9. The governor closed his speech at last.
10. The hotel is closed in the winter.
11. The park will be closed due to the heavy snow.

1. 당신의 눈을 감으세요. | 2. 그들은 6시에 가게 문을 닫는다. | 3. 당신은 그 거래를 끝냈습니까? | 4. 나는 은행계좌를 폐쇄 할 것이다. | 5. 책을 덮고 주무시지 그러세요? | 6. 창문을 닫아 주시겠어요? | 7. 나의 영어선생님은 유머로 수업을 끝내신다. | 8. 그 회사는 서울 지점을 폐쇄했습니다. | 9. 주지사가 마침내 그의 연설을 끝냈습니다. | 10. 그 호텔은 겨울철에는 영업하지 않습니다. | 11. 그 공원은 폭설로 인해 폐쇄될 것이다.

자동사 닫다. 폐쇄되다.

1. The office closes at 5 o'clock everyday.
2. The doors close silently.
3. The local newspaper closes down this month after 40 years.
4. What time does the shopping center close?

1. 그 사무실은 매일 5시에 닫습니다. | 2. 그 문은 조용히 닫힌다. | 3. 이 달에 그 지역 신문사는 40년만에 폐업합니다. | 4. 그 쇼핑센터는 몇 시에 문을 닫나요?

Collect [kəlékt] collected - collected

타동사 수집하다. (기부금 요금)을 수금하다. 모으다.

1. She collects stamps.
2. The teacher collects everyone's homework at the end of class.
3. They collect donated presents around Christmas time.
4. We collected money for charity.
5. The landlord collects rent from the tenants.
6. Please collect your things before leaving.
7. Solar panels collect the sun's heat.
8. He collected his thoughts before the meeting began.
9. Contribution is collected.
10. Food and clothes have been collected for homeless people.

1. 그녀는 우표를 수집한다. | 2. 선생님은 수업이 끝나면 모두의 숙제를 걷는다. | 3. 그들은 크리스마스 때에는 무료로 기증된 선물을 모은다. | 4. 우리는 자선사업을 위해서 돈을 모았다. | 5. 집주인은 세입자들로부터 집세를 걷는다. | 6. 떠나기 전에 당신의 소지품들을 챙기세요. | 7. 태양열판은 태양의 열을 모은다. | 8. 그는 회의가 시작하기 전에 생각을 가다듬었다. | 9. 기부금이 모아졌습니다. | 10. 음식과 옷이 노숙자들을 위해서 모아졌습니다.

자동사 모금하다. 모이다

1. She is collecting for UNISEF.
2. Dust collected in the corners of the room.

1. 그는 유니세프를 위해서 돈을 모금하고 있습니다. | 2. 먼지가 방구석에 쌓였다.

Come [kʌm] came - come

자동사 오다. 도착하다.

1. She came here yesterday.
2. He came by bus.
3. They will come later.
4. The boy came into the room.
5. The total comes to thirty dollars.
6. Your package came today.
7. Are you coming with us to the park?
8. My teacher didn't come to school yesterday.
9. Mr. Kim came a long way to see me.
10. The maid comes to clean my house every Thursday.
11. My dad comes home right after work.
12. They will be coming by train.
13. She came to America three years ago.
14. Why don't you come to the concert tonight?
15. Did you come to a decision?
16. He came running to me.
17. Winter might come a little early this year.
18. The time has come for the revolution.
19. This radio comes with batteries.
20. When is he coming back?
21. He is coming later on.
22. A lot of people come to San Francisco for vacation.
23. My friends are coming over for dinner tonight.
24. She comes from Texas.
25. Why don't you come a little closer to the fire?
26. Who came first?
27. When the time comes, I will tell you that.

28. The morning sun came through the window.

1. 그녀는 어제 여기에 왔다. | 2. 그는 버스로 왔다. | 3. 그들은 나중에 올 것이다. | 4. 그 소년은 방으로 들어왔다. | 5. 합계는 30불입니다. | 6. 당신의 소포가 오늘 도착했습니다. | 7. 공원에 우리와 함께 가시겠어요? | 8. 나의 선생님은 어제 학교에 오지 않으셨다. | 9. 미스터 김이 나를 만나기 위해서 멀리서 왔다. | 10. 가정부는 매주 목요일 나의 집을 청소하기 위해서 온다. | 11. 아버지는 퇴근 후 바로 집으로 오신다. | 12. 그들은 기차로 올 것이다. | 13. 그녀는 3년 전에 미국에 왔다. | 14. 오늘 밤 연주회에 오시지 않겠어요? | 15. 결론이 났습니까? | 16. 그는 달려서 나에게 왔다. | 17. 겨울은 금년에 좀 빨리 올지도 모른다. | 18. 혁명을 위한 때가 왔다. | 19. 이 라디오는 배터리가 포함됩니다. | 20. 그는 언제 돌아옵니까? | 21. 그는 나중에 올 것이다. | 22. 많은 사람들이 휴가를 위해서 샌 프란시스코에 옵니다. | 23. 나의 친구들이 오늘 밤 저녁식사를 하러 옵니다. | 24. 그녀는 텍사스 출신입니다. | 25. 불 가까이 오지 그러세요? | 26. 누가 먼저 왔지요? | 27. 때가 오면 당신에게 그것을 말하겠습니다. | 28. 아침 햇살이 창문을 통해 들어왔다.

Commit [kəmít] committed - committed

타동사 (죄를) 범하다. 의무를 지우다. 수용하다.

1. The man committed several crimes.
2. She committed suicide when she was young.
3. Police try to find out who committed the murder.
4. Don't commit a crime.
5. The scholarship commits me to teaching English abroad.
6. My country commits young men to serving in the military.
7. I am committed to my job.
8. She was committed to the mental hospital.
9. He has been committed to the prison.

1. 그 남자는 몇 건의 범죄를 저질렀습니다. | 2. 그녀는 어렸을 때 자살했습니다. | 3. 경찰은 누가 그 살인을 저질렀는지 찾아내기 위해서 노력하고 있다. | 4. 범죄를 저지르지 마세요. | 5. 그 장학금을 받으면 내가 외국에서 영어를 가르칠 의무가 있다. | 6. 나의 조국은 젊은이들에게 군에서 복무하도록 의무를 지운다. | 7. 나는 나의 직업에 최선을 다한다. (구속되어 있다.) | 8. 그녀는 정신병원에 수용되었다. | 9. 그는 교도소에 수감되어 있다.

Compare [kəmpɛ́ər] compared - compared 비교.

타동사 비교하다. 대조하다.

1. I compared the two letters carefully.
2. Compare these pictures and tell me which one is best.
3. You should compare the computers before you buy one.
4. Did you compare the quality of the shoes?
5. Why don't you compare the price for the watches?
6. People compare Seoul with other cities.
7. You don't have to compare your girlfriend with my girlfriend.
8. Don't compare me to my brother.
9. Life is compared to a voyage.
10. His writing style is compared to Hemingway's writing style.
11. Kennedy is often compared to Franklin Roosevelt.

1. 나는 두 개의 편지를 주의깊게 비교해 보았다. | 2. 이 사진들을 비교해 보시고 어느 것이 가장 좋은지 말해주세요. | 3. 당신은 컴퓨터를 사기 전에 잘 비교해 보셔야 합니다. | 4. 구두의 품질들을 비교해 보셨나요? | 5. 시계의 값들을 비교해 보지 그러세요? | 6. 사람들은 서울과 다른 도시들을 비교해 봅니다. | 7. 나의 여자친구와 당신의 여자친구를 비교해 볼 필요가 없어요. | 8. 나를 나의 형과 비교하지 마세요. | 9. 인생은 항해에 비교됩니다. | 10. 그의 작품 스타일은 헤밍웨이의 작품 스타일과 비교 됩니다. | 11. 케네디는 종종 프랭클린 루즈벨트와 비교됩니다.

자동사 비교되다.

1. No book can compare with the Bible.
2. Michigan Falls can't compare with Niagara Falls.
3. Florida oranges don't compare with the oranges in this area.

1. 어떤 책도 성경과 비교되어질 수 없다. | 2. 미시간폭포는 나이아가라폭포와 비교되어질 수 없다. | 3. 플로리다 오렌지는 이 지역의 오렌지와는 비교되지 않는다.

- A를 B와 비교하다.
- Compare A with B 또는 compare A to B는 구별 없이 사용됨.

Complain [kəmpléin] complained - complained 명사 불평.

타동사 불평하다

1. She complains *that* her boss gives her a hard time.
2. People complain *that* the weather is too hot.
3. He complains *that* his wife spends too much money on clothes.
4. Teachers complain *that* they did not get support from parents.
5. My sister complains *that* Dad doesn't give her enough allowance.
6. Did you complain *that* they were too lazy?

1. 그녀는 그녀의 사장이 그녀를 힘들게 한다고 불평한다. | 2. 사람들은 날씨가 너무 덥다고 불평한다. | 3. 그는 그의 부인이 옷을 사는데 너무 많은 돈을 낭비한다고 불평한다. | 4. 선생님들은 그들이 학부형으로부터 지지를 받지 못한다고 불평한다. | 5. 나의 누나는 아버지가 충분한 용돈을 주시지 않는다고 불평한다. | 6. 당신이 그들이 너무 게으르다고 불평했습니까?

• 타동사의 목적어로 that절을 취함. 1, 2, 3, 4, 5, 6번.

자동사 불평을 하다

1. She always complains about the food.
2. Don't complain; everything will be alright.
3. Several women complained of sexual harassment.
4. The tenants complain to the landlord about the high rent.
5. Residents complain because the traffic in this area increased.

1. 그녀는 항상 음식에 대해서 불평한다. | 2. 불평하지 마세요, 모든 것이 잘 될 것입니다. | 3. 몇 명의 여자들이 성 희롱에 대해서 불평했다. | 4. 세든 사람들은 집주인에게 집세가 너무 비싸다고 불평한다. | 5. 주민들은 그 지역에 교통량이 늘어나는 것을 불평한다.

Complete [kəmplíːt] completed - completed

타동사 완성하다. 완결하다.

1. They completed the building three years ago.
2. Did you complete the questionnaire?
3. She will complete the course.
4. When did you complete the book?
5. My father completes the Boston Marathon every year.
6. I will complete my whole collection with two more stamps.
7. He completed the exam in thirty minutes.
8. Once you start, you have to complete it.

---

1. 그들은 삼 년 전에 그 빌딩을 완성했습니다. | 2. 당신은 그 질문서를 끝내셨습니까? | 3. 그녀는 그 교육과정을 끝낼 것이다. | 4. 당신은 언제 그 책을 다 읽으셨어요? | 5. 나의 아버지는 매년 보스톤 마라톤대회에 완주하신다. | 6. 나는 우표 두 장만 더 모으고 전 수집을 끝낼 것이다. | 7. 그는 30분 만에 시험을 끝냈습니다. | 8. 일단 시작하면 그것을 끝내야 합니다.

Concern [kənsə́ːrn] concerned - concerned　명사 관계. 관련.

타동사 …에 관계하다. …에 관계되다.

1. This problem does not concern you.
2. The movie concerns human rights.
3. The story concerns the black children in America.
4. Inflation will concern every business.
5. What I plan concerns women.
6. It concerns your future.
7. Your health concerns me.
8. The conflict between two countries concerns our country.
9. I am not concerned with the matter.
10. All the students are concerned about the test.
11. I am concerned about your health.

1. 이 문제는 당신과 관계 없습니다. | 2. 그 영화는 인간의 권리에 관한 것이다. | 3. 그 영화는 미국의 흑인 어린이들에 관한것이다. | 4. 물가 상승은 모든 사업과 관계가 있을 것이다. | 5. 내가 계획하고 있는 것은 여자들과 관계가 있다. | 6. 그것은 당신의 미래와 관계가 있다. | 7. 당신의 건강은 나에게 중요합니다. | 8. 그 두 나라 사이에 갈등은 우리나라와 관계가 있다. | 9. 나는 그 일과 관계가 없습니다. | 10. 모든 학생들은 시험에 대해서 걱정하고 있다. | 11. 나는 당신의 건강에 대해서 (관심을 가지고) 염려하고 있습니다.

• 문장의 주어로서 관계대명사 what을 취함. 5번.

Confirm [kənfə́ːrm] confirmed - confirmed

타동사 …을 확인하다. …을 증명하다.

1. They will confirm his research.
2. The new evidence confirmed his testimony.
3. Why don't you confirm your hotel reservation?
4. Did you confirm your appointment with Dr. Kim?
5. Please confirm your name and address on the list.
6. Did you confirm the date that we should leave?
7. She will confirm what you said yesterday.
8. Would you confirm that they will visit us?
9. The study confirms that women live longer than men.
10. I will confirm that you have to work tomorrow.
11. Your flight has been confirmed.
12. The reservation was confirmed.

1. 그들은 그의 보고서를 확인할 것이다. | 2. 새로운 증거는 그의 증언이 옳다는 것을 증명했다. | 3. 당신의 호텔 예약을 확인해보지 않겠습니까? | 4. 당신은 김박사님과의 예약을 확인했습니까? | 5. 목록에 있는 당신의 이름과 주소를 확인하세요. | 6. 당신은 우리가 떠날 날짜를 확인했습니까? | 7. 그녀는 어제 당신이 말한 것을 확인할 것이다. | 8. 당신은 그들이 우리를 방문한다는 것을 확인해 주시겠어요? | 9. 연구보고서는 여자가 남자보다 오래 산다는 것을 증명하고 있다. | 10. 나는 당신이 내일 일할 것인지를 확인해 보겠습니다. | 11. 당신의 비행 스케쥴은 확인됐습니다. | 12. 그 예약은 확인됐습니다.

- that (관계대명사) 이하는 형용사절로 선행사 date 수식. 6번.
- 관계대명사와 관계부사는 선행사 (명사, 대명사)를 수식하는 형용사절을 이끔.
- 타동사의 목적어로 관계대명사 what (선행사 포함)을 취함. 7번.
- 타동사의 목적어로 that절을 취함. 8, 9, 10번.

Connect [kənékt] connected - connected

타동사 잇다. 연결하다.

1. Did you connect the wires correctly?
2. Please connect the speakers to the stereo.
3. Can you connect me with James bond, please?
4. We couldn't connect him with the crime at first.
5. I can't connect his name with his face.
6. The highway connects San Francisco and New York.
7. The bridge connects two islands.
8. The phone is connected.
9. The two islands are connected by the bridge.

1. 당신은 그 전선들을 올바르게 연결했습니까? | 2. 스피커를 스테레오에 연결하세요. | 3. 제임스 본드 씨와 통화하고 싶은데요. (본드 씨에게 연결해 주시겠어요?) | 4. 우리는 처음에 그를 범죄와 연결시킬 수 없었다. | 5. 나는 그의 얼굴과 그의 이름을 연결시킬 수 없다. | 6. 그 고속도로는 샌프란시스코와 뉴욕을 연결시킨다. | 7. 그 다리는 두 개의 섬을 연결시킨다. | 8. 전화선이 연결되었습니다. | 9. 두 개의 섬은 다리에 의해서 연결됩니다.

자동사 접속되다. 이어지다.

1. The airplane connects with another one at Dallas.
2. The hall connects with the auditorium.
3. His lecture doesn't connect with his theory.

1. 그 비행기는 달라스에서 다른 비행기와 연결된다. | 2. 복도는 강당과 연결된다. | 3. 그의 강의는 그의 이론과 전혀 연결되지 않는다.

Consider [kənsídər] considered - considered

타동사 깊이 생각하다. 검토하다. … 을 …로 간주하다.

1. You have to consider the idea first.
2. Did you consider your options?
3. She still considers my request.
4. I am considering getting a new car.
5. He considers studying abroad.
6. They consider moving to Atlanta.
7. He considers that he should study harder.
8. I consider that we would help him.
9. My father considers that I should get married to Miss Lee.
10. She considers whether to apply for a job or not.
11. He considers what to buy for his wife.
12. They consider where to stay tonight.
13. We have to consider who is best for the task.
14. He considers what he would do after his graduation.
15. I still consider when I should start my own business.
16. They consider me a nice guy.
17. We consider him a wonderful friend.
18. I consider New York my hometown.
19. What do you consider your goal?
20. I am considered a nice guy.
21. He is considered a wonderful friend.
22. New York is considered my hometown.

1. 당신은 먼저 그 아이디어를 깊이 검토해 봐야 합니다. ㅣ 2. 당신이 선택할 수 있는 것들을 생각 해봤습니까? ㅣ 3. 그녀는 아직도 나의 요구를 검토하고 있습니다. ㅣ 4. 나는 새 자동차를 사는 것을 생각하고 있습니다. ㅣ 5. 그는 외국에서 공부 할것을 생각하고 있습니다. ㅣ 6. 그들은 아틀란타로 이사 가는 것을 고려하고 있습니다. ㅣ 7. 그는 더 열심히 공부할 것

을 생각하고 있습니다. | 8. 나는 우리가 그를 도와야 한다고 생각한다. | 9. 나의 아버지는 내가 미스리와 결혼하는 것이 당연하다고 생각 하신다. | 10. 그녀는 구직 원서를 내야 하는지 말아야 하는지 깊이 생각하고 있다. | 11. 그는 그의 와이프를 위해서 무엇을 살지 생각하고 있다. | 12. 그들은 오늘밤 어디서 머무를지 생각하고 있다. | 13. 우리는 그 일에 누가 가장 적격인지 깊이 생각해 보아야 합니다. | 14. 그는 졸업 후에 무엇을 할지 깊이 생각하고 있다. | 15. 나는 언제 내 자신의 사업을 시작할지 여전히 생각 중이다. | 16. 그들은 나를 좋은 사람이라고 생각한다. | 17. 우리는 그를 훌륭한 친구라고 생각한다. | 18. 나는 뉴욕을 나의 고향이라고 생각한다. | 19. 당신의 목표는 무엇이라고 생각하세요? | 20. 나는 좋은 사람으로 여겨진다. | 21. 그는 훌륭한 친구로 평가받는다. | 22. 뉴욕은 나의 고향으로 여겨진다.

- 타동사의 목적어로 동명사를 취함. 4. 5. 6번.
- 타동사의 목적어로 that절을 취함. 7. 8. 9번.
- 타동사의 목적어로 wh. to do를 취함. 10. 11. 12번.
- 타동사의 목적어로 wh절을 취함. 13. 14. 15번.
- 불완전타동사 (5형식)의 목적보어로 명사를 취함. 16. 17. 18번.

Consist [kənsíst] consisted - consisted

자동사   …으로 이루어져 있다.

1. The audience consists of teenagers.
2. The class consists of five boys and five girls.
3. The new housing complex consists of ninety units.
4. Water consists of hydrogen and oxygen.
5. The buffet consists of so many different kinds of food.
6. Japan consists of four large islands.
7. My company consists of seven big departments.
8. What does a human being consist of?

1. 관객은 십대들로 이루어져 있습니다. | 2. 그 학급은 다섯 명의 소년과 다섯 명의 소녀들로 구성되어 있습니다. | 3. 새 주택단지는 90채의 주택으로 이루어져 있습니다. | 4. 물은 산소와 수소로 이루어져 있습니다. | 5. 부페식당은 여러가지 종류의 음식으로 이루어져 있습니다. | 6. 일본은 4개의 큰 섬으로 이루어져 있습니다. | 7. 나의 회사는 일곱 개의 큰 부서로 이루어져 있습니다. | 8. 인간은 무엇으로 이루어져 있습니까?

Contact [kɑ́ntækt] contacted - contacted 　명사 접촉.

타동사 …와 접촉하다. …와 연락하다.

1. You should contact him as soon as possible.
2. They will contact you over the phone.
3. Please contact the police in case of a fire.
4. Did you contact the owner of the house?
5. You (had) better not contact people when you have a cold.
6. She can contact me anytime on the phone.
7. How will you contact them, by mail or by phone?
8. People contact people through email these days.
9. She contacted me after she arrived in Georgia.

1. 당신은 가능한한 빨리 그와 연락해야 합니다. | 2. 그들은 전화로 당신과 연락할 것이다. | 3. 화재가 나면 경찰에 연락을 하십시오. | 4. 당신은 그 집주인과 연락을 하셨습니까? | 5. 당신은 감기가 걸렸을 때는 사람들과 접촉하지 않는 편이 좋아요. | 6. 그녀는 언제든지 전화로 나와 연락 할 수 있습니다. | 7. 당신은 어떻게 그들과 접촉하지요? 우편으로 아니면 전화로요? | 8. 사람들은 이메일을 통하여 서로 연락합니다. | 9. 그녀는 죠지아에 도착한 후 나에게 연락했습니다.

Contain [kənétin] contained - contained

타동사 (속에) 담고있다. 포함하다. (감정을) 억제하다.

1. This box contains a lot of bottles.
2. The library contains thousands of books.
3. My wallet contains 140 dollars.
4. The fish tank contains 10 gallons of water.
5. His writing contains valuable information.
6. The glass contains milk.
7. The human body contains mostly water.
8. He never contains his anger.
9. I could hardly contain myself as she was singing.
10. Milk is contained in the glass.
11. A lot of bottles are contained in the box.

1. 이 상자는 많은 병을 담고 있습니다. | 2. 그 도서관은 수천 권의 책을 소유하고 있습니다. | 3. 나의 지갑에는 140불이 있습니다. | 4. 그 어항은 10갤론의 물을 담고 있습니다. | 5. 그의 글에는 귀중한 정보들이 들어 있습니다. | 6. 그 잔에는 우유가 있습니다. | 7. 인간의 몸은 주로 물을 함유하고 있습니다. | 8. 그는 결코 분노를 품고 있지 않습니다. | 9. 나는 그녀가 노래 부르는 동안 내 감정을 억제할 수 없었습니다. | 10. 우유가 잔에 들어있습니다. | 11. 많은 병들이 상자 안에 들어 있습니다.

Continue [kəntínju:] continued - continued

타동사 계속하다. 지속하다.

1. He continues his work.
2. They will continue their game after lunch.
3. She continued the story.
4. He continues to talk, but nobody listens.
5. If you continue to feel sick, go and see the doctor.
6. The country continues to produce oil for many years.
7. The government continues to raise taxes.
8. The lady continues smiling.
9. They continued drinking until after midnight.
10. She continues reading books.

1. 그는 그의 일을 계속한다. | 2. 그들은 점심 후에 경기를 계속할 것이다. | 3. 그 여자는 이야기를 계속했다. | 4. 그는 계속 말하지만 아무도 듣지 않는다. | 5. 만일 계속 몸이 불편하시면 의사를 찾아 가십시오. | 6. 그 나라는 수년동안 석유를 계속 생산한다. | 7. 정부는 계속해서 세금을 올린다. | 8. 그 여자는 계속 미소 짓고 있습니다. | 9. 그들은 자정 후까지 계속 마셨다. | 10. 그녀는 독서를 계속한다.

- 타동사의 목적어로 to부정사를 취함. 4. 5. 6. 7번.
- 타동사의 목적어로 동명사를 취함. 8. 9. 10번.
- 부정사, 동명사 둘 다 목적어로 취할 수 있는 동사.

자동사 계속되다.

1. Fine weather will continue through the weekend.
2. His speech continued for two hours.
3. The concert continued after a short break.
4. This highway continues on to Chicago.
5. The airplane will continue on to Dallas from Singapore.

1. 좋은 날씨는 주말 내내 계속될 것이다. | 2. 그의 연설은 2시간 계속됐다. | 3. 그 연주회는 잠깐 쉰 후 계속됐다. | 4. 그 고속도로는 시카고까지 연결된다. | 5. 그 비행기는 싱가폴에서 델라스까지 운행될 것이다.

Contribute [kəntríbju:t] contributed - contributed

타동사 기증하다. 기부하다. (글을) 기고하다.

1. Why don't you contribute your old clothes?
2. Did you ever contribute any help to the poor?
3. The volunteer contributes two hours of work every day to the city.
4. Everybody contributed $10.00 to the gift.
5. Some people contribute a lot of money to Democrats.
6. He contributes an article to the magazine sometimes.
7. Did you contribute the photograph to the newspaper?

1. 당신의 낡은 옷들을 기증하지 그러세요? | 2. 당신은 지금까지 가난한 사람들을 도와준 적이 있으세요? | 3. 자원봉사자들은 시를 위해서 매일 2시간을 봉사하고 있습니다. | 4. 모두가 선물을 위해서 10불씩 기부했습니다. | 5. 어떤 사람들은 민주당에 많은 돈을 기부합니다. | 6. 그는 때때로 잡지에 글들을 기고합니다. | 7. 당신은 그 신문사에 사진을 기고했습니까?

자동사 기부를 하다.

1. My company contributed to the cost of research.

1. 나의 회사는 학술연구에 드는 비용을 위해서 기부합니다.

Control [kəntróul] controlled - controlled 명사 관리. 통제.

타동사 통제하다. 관리하다.

1. If you could control yourself, you would be successful.
2. I should learn to control myself.
3. She controls her weight.
4. My wife controls income and expenses.
5. The pilot controls the airplane.
6. The company controls the quality of its products.
7. The government controls import goods.
8. This switchbox controls the whole telephone system.
9. She tried to control her crying.
10. You (had) better control your dog. Because some people are afraid of dogs.
11. Income and expenses are controlled by my wife.
12. Some drugs are strictly controlled in America.

---

1. 만일 당신이 자신을 통제할 수 있다면 당신은 성공할 것입니다. | 2. 나는 내 자신을 통제하는 것을 배워야 한다. | 3. 그녀는 그녀의 몸무게를 관리한다. | 4. 나의 부인은 수입과 지출을 관리한다. | 5. 조종사는 비행기를 통제합니다. | 6. 그 회사는 상품의 품질을 관리합니다. | 7. 정부는 수입상품을 통제합니다. | 8. 이 스위치박스는 전화시스템 전체를 통제합니다. | 9. 그녀는 울음을 참기 위해서 노력했다. | 10. 당신의 개를 감시하세요, 어떤 사람들은 개를 두려워 합니다. | 11. 수입과 지출은 나의 아내가 관리한다. | 12. 미국에서 어떤 약품들은 엄격하게 통제된다.

Cook [kuk] cooked - cooked 　명사 요리사.

타동사 요리하다.

1. Mom cooks dinner every night.
2. My sister cooks fish.
3. Why don't you cook something special tonight?
4. She cooks chicken for her husband.
5. Let me cook Mexican food.
6. Dad cooks pasta on weekends.
7. She cooked me bulgogi for my birthday.
8. She cooked bulgogi for me for my birthday.
9. What did you cook for dinner last night?

1. 나의 어머니는 매일 밤 저녁식사를 요리합니다. | 2. 나의 누이는 생선을 요리합니다. | 3. 오늘밤에는 특별한 것 좀 요리해보지 그러세요? | 4. 그녀는 남편을 위해서 닭고기를 요리합니다. | 5. 내가 멕시칸 음식을 요리하겠습니다. | 6. 아버지는 주말에는 파스타를 요리하신다. | 7. 그녀는 내 생일날 나에게 불고기를 요리해주었다. | 8. 그녀는 내 생일날 나에게 불고기를 요리해주었다. | 9. 어젯밤 저녁식사를 위해서 무엇을 요리하셨어요?

- 문장의 4형식 7번.
- Cook 요리 (삶다 찌다 굽다 등)를 총칭하는 단어.

자동사 요리를 만들다

1. She cooks for her family.
2. I cooked for twenty people on Thanksgiving.

1. 그녀는 그녀의 가족을 위해서 식사를 준비한다. | 2. 나는 추수감사절 날 20명분의 요리를 준비했다.

Copy [kápi] copied - copied 　명사　사본. 복사.

타동사　모방하다. 복사하다.

1. Children copy their parents.
2. Many people copy celebrities.
3. I used to copy my older brother.
4. Did you copy the article?
5. Please copy the picture from the book.
6. I will copy the tape.
7. You will be punished if you copy someone else's answers.
8. Famous brands have been copied for a long time.
9. The pictures of the famous artists are copied.

1. 어린이들은 그들의 부모를 모방한다. ┃ 2. 많은 사람들이 유명인사들을 흉내 냅니다. ┃ 3. 나는 나의 형을 흉내 내곤 했다. ┃ 4. 당신은 그 기사를 복사했습니까? ┃ 5. 그 책에서 그 그림을 복사하십시요. ┃ 6. 내가 그 테이프를 복사하겠습니다. ┃ 7. 만일 당신이 누군가의 답을 컨닝하면 벌 받을 것입니다. ┃ 8. 유명 상표들은 오랫동안 모방되어 왔다. ┃ 9. 유명한 화가들의 그림은 모방(모사)되어진다.

Correct [kərékt] corrected - corrected

타동사 바로잡다. 정정하다.

1. Teachers correct our homework.
2. Let me correct my mistakes.
3. He tries to correct his pronunciation.
4. Did you correct any wrong answers on the test?
5. Correct your posture; it doesn't look nice.
6. Please correct me if I am wrong.
7. My manager corrects all the problems in my office.
8. All the problems are corrected.
9. The faulty software will be corrected by tomorrow.

---

1. 선생님들은 우리들의 숙제를 정정하신다. | 2. 내 실수를 고치겠습니다. | 3. 그는 그의 발음을 정정하기 위해서 노력한다. | 4. 당신은 시험지 위에 잘못된 답들을 정정했습니까? | 5. 자세를 바로세요, 보기가 좋지 않습니다. | 6. 만일 내가 틀리면 정정하십시요. | 7. 나의 매니저는 나의 사무실에 있는 모든 문제점들을 바로잡는다. | 8. 모든 문제들이 정정됐습니다. | 9. 잘못된 소프트웨어는 내일까지 고쳐질 것입니다.

Cost [kɔːst] cost – cost

타동사 …의 비용이 들다. …을 희생 시키다.

1. This jacket costs sixty dollars.
2. The ticket cost twenty dollars per person.
3. It will cost three hundred dollars to fix your car.
4. Cable TV service costs thirty dollars a month.
5. How much does the watch cost?
6. My new car cost more money than my old car.
7. Don't break the glass; it will cost you.
8. The gas bill costs me a lot of money.
9. His mistakes cost him something big.
10. The adventure might cost you your life.
11. Lying to the boss may cost him his job.

---

1. 이 자켓은 60불입니다. | 2. 그 티켓은 일인당 20불입니다. | 3. 당신의 자동차를 수리하는데 300불의 비용이 듭니다. | 4. 유선방송 수신료는 한 달에 30불입니다. | 5. 그 시계는 얼마죠? | 6. 나의 새 자동차는 헌차보다 유지비가 더 듭니다. | 7. 유리컵을 깨지 마세요, 변상하셔야 합니다. | 8. 연료비가 많이 듭니다. | 9. 그는 실수로 매우 큰 대가를 치렀습니다. | 10. 그 모험으로 당신은 생명을 잃을 수도 있습니다. | 11. 사장님에게 거짓말하면 그 사람은 직장을 잃을 수도 있습니다.

- Cost 타동사로서 목적어를 취하는 것은 당연한 일. 간접목적어 직접목적어 두 개를 취하여 문장의 4형식을 만드나 (8. 9. 10. 11번) 3형식으로의 전환은 불가.
  It will cost me $ 30.00 (가능) / It will cost $30.00 to me. (불가)

Count [kaunt] counted - counted

타동사 세다. 포함하다.

1. Could you count all the holidays this year?
2. How many countries can you count in the World?
3. I can count eighty nine countries.
4. Did you count the apples left in the basket?
5. He counts me as one of his best friends.
6. We counted him for dead
7. Please count me in when you go fishing.
8. She counts down the days until her son arrives.
9. Mexico is counted as part of Central America.
10. I am counted as one of his best friends.

1. 금년에 휴일이 얼마나 있는지 모두 세어 보시겠어요? | 2. 지구상에 얼마나 많은 나라들을 당신은 셀 수 있습니까? | 3. 나는 89개의 나라들을 셀 수 있습니다. | 4. 당신은 바구니에 남아 있는 사과들을 세어 보았습니까? | 5. 그는 나를 그의 가까운 친구 중의 하나로 여긴다. | 6. 우리는 그가 죽은것으로 생각했다. | 7. 당신이 낚시 갈 때 나도 함께 가게 해 주세요. | 8. 그녀는 그녀의 아들이 도착할 때까지 날자를 계산하고 있다. | 9. 멕시코는 중남미의 한 부분이다. | 10. 나는 그의 가장 가까운 친구 중의 하나로 포함된다.

• 불완전타동사 (5형식)의 목적보어로 as 이하를 취함. 5번.

자동사 세다. 중요하다. 의지하다.

1. My grandson can count to one hundred.
2. Honesty counts.
3. Money counts little.
4. His opinion didn't count for much.
5. First impression counts to everybody.
6. You can count on me anytime.

---

1. 나의 손자는 100까지 셀 수 있다. | 2. 정직은 가치가 있다. | 3. 돈은 그다지 중요하지 않다. | 4. 그의 의견은 별로 중요하지 않았다. | 5. 첫인상은 모두에게 중요하다. | 6. 당신은 언제든지 나를 의지할 수 있습니다.

Cover [kʌ́vər] covered - covered   명사 덮개. 뚜껑.

타동사 덮다. 포함하다.

1. Snow covers the mountains.
2. She covers her face with her hand.
3. Did you cover the chair with the white cloth?
4. My insurance policy covers medical expenses.
5. This book covers European history.
6. This course covers English grammar and spelling.
7. The morning news covers foreign affairs.
8. He tried to cover his lie but nobody believed him.
9. Her scholarship covers all of her college fees.
10. The bride covers the cost of the wedding in America.
11. The salesman covers the East coast area.
12. He covers the hole with plaster.
13. We will cover you while you run for the door.
14. The mountains are covered with snow.
15. We were covered in paint after painting the ceiling.
16. The soccer players are covered with mud.

1. 눈이 산을 덮고 있습니다. | 2. 그녀는 손으로 얼굴을 감싼다. | 3. 당신은 하얀 천으로 의자를 덮었습니까? | 4. 나의 보험약관은 의료 비용까지 부담한다. | 5. 이 책은 유럽 역사를 포함하고 있다. | 6. 이 교육과정은 영문법과 스펠링을 포함한다. | 7. 아침 뉴스는 외국에서 일어나고 있는 일들을 설명한다. | 8. 그는 그의 거짓말을 숨기려고 노력했지만 아무도 그를 믿지 않았다. | 9. 그녀의 장학금은 그녀의 대학 비용 전부를 충당한다. | 10. 미국에서 신부는 결혼식의 비용을 부담한다. | 11. 그 세일즈맨은 동부 해안지역을 담당한다. | 12. 그는 벽토로 구멍을 매꾼다. | 13. 우리는 당신이 문쪽으로 뛰어가는 동안 엄호사격을 할 것이다. | 14. 산은 눈으로 덮혀 있다. | 15. 우리는 천장에 페인트를 칠한 후 페인트로 범벅이 되었다. | 16. 그 축구선수들은 진흙으로 범벅이 되어있다.

자동사 대리인 노릇을 하다.

1. Who will cover for you while you are on vacation?
2. A substitute teacher covers for the regular teacher.

1. 당신 휴가 중에 누가 당신일을 대신하지요? | 2. 대리 선생은 정규 선생을 대신한다. (정규 선생의 부재시 대리로 가르침)

• Cover 한국말로 직역이 불가능한 경우도 있으나 예문을 통해서 사용 범위를 익힐 수 있음.

Create [kriːéit] created - created

타동사 창조하다. 일으키다. 만들어 내다.

1. God created the universe.
2. The new houses in the small town created heavy traffic.
3. Please don't create any problems.
4. My teacher created a reading club.
5. She creates stories.
6. Who do you think created human beings?
7. Did you create the flower arrangement?
8. War creates fear.
9. Some stories are created by her.
10. All men are created equal.

1. 하나님이 우주를 창조하셨습니다. | 2. 작은 타운에 새로운 집들이 교통체증을 일으킵니다. | 3. 문제를 일으키지 마세요. | 4. 나의 선생님은 독서클럽을 만드셨습니다. | 5. 그녀는 이야기들을 창작합니다. | 6. 누가 인간을 창조했다고 생각하십니까? | 7. 당신이 꽃꽂이를 했습니까? | 8. 전쟁이 공포를 일으킨다. (만들어 낸다.) | 9. 어떤 이야기들은 그녀에 의해서 창작되었습니다. | 10. 모든 인간은 평등하게 창조되었습니다.

Cross [krɔːs] crossed - crossed   명사 십자가. 수난.

타동사 건너다. 가로지르다. (손발을) 꼬다.

1. This boat crossed the Pacific Ocean last year.
2. Main Street crosses Apple Avenue.
3. After you cross the bridge, you get into the city.
4. Watch out when you cross the street.
5. Many people cross the border from Mexico to America.
6. Once you cross the river, there is no way of coming back.
7. Don't cross your legs in front of the elders.
8. If you cross me again, you will be in trouble.
9. He crossed out the wrong answers.
10. Please cross off my name on the list.

1. 이 보트는 작년에 태평양을 횡단했다. | 2. 매인 스트리트는 애플에베뉴를 가로지른다. | 3. 당신이 다리를 건넌 후에 도시로 들어가게 됩니다. | 4. 차도를 건널 때 정신 차리세요. | 5. 많은 사람들이 멕시코에서 미국으로 국경을 넘는다. | 6. 일단 강을 건너면 당신은 돌아올 수 없습니다. | 7. 어른들 앞에서 다리를 꼬지 마세요. | 8. 만일 당신이 나를 다시 속이면 당신은 혼날 것이다. | 9. 그는 틀린 대답을 지웠다. | 10. 리스트에서 내 이름을 지워 주세요.

- Cross 구어에서 속이다라는 뜻이 있음.
- Cross out, Cross off 선을 그어 지우다. 없애다. 9. 10번.

Cry [krai] cried - crieda 　명사 외침. 울음소리.

타동사 소리치다. (소식을) 알리고 다니다. (눈물을) 흘리다.

1. She cried out my name.
2. He cries any news all over town.
3. We cried tears of joy at her wedding.

1. 그녀는 내 이름을 외쳤다. | 2. 그는 온동네 어떤 소식이든지 퍼뜨리고 다닌다. | 3. 우리는 그녀의 결혼식 날 기쁨의 눈물을 흘렸다.

자동사 울다. 외치다.

1. She cried when her dog died.
2. Don't cry please.
3. They cry for help.
4. She cries for joy.
5. The baby cries for her mother.
6. She cried over the death of her son.
7. She cries in sorrow every night.
8. "Please give me one more chance!" he cried out.
9. Many Americans cried out on September 11.
10. Why are you crying?
11. It is no use crying over spilt milk.

1. 그녀는 그녀의 개가 죽었을 때 울었다. | 2. 제발 울지 마세요. | 3. 그들은 도와달라고 외친다. | 4. 그녀는 기쁨의 눈물을 흘린다. | 5. 아기는 엄마가 없다고 운다. | 6. 그녀는 그녀의 아들의 죽음에 대해서 슬피 울었다. | 7. 그녀는 매일 밤 슬픔에 운다. | 8. "제발 한번더 기회를 주세요." 하고 그는 외쳤다. | 9. 많은 미국인들이 911사건으로 울었다. | 10. 왜 울고 계세요? | 11. 우유를 엎지른 후에는 울어봐야 소용이 없다.

Cut [kʌt] cut - cut　명사 절단. 베인 상처.

타동사　자르다. 베다. 긴축하다.

1. She cuts the flowers.
2. Would you cut the sandwich in half?
3. He cut the apple into four pieces.
4. I cut myself shaving this morning.
5. My boss cut many jobs last year.
6. My father cuts the lawn once a week in the summer.
7. Why don't you try to cut the expenses? Our business is very slow.
8. We have to cut the cost of living.
9. People should cut water use during a drought.
10. The river cuts the valley in two.
11. Cut me a piece of the pie please.
12. Cut a piece of the pie for me, please.

---

1. 그녀는 꽃을 자른다. | 2. 샌드위치를 반으로 잘라 주시겠어요? | 3. 그는 사과를 네 조각으로 잘랐다. | 4. 나는 아침에 면도하다가 베었다. | 5. 나의 사장님은 작년에 많은 일거리를 줄였다. | 6. 나의 아버지는 여름철에 일주일에 한 번 잔디를 자르신다. | 7. 비용을 좀 줄이도록 해보지 않겠어요? 사업 실적이 매우 저조합니다. | 8. 우리는 생활비를 줄이지 않으면 안 됩니다. | 9. 가뭄에는 물사용을 줄여야 합니다. | 10. 그 강은 골짜기를 둘로 나눕니다. | 11. 나에게 파이 한 조각 잘라 주십시오. | 12. 나에게 파이 한 조각 잘라 주십시오.

• 문장의 4형식 11번.

자동사　(날이) 들다.

1. This knife cuts well.

---

1. 이 칼은 잘 든다.

Love's Secret
(사랑의 비밀)

Never seek to tell thy love
Love that never told can be;
For the gentle wind doth move
Silently, invisibly.

I told my love, I told my love,
I told her all my heart,
Trembling, cold, in ghastly fears,
Ah! She did depart!

Soon after she was gone from me,
A traveller came by,
Silently, invisibly:
He took her with a sigh.

William Blake

You Can Speak English!

D

외국인과 대화 시 긴장하지 말라.
긴장하는 순간 머릿속에 있는 당신의 막강한 영어 실력은 무용지물이 되고 만다.

Damage [dǽmidʒ] damaged - damaged 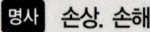 손상. 손해.

타동사 …에 손해를 입히다. …을 망치다. …을 손상시키다.

1. Smoking damages your health.
2. The storm damaged many houses.
3. Too much sun damages the skin.
4. Dishonesty will damage your reputation.
5. Poor weather damages retail businesses.
6. The crisis damaged the chairman's authority.
7. I damaged the relationship with her by lying.
8. He damaged his computer by dropping it.
9. Many houses were damaged by the storm.
10. My town was damaged by the flood.
11. My knee has been damaged by the accident.

1. 흡연은 당신의 건강을 해칩니다. | 2. 폭풍으로 인해서 많은 집이 파괴되었습니다. | 3. 너무 강력한 햇빛은 피부를 상하게 합니다. | 4. 부정직은 당신의 명성을 손상시킬 것입니다. | 5. 좋지 않은 날씨는 소매업에 타격을 줍니다 . | 6. 그 위기는 회장님의 권위를 실추시켰습니다. | 7. 나는 거짓말을 해서 그녀와의 관계를 망쳤습니다. | 8. 그는 컴퓨터를 떨어뜨려서 망가뜨렸다. | 9. 많은 집들이 폭풍으로 파괴되었습니다. | 10. 우리 동네는 홍수로 큰 피해를 입었다. | 11. 나는 사고로 무릎에 상처를 입었다.

Dance [dæns] danced - danced 　명사 댄스. 춤.

타동사 (춤을) 추다.

    1. The couple will dance the tango for the contest.
    2. They dance jigs.

1. 그 커플은 대회에서 탱고를 출 것이다. | 2. 그들은 Jigs를 춘다.

자동사 춤추다.

    1. He dances with all the girls.
    2. Children dance to the music.
    3. Balloons dance in the wind.
    4. Shall we dance?
    5. She dances in the ballet class.
    6. The man is dancing with a pretty woman to the piano music.
    7. People are happy when they dance.

1. 그는 모든 여자아이들과 춤을 춘다. | 2. 어린이들이 음악에 맞춰 춤을 춘다. | 3. 풍선들이 바람에 나부낀다. (춤춘다) | 4. 우리 춤을 출까요? | 5. 그녀는 발레 class에서 춤을 춘다. (발레를 배운다) | 6. 그 남자는 예쁜 숙녀와 함께 피아노 음악에 맞춰 춤을 추고 있다. | 7. 사람들은 춤을 출 때 행복하다.

Deal [diːl] dealt - dealt 　명사　거래. 타협.

타동사　분배하다.

1. She dealt two cards to each player.
2. The government deals out blankets to refugees.
3. The man used to deal cocaine in Chicago.

1. 그녀는 각 플레이어에게 2장의 카드를 분배했다. | 2. 정부기관에서 난민들에게 담요를 나누어준다. | 3. 그 남자는 시카고에서 마약을 거래하곤 했습니다.

자동사　거래하다. 다루다. 처리하다. 취급하다.

1. We have been dealing with the company for five years.
2. My manger deals with many problems everyday.
3. Who is dealing with the new account?
4. Let me deal with her.
5. I can't deal with crying children anymore.
6. He deals in very expensive watches.
7. The store deals in trendy clothing.
8. She deals in various pictures.

1. 우리는 그 회사와 5년동안 거래해 오고 있습니다. | 2. 나의 매니저는 매일 많은 문제들을 처리합니다. | 3. 누가 새 거래처를 담당하고 있습니까? | 4. 내가 그 여자를 상대 하겠습니다. | 5. 나는 더이상 우는 아이들을 다룰 수가 없습니다. | 6. 그는 비싼 시계들을 취급합니다. | 7. 그 가게는 최신 유행의 옷들을 취급합니다. | 8. 그녀는 여러가지 그림들을 취급합니다.

Decide [disáid] decided - decided

타동사 결정하다.

1. Did you decide it?
2. You should decide you own future.
3. She decided to stay at home.
4. He might decide to take the job.
5. My brother decided to go to England.
6. I can't decide whether I should meet him or not.
7. Did you decide what you would study in college?
8. She can't decide what to wear to the party.
9. They decided which one to buy.
10. He decided what to do next.
11. She didn't decide where to go.
12. She decides that she will become a lawyer.
13. I decided that I would go back to America.
14. When did you decide that you would marry Angela?

---

1. 당신은 그것을 결정했습니까? | 2. 당신은 당신의 미래를 결정해야 할 것이다. | 3. 그녀는 집에 머무르기로 결정하였다. | 4. 그는 그 직업을 갖기로 결정할지도 모른다. | 5. 나의 형은 영국에 가기로 결정했다. | 6. 내가 그를 만나야 할지 말아야 할지 결정할 수 없군요. | 7. 당신은 대학에서 무엇을 공부하기로 결정했습니까? | 8. 그녀는 파티에 무엇을 입어야 좋은지 결정을 못한다. | 9. 그들은 어느 것을 살지 결정했습니다. | 10. 그는 다음에 무엇을 할지 결정했습니다. | 11. 그녀는 어디로 갈지 결정하지 못했습니다. | 12. 그녀는 변호사가 되기로 결심한다. | 13. 나는 미국에 돌아가기로 결정했습니다. | 14. 당신은 언제 엔젤라와 결혼하기로 결정했습니까?

- 타동사의 목적어로 to부정사를 취함. 3. 4. 5번.
- 타동사의 목적어로 wh절을 취함. 6. 7번.
- 타동사의 목적어로 wh. to do를 취함. 8. 9. 10. 11번.
- 타동사의 목적어로 that절을 취함. 12. 13. 14번.

Deliver [dilívər] delivered - delivered

타동사 배달하다. 전하다. 분만시키다.

1. Did you deliver the message?
2. Please deliver the flowers to her house.
3. He used to deliver newspapers when he was a kid.
4. My pastor delivers a powerful sermon every Sunday.
5. The doctor will deliver her baby this afternoon.
6. The jury delivered their verdict.
7. Deliver us from evil.
8. Your desk will be delivered on Saturday.
9. The massage was delivered to all the employees.

---

1. 당신은 그 메세지를 전했습니까? | 2. 그 꽃들을 그녀의 집에 배달해 주십시요. | 3. 그는 어렸을 때 신문을 배달하곤 했다. | 4. 나의 목사님은 매 주일 힘찬 설교를 하신다. | 5. 의사 선생님이 오늘 오후 그녀의 아기를 분만 시킬 것이다. | 6. 배심원들이 평결을 발표했다. | 7. 우리를 악에서 구하옵소서. | 8. 당신의 책상은 토요일 날 배달될 것입니다. | 9. 그 메세지는 모든 직원들에게 전달되었습니다.

자동사 (상품등을) 배달하다.

1. The restaurant delivers.

---

1. 그 식당은 배달해 줍니다.

Demand [dimænd] demanded - demanded

타동사 요구하다.

1. The governor demanded the release of the prisoner.
2. I demand your apology.
3. My baby daughter demands most of my time.
4. He demands his money back.
5. Parents demand many things from their children.
6. Don't demand extra service from the waitress at the restaurant.
7. She demands to see the manager.
8. He demands to know the truth.
9. I demand that my boss pays me more money.
10. The residents demand that the town will establish more schools.

1. 주지사는 그 죄수의 석방을 요청했습니다. | 2. 나는 당신의 사과를 요구합니다. | 3. 나의 어린 딸은 나의 시간의 대부분을 요구한다. | 4. 그는 그의 돈을 돌려줄 것을 요구한다. | 5. 부모님들은 그들의 자녀들로부터 많은 것을 요구한다. | 6. 그 식당에서는 여종업원들에게 이것저것 요구하지 마세요. | 7. 그녀는 매니저를 만날 것을 요구한다. | 8. 그는 진신을 알기를 원한다. | 9. 나는 사장님이 나에게 더 많은 급료를 줄것을 요구한다. | 10. 주민들은 마을에 더 많은 학교를 설립할 것을 요구한다.

- 타동사의 목적어로 to부정사를 취함. 7. 8번.
- 타동사의 목적어로 that절을 취함. 9. 10번.

Deny [dinái] denied - denied

타동사 부정하다. 부인하다. 거절하다.

1. She never denies my request.
2. He always denies the mistakes that he made.
3. Don't deny your feelings.
4. They denied my claim.
5. The man denies stealing my watch.
6. She denies spending much money on jewels.
7. He still denies meeting her.
8. He denies that he killed his wife.
9. Some people deny that God exists.
10. My mom denies me candy.
11. My mom denies candy to me.
12. I was denied candy by my mom.
13. Candy was denied to me by my mom.
14. All of us were denied visas.
15. His appeal was denied.

1. 그녀는 결코 나의 요구를 거절하지 않는다. | 2. 그는 항상 그가 한 실수를 부인한다. | 3. 당신의 감정을 숨기지 마세요. (좋으면 좋다고 하세요.) | 4. 그들은 나의 요구를 거절했다. | 5. 그 남자는 나의 시계를 훔친 것을 부인한다. | 6. 그녀는 보석에 많은 돈을 낭비한 것을 부인한다. | 7. 그는 여전히 그녀를 만난 것을 부인한다. | 8. 그는 그의 부인을 죽인 것을 부인한다. | 9. 어떤 사람들은 하나님이 존재한다는 것을 부정한다. | 10. 나의 어머니는 나에게 사탕을 주지 않으신다. | 11. 나의 어머니는 나에게 사탕을 주지 않으신다. | 12. 나는 어머니에 의해서 사탕이 거절되었다. | 13. 나는 어머니에 의해서 사탕이 거절되었다. | 14. 우리들 모두의 비자가 거부되었다. | 15. 그의 상소는 기각(거절)되었다.

- that (관계대명사) 이하는 형용사절로 선행사 mistakes 수식. 2번.
- 타동사의 목적어로 동명사를 취함. 5. 6. 7번.
- 타동사의 목적어로 that절을 취함. 8. 9번.
- 4형식이 가능한 문장으로 간접목적어 직접목적어 둘다 수동태의 주어가 가능함. 10. 11. 12. 13번. 참조.
- 문장의 4형식은 10번.

Depend [dipénd] depended - depended

자동사 …에 달려 있다. …에 의지하다. 믿다.

1. Are you camping this weekend? It depends on the weather.
2. Which restaurant is the best in this town?
   It depends on what kind of food you like.
3. Your success depends on who you meet.
4. He still depends on his parents.
5. Italy depends on tourism.
6. She depends on her tutor when she studies.
7. You can depend on me.
8. We can depend on her.
9. Mr. Brown is the only person she can depend on.
10. I can depend on Mr. Kim to finish the job by Thursday.

1. 당신은 이번 주말에 캠핑을 합니까? 날씨에 달려 있습니다. | 2. 어느 식당이 이 타운에서 최고이죠? 당신이 어떤 음식을 좋아하느냐에 달려 있습니다. | 3. 당신의 성공은 당신이 누구를 만나느냐에 달려 있습니다. | 4. 그는 아직도 그의 부모님께 의지합니다. | 5. 이탈리아는 관광사업에 의존합니다. | 6. 그녀는 공부할 때 가정교사에게 의존합니다. | 7. 당신은 나를 의지할 수 있습니다. | 8. 우리는 그녀를 의지할 수 있습니다. | 9. 브라운씨는 그녀가 의지할 수 있는 유일한 사람입니다. | 10. 나는 미스터 김이 목요일까지 그 일을 끝내리라고 믿습니다.

- 1. 2. 3번 …에 달려 있다. 좌우되다.
- 4. 5. 6번 …에 의지하다. 의존하다.
- 7. 8. 9. 10번 …을 믿다. 신뢰하다.

Describe [diskráib] described - described

타동사 설명하다. 기술하다. (사람을) 평하다.

1. Please describe the man to me.
2. She described her wedding dress to her friends.
3. You have to describe the robber to the police.
4. The Bible describes the creation of the world.
5. The children described what they saw in the zoo.
6. Could you describe the lady that you met yesterday?
7. I can't describe how I was feeling then.
8. Words cannot describe how beautiful you look now.
9. He described what happened here.
10. Can you describe where they went?
11. How would you describe Mr. Lee?
12. My boss describes her as an honest woman.
13. I describe him as clever.
14. He is described as clever.
15. Spring is described as the best season in America.

1. 나에게 그 사람의 인상을 말해 주십시요. | 2. 그녀는 친구들에게 그녀의 웨딩드레스를 설명해 주었다. | 3. 당신은 경찰에게 강도의 인상착의를 말해주어야 합니다. | 4. 성경은 인류창조를 설명하고 있다. | 5. 어린이들은 동물원에서 그들이 본 것을 설명했다. | 6. 어제 당신이 만난 그 여자의 모습을 말해 주시겠어요? | 7. 나는 그때 나의 기분이 어땠는지 말로 표현할 수 없다. | 8. 당신이 지금 얼마나 아름답게 보이는지 말로 표현할 수 없습니다. | 9. 그는 여기서 무슨 일이 있었는지 설명해 주었다. | 10. 그들이 어디로 갔는지 말해 주시겠어요? | 11. 미스터 리가 어떤 사람이라고 생각하세요? | 12. 나의 사장님은 그녀를 정직한 여자로 생각한다. | 13. 나는 그를 영리한 사람으로 생각한다. | 14. 그는 영리한 사람으로 여겨진다. | 15. 봄은 미국에서 가장 좋은 계절로 묘사된다.

- 타동사의 목적어로 wh절을 취함. 7. 8. 9. 10번.
- 불완전타동사 (5형식)의 목적보어로 as 이하를 취함. 12. 13번.

Design [dizáin] designed - designed   명사 디자인. 도안.

타동사 디자인하다. 설계하다.

1. Architects design modern buildings.
2. She designs her own dresses.
3. Did you design this ring?
4. My company designs ladies' pants.
5. Gucci is designing some exciting new suits.
6. This kitchen is designed for a big family.
7. The building was designed by Mr. Smith.
8. The train is designed to speed up to 250 miles per hour.
9. The subway system of London is designed very well.
10. These exercises are designed for women.

1. 건축가들은 현대식 빌딩을 설계한다. | 2. 그녀는 그녀자신의 드레스를 디자인한다. | 3. 당신이 이 반지를 디자인했습니까? | 4. 그 회사는 여성용 바지를 디자인합니다. | 5. 구찌회사는 파격적인 새 양복을 디자인하고 있습니다. | 6. 이 부엌은 대가족을 위해서 설계되어 있습니다. | 7. 이 빌딩은 스미스 씨가 디자인했습니다. | 8. 그 기차는 시간당 250마일까지 속도를 낼 수 있도록 설계되어 있습니다. | 9. 런던의 지하철 시스템은 매우 잘 설계되어 있습니다. | 10. 이 운동은 여자들을 위해서 고안 되어 있습니다.

자동사 디자인하다.

1. She designs for Ford Motors.

1. 그 여자는 포드자동차회사의 디자이너입니다.

• Design 수동태로 더 많이 쓰이는 동사임. 6. 7. 8. 9. 10번.

Destroy [distrɔ́i] destroyed - destroyed

타동사 파괴하다.

1. The war destroyed many houses.
2. The information may destroy his reputation.
3. The injury destroyed his golf career.
4. My soccer team will destroy his team.
5. Many houses were destroyed by the war.
6. The target was destroyed.
7. Many buildings were destroyed in the earthquake.
8. Everything was destroyed by the storm.

1. 전쟁이 많은 집들을 파괴시켰습니다. | 2. 그 정보는 그의 명성을 손상시킬지도 모른다. | 3. 부상으로 인해서 그의 골프 경력을 망쳤습니다. | 4. 우리 축구팀이 상대방 팀을 이길 것이다. | 5. 많은 집들이 전쟁에 의해서 파괴되었습니다. | 6. 목표물이 파괴되었습니다. | 7. 많은 빌딩들이 지진으로 파괴되었습니다. | 8. 모든 것이 폭풍으로 파괴되었습니다.

Develop [divéləp] developed - developed

타동사 발달시키다. 개발하다. (병에) 걸리다.

1. Exercises develop muscles.
2. The school develops different programs for the students.
3. My town will develop a new shopping mall.
4. They will develop this area into a shopping center.
5. I will develop my arm muscles with dumbbell.
6. Many women develop breast cancer.
7. The mayor of my town is developing a plan to fight crimes.

1. 운동은 근육을 발달시킨다. | 2. 학교는 학생들을 위해서 여러가지 프로그램들을 개발합니다. | 3. 우리 타운은 새로운 쇼핑몰을 조성 할 것이다. | 4. 그들은 이 지역을 쇼핑센터로 개발 할 것이다. | 5. 나는 덤벨로 팔근육을 강화시킬 것이다. | 6. 많은 여자들이 유방암에 걸린다. | 7. 우리 동네 시장님은 범죄와 싸우기 위한 계획을 준비하고 있습니다.

자동사 발전되다.

1. Baltimore developed into a big city.
2. He developed into a responsible man.
3. Small businesses can develop into large ones.
4. Even a big tree develops from a small seed.
5. Personalities develop from a young age.
6. Clouds develop over the mountains.

1. 볼티모어는 큰 도시로 발전했다. | 2. 그는 책임감 있는 남자로 성장했다. | 3. 작은 사업도 큰 사업체로 발전할 수 있다. | 4. 큰 나무라도 작은 씨앗으로부터 출발한다. | 5. 성격은 어린시절 형성된다. | 6. 구름이 산너머에 나타난다.

• Develop 토지. 자원. 기술. 능력 등을 개발하다. 조성하다. 발전시키다. 발달시키다의 뜻을 가짐.

Die [dai] died - died

타동사 (동족 목적어를 취하여) …한 죽음을 하다.

1. She died a peaceful death.
2. My aunt died a natural death.
3. He wants to die a glorious death.

1. 그녀는 평화로이 죽었다. | 2. 나의 숙모는 자연사하셨습니다. | 3. 그는 영광스럽게 죽기를 원한다

자동사 죽다.

1. He is very sick. He might die soon.
2. My uncle died young.
3. My friend died a martyr in Africa.
4. He died a hero for his country.
5. Many people die of lung cancer.
6. Some people still die of hunger.
7. He died from heart disease.
8. You will not die from the injury.
9. The soldiers died for their country.
10. I almost died laughing.
11. I am dying for a cup of coffee.
12. I am dying of thirst.
13. I am dying to see the movie.
14. People want to die peacefully.
15. Many flowers die during the winter.
16. The song will never die.

1. 그는 너무 아파서 곧 죽을지도 모른다. | 2. 나의 아저씨는 젊은 나이에 죽었다. | 3. 나의 친구는 아프리카에서 순교했다. | 4. 그는 그의 나라를 위해서 영웅으로 죽었다. | 5. 많은 사람들이 폐암으로 죽는다. | 6. 어떤 사람들은 여전히 굶주림으로 죽는다. | 7. 그는 심장질환으로 죽었다. | 8. 당신은 그 상처로 죽지 않을 것이다. | 9. 병사들은 그들의 나라를 위해서 죽었다. | 10. 나는 너무 웃었기 때문에 거의 죽을뻔 했다. | 11. 커피가 마시고 싶어서 죽을 지경이다. | 12. 갈증 때문에 죽을 지경이다. | 13. 그 영화가 보고 싶어서 죽을 지경이예요. | 14. 사람들은 행복하게 죽길 원한다. | 15. 많은 꽃들이 겨울동안 시든다. | 16. 그 노래는 결코 사라지지 않을 것이다.

• 불완전자동사의 주격보어로 명사를 취함. 3, 4번.

Disappear [dìsəpíər] disappeared - disappeared

자동사 사라지다.

1. Three boys disappeared from school.
2. The mop must disappear from the street.
3. Dinosaurs disappeared from the earth.
4. The ship disappeared from sight.
5. The popular handbag just disappears from the store.
6. The sun disappears behind a cloud.
7. The airplane disappeared while flying over the pacific.
8. The scars will disappear in a couple of years.
9. The cat disappears under the couch.
10. My pens seem to disappear all the time.

1. 3명의 소년들이 학교에서 사라졌다. | 2. 그 건달들은 거리에서 사라져야 한다. | 3. 공룡은 지구로부터 사라졌다. | 4. 그 배가 시야에서 사라졌다. | 5. 그 인기 있는 핸드백은 정말 잘 팔린다. | 6. 태양이 구름 뒤로 사라진다. | 7. 비행기가 태평양 상공을 나는 동안 사라졌다. | 8. 그 흉터는 2-3년이 지나면 사라질 것이다. | 9. 고양이가 소파 밑으로 사라진다. | 10. 나의 펜들이 항상 없어지는 것 같군요.

• 완전자동사로서의 disappear은 일반적 으로 전치사 from을 수반함.

Discover [diskʌ́vər] discovered - discovered

타동사 발견하다. …을 알다.

1. He discovered six misprints in the book.
2. The police try to discover heroin in the house.
3. The Vikings discovered America before Columbus.
4. My mom discovered my talent when I was young.
5. Discover America!
6. Galileo discovered that the Earth moves around the sun.
7. When did you discover that he stole your money?
8. Did you discover who sent you the flowers?
9. I will discover what you did to him.
10. They never discovered where she died.
11. My friend discovered the island.
12. The island was discovered by my friend.
13. His love was discovered (to be) untrue.
14. Nothing was discovered in the woods.

1. 그는 그 책에서 여섯 개의 잘 못된 글자를 발견했다. | 2. 경찰은 그 집에서 마약을 찾기 위해 노력한다. | 3. 바이킹은 콜롬버스 이전에 미국을 발견했다. | 4. 나의 엄마는 내가 어렸을때 나의 재능을 발견하셨다. | 5. 미국을 발견하자! (미국을 알자) | 6. 갈릴레오는 지구가 태양의 주위를 돈다는 사실을 발견했다. | 7. 당신은 언제 그가 당신의 돈을 훔쳤다는 것을 아셨어요? | 8. 누가 당신에게 꽃을 보냈는지 알아내셨어요? | 9. 나는 당신이 그에게 무엇을 했는지 알아낼 것이다. | 10. 그들은 그녀가 어디서 죽었는지 결코 알아내지 못했다. | 11. 내 친구가 그 섬을 발견했다. | 12. 그 섬은 나의 친구에 의해서 발견되었다. | 13. 그의 사랑은 진실이 아닌 것으로 판명되었다. | 14. 어떤 것도 그 숲속에서 발견되지 않았다.

- 타동사의 목적어로 that절을 취함. 6, 7번.
- 타동사의 목적어로 wh절을 취함. 8, 9, 10번.
- 13번의 (to be)는 생략 가능.

Discuss [dìskʌ́s] discussed - discussed

타동사 …에 관하여 이야기하다. …을 의논하다.

1. The young discuss love.
2. This book discusses Nixon's life.
3. I will discuss the matter with him.
4. Can I discuss something personal with you?
5. Have you discussed your future with your parents?
6. We discussed opening a new business.
7. They still discuss moving to Hawaii.
8. We discussed how to save the money.
9. Did you discuss which one to buy?
10. His family discussed what they would do after moving to America.
11. We are discussing which movie we should see tonight.

1. 젊은이들은 사랑을 이야기한다. | 2. 이 책은 닉슨의 인생을 말한다. | 3. 나는 그 사람과 그 문제를 의논할 것이다. | 4. 당신과 개인적인 일을 의논할 수 있습니까? | 5. 당신은 부모님과 당신의 미래에 관하여 의논한 적이 있습니까? | 6. 우리는 새 비즈니스를 시작하는 것에 관하여 의논했다. | 7. 그들은 아직도 하와이로 이사 가는 것에 관해서 의논하고 있다. | 8. 우리는 어떻게 돈을 저축할 것인가에 대해서 의논을 했다. | 9. 어느 것을 살 것인지 의논하셨어요? | 10. 그의 가족은 그들이 미국으로 이사 간 후에 무엇을 할 것인지 의논했다. | 11. 우리는 무슨 영화를 봐야 할지 의논하고 있다.

- 타동사의 목적어로 동명사를 취함. 6. 7번.
- 타동사의 목적어로 wh. to do (명사구)를 취함. 8. 9번.
- 타동사의 목적어로 wh절을 취함. 10. 11번.

Divide [diváid] divided - divided

타동사 …나누다. 분할하다.

1. The Seine River divides Paris.
2. The war divided the country.
3. His speech always divides people.
4. The Demilitarized Zone divides South and North.
5. They divide the profits equally.
6. The teacher divides the children into three groups.
7. He divides his time between work and school.
8. Divide ten by two, please.
9. The question divided the students.
10. The students are divided over the question.
11. Pizza is divided into eight slices.

1. 센느강은 파리를 둘로 나눈다. | 2. 전쟁은 그 나라를 갈라 놓았다. | 3. 그의 연설은 항상 사람들을 갈라 놓는다. | 4. DMZ는 남쪽과 북쪽을 갈라 놓는다. | 5. 그들은 공평하게 이익을 나눈다. | 6. 선생님은 어린이들을 3그룹으로 갈라 놓는다. | 7. 그는 학교와 일사이에 시간을 나누어 쓴다. | 8. 10을 2로 나누세요. | 9. 그 질문은 학생들을 갈라 놓았다. | 10. 학생들은 그 질문에 대해서 의견이 갈린다. | 11. 피자는 8조각으로 나뉘어져 있다.

자동사 나뉘다. 쪼개지다.

1. Stay to the left when the road divides.
2. Cancer cells divide quickly.
3. The soldiers divided into small groups.

1. 길이 갈라 질때 왼쪽에 있으세요. | 2. 암세포는 빨리 분할된다. | 3. 병사들은 작은 그룹으로 나뉘었다.

Do [duː] did - done

타동사 하다. 행하다.

1. Do your best.
2. What do you do for a living?
3. They do home deliveries.
4. What are you doing here?
5. I do my homework before I watch TV.
6. Could you do something for me?
7. He never does anything for her.
8. Did you do shopping yesterday?
9. I will do reading the book this afternoon.
10. What can I do for you?
11. Who did your hair?
12. Let's do lunch tomorrow.
13. Do the right thing.
14. Why don't you do the job first?
15. Did you do the laundry yet?
16. I will do business with you.
17. When will you do the practice?
18. I am sorry; I can't do it.
19. Smoking does you harm.
20. Milk does your body good.
21. Would you do me a favor?
22. You do something good, and you will be blessed.

1. 최선을 다하세요. | 2. 당신의 직업은 무엇입니까? | 3. 그들은 집까지 배달해 줍니다. | 4. 당신 여기서 무엇을 하고 있습니까? | 5. 나는 TV를 보기 전 숙제를 합니다. | 6. 나를 위해서 무언가 해주시겠어요? | 7. 그는 그녀를 위해서 어떤 것도 하지 않습니다. | 8. 어제 쇼핑하셨습니까? | 9. 나는 오늘 오후에 그 책을 읽을 것이다. | 10. 내가 당신을 위해

서 무엇을 해드릴까요? | 11. 누가 당신의 머리를 손질했지요? | 12. 내일 점심이나 함께 합시다. | 13. 옳은 일을 하십시오. | 14. 먼저 그 일부터 하지 그러세요? | 15. 벌써 세탁물을 끝내셨어요? | 16. 당신과 거래를 하겠습니다. | 17. 당신은 언제 연습을 하시겠습니까? | 18. 미안하지만 나는 그것을 할 수 없습니다. | 19. 흡연은 당신의 몸에 해를 끼칩니다. | 20. 우유는 당신의 몸에 좋습니다. | 21. 부탁 하나 들어 주시겠습니까? | 22. 선행을 하세요, 그러면 복을 받습니다.

- 타동사의 목적어로 동명사를 취함. 8. 9번. do writing, do teaching, do washing 등.
- 4형식의 문장에서 do는 …에게 이익 (손해)을 주다. 끼치다로 해석. 19. 20. 21번.

자동사 하다. 행하다. 지내다.

1. Do as I tell you.
2. Do in Rome as the Romans do.
3. He always does like a gentleman.
4. She does well in math.
5. Grandma is doing well since her operation.
6. How are you doing?
7. Our company is doing great.

1. 제가 말한 대로 하십시오. | 2. 로마에서는 로마사람들이 하는 대로 하라. | 3. 그는 항상 신사처럼 행동한다. | 4. 그녀는 수학을 잘한다. | 5. 할머니는 수술 후 건강이 좋아지고 있습니다. | 6. 안녕하세요? | 7. 우리 회사는 잘되어 가고 있습니다.

Draw [drɔː] drew - drawn 명사 끌기. 추첨.

타동사 끌다. 당기다. 끌어모으다. (그림을) 그리다. (사람의 주위를) 끌다.

1. The horses draw a wagon.
2. The museum draws millions of visitors every year.
3. The movie drew a lot of people on the first day.
4. His speech draws a large audience.
5. I will draw a map for you.
6. Can I draw your attention to this picture?
7. The man drew a gun from his pocket.
8. The children draw deer, elephants and dogs on the paper.
9. She draws me aside to say something.
10. He was drawn to the music.
11. His eyes were drawn to the beautiful lady.

1. 말들이 마차을 끌고 있다. | 2. 그 박물관은 매년 수백만의 방문객들을 끌어들인다. | 3. 그 영화는 첫날 많은 관객을 끌어모았다. | 4. 그의 연설은 많은 관중들을 끌어모은다. | 5. 나는 당신을 위해서 지도를 그리겠습니다. | 6. 이 그림좀 봐 주시겠습니까? | 7. 그 남자는 주머니에서 권총을 꺼내들었다. | 8. 어린이들은 사슴, 코끼리, 개들을 종이 위에 그린다. | 9. 그녀는 뭔가를 말하기 위해서 나를 옆으로 끌어당긴다. | 10. 그는 음악에 마음이 끌렸다. | 11. 그의 눈이 아름다운 숙녀에게 끌렸다.

자동사 접근하다.

1. A police car draws up behind me.

1. 경찰차가 내 뒤에 접근하고 있다.

Dress [dres] dressed - dressed   명사 의복. 복장.

타동사   옷을 입히다

1. She dresses her baby.
2. Could you dress the kids while I make breakfast?
3. The child is dressing herself.
4. He is dressed in a black suit.
5. You are dressed up today!

1. 그녀는 아기에게 옷을 입힌다. | 2. 내가 아침식사를 준비하는 동안 아이들에게 옷을 입혀주시겠어요? | 3. 그 아이는 스스로 옷을 입습니다. | 4. 그는 검은 양복을 입고 있습니다. | 5. 당신은 오늘 잘차려 입었군요. (오늘은 참 멋지십니다.)

자동사   정장하다. 옷을 입다.

1. You don't have to dress for the party.
2. We have to dress for dinner tonight.
3. You should learn how to dress for success.
4. We dress casually at our office.
5. How do you dress at your workplace?
6. Dress warmly, it is cold out there.
7. I dressed quickly so I wouldn't be late for work.
8. She dresses well all the time.
9. People dress up to go to church.

1. 당신은 그 파티를 위해서 정장 할 필요가 없습니다. | 2. 우린 오늘밤 저녁식사에 정장하지 않으면 안 됩니다. | 3. 당신은 성공을 위해서 어떻게 옷을 입는지 배워야 할 것이다. | 4. 우리는 사무실에서 평상 복장을 합니다. | 5. 당신은 직장에서 어떤 복장을 하세요? (어떻게 옷을 입으세요?) | 6. 따뜻하게 옷을 입으세요, 밖이 춥습니다. | 7. 나는 직장에 늦지 않으려고 빨리 옷을 입었다. | 8. 그녀는 항상 옷을 잘 입는다. | 9. 사람들은 교회가기 위해서 잘 차려입습니다.

Drink [dríŋk] drank - drunk 명사 마실것. 음료.

타동사 마시다.

1. She drinks orange juice everyday.
2. He drinks too much coffee.
3. What do you want to drink?
4. I will drink something cold.
5. You should drink a glass of milk for your health.
6. Drink it up.

1. 그녀는 매일 오렌지 쥬스를 마신다. | 2. 그는 너무 많은 커피를 마신다. | 3. 무엇을 마시고 싶으세요? | 4. 나는 차가운 것을 마실 것이다. | 5. 당신은 건강을 위해서 우유를 마셔야 합니다. | 6. 쭉 마시세요.

자동사 마시다. 술을 마시다.

1. He drinks too much.
2. Don't drink from the bottle.
3. Let's drink to our happiness.
4. He drinks like a fish.

1. 그는 술을 너무 많이 마신다. | 2. 병째 마시지 마십시요. | 3. 우리들의 행복을 위해서 건배합시다. | 4. 그는 물고기처럼 마셔댄다.

• 자동사로서의 drink는 술을 마시다라는 뜻이 있음.

Drive [draív] drove - driven 명사 드라이브.

타동사 운전하다. (차로) 데려다 주다. …한 상태로 만들다.

1. She drives a red Cadillac.
2. Let me drive you home.
3. Can I drive your car tonight?
4. I will drive your son to school tomorrow morning.
5. Don't drive yourself too hard.
6. Those kids drive me crazy.
7. This job drives me to drink every night.
8. The war drove him to leave his country.
9. The mob drives business away from downtown.
10. The winter drives the birds south.
11. Hate can't drive out hate.

1. 그녀는 빨간 캐딜락을 운전한다. | 2. 내가 당신을 집에까지 바래다 드리겠습니다. (자동차로) | 3. 내가 오늘 밤 당신의 차를 사용할 수 있습니까? | 4. 내일 아침 당신의 아들을 학교까지 (차로) 데려다 주겠습니다. | 5. 당신 자신을 너무 혹사시키지 마세요. | 6. 저 애들이 나를 힘들게 하는군요. | 7. 이 직장은 나를 매일 밤 술 마시게 하는군요. | 8. 전쟁으로 인해 그는 나라를 떠났다. | 9. 마피아들이 상가의 비즈니스를 망친다. (마피아들이 상가에서 비즈니스를 몰아낸다.) | 10. 겨울에 새들은 남쪽으로 이동한다. | 11. 증오는 증오를 몰아낼 수 없습니다. (말틴 루터킹)

- 불완전타동사 (5형식)의 목적보어로 형용사를 취함. 6번.
- 불완전타동사 (5형식)의 목적보어로 to 부정사를 취함. 7, 8번.

자동사 차를 운전하다.

1. You give directions while I drive.
2. We drove around in the city.
3. I drive about 100 miles everyday.

---

1. 내가 운전하는 동안 방향을 알려 주십시요. | 2. 우리는 시내의 여기저기를 운전하고 다녔다. | 3. 나는 매일 약 100마일 운전한다.

Drop [dræp] dropped - dropped   **명사** 한방울. 소량.

타동사 (물건을) 떨어뜨리다. (소리, 값 등을) 낮추다.

1. He drops his wallet.
2. She dropped the cup again.
3. Did you drop the letter into the mailbox?
4. Please drop your voice.
5. She dropped her eyes and pretended not to notice him.
6. I will drop French next year because it is too hard.
7. German airplanes dropped bombs on London during the Second World War
8. Macy's dropped its prices.
9. You can drop your stuff at my place and pick it up after the concert.
10. Can you drop me off at the station?
11. She drops the kids off at school every day.
12. Drop me a line when you get there.
13. Drop a line to me when you get there.
14. I drop by the grocery store almost every day.
15. Why don't you drop by my house tomorrow afternoon?
16. He will be dropped from the team.
17. Excuse me, something is dropped.

1. 그는 그의 지갑을 떨어 뜨린다. | 2. 그녀는 또 컵을 떨어뜨렸다. | 3. 당신은 우편함에 편지를 넣었습니까? | 4. 목소리를 낮추세요. | 5. 그녀는 눈을 내려뜨리고 그를 알아보지 않은 것처럼 행동했다. | 6. 나는 프랑스어 수강이 너무 어려워 내년에 그만둘 것이다. | 7. 독일 비행기가 이차대전 중 런던에 폭탄을 떨어뜨렸다. | 8. 메이씨 백화점에서 할인 판매를 합니다. | 9. 당신의 소지품을 나의 집에 놔두시고 연주회를 보고난 후 가져가세요. | 10. 나를 역에 내려 주시겠어요? | 11. 그녀는 매일 아이들을 학교에 데리고 간다. | 12. 당신이 거기에 도착하시면 소식 좀 전해주세요. | 13. 당신이 거기에 도착하시면 소식 좀 전해주세요. | 14. 나는 거의 매일 식료품가게에 들린다. | 15. 내일 오후에 저희 집에 좀 들려주시겠어요? | 16. 그는 팀에서 제외될 것이다. | 17. 잠깐요, 뭔가 떨어졌군요. (무의식 중에 뭔가를 떨어뜨린 사람에게)

자동사 떨어지다.

1. Apples drop from the tree.
2. The temperature drops at night.
3. The bottle on the table dropped to the floor.
4. Nobody knows when stock prices drop.
5. He dropped out of college after one semester.

---

1. 사과들이 나무에서 떨어진다. | 2. 온도는 밤에 떨어진다. | 3. 책상 위에 있는 병이 바닥에 떨어졌다. | 4. 주가가 언제 떨어질지 아무도 모른다. | 5. 그는 한 학기 후에 대학을 그만 두었다.

The Blossom
(꽃)

Merry, merry sparrow!
Under leaves so green,
A happy blossom
Sees you, swift as arrow,
Seek your cradle narrow
Near my blossom.

Pretty, pretty robin!
Under leaves so green,
A happy blossom
Hears you sobbing, sobbing,
Pretty, pretty robin,
Near my bosom.

William Blake

You Can Speak English!

회화에서 "거의 알아들었는데"는 통하지 않는다. 대화에는 속도가 있기 때문이다. 쉬운 문장들이 즉시 입에서 튀어 나올 때 까지 반복하라. 대화가 점점 쉬워진다.

Eat [iːt] ate - eaten

타동사 먹다.

1. She eats an apple.
2. They eat something delicious.
3. We eat dinner at the restaurant sometimes.
4. What do they eat for breakfast in Japan?
5. Have you eaten Pasta?
6. Lions eat animals.
7. My old car eats money.

1. 그 여자는 사과를 먹고 있다. | 2. 그들은 맛있는 뭔가를 먹고 있다. | 3. 우리는 가끔 음식점에서 식사를 한다. | 4. 일본에서는 아침식사로 무엇을 먹습니까? | 5. 파스타를 먹어본 적이 있으세요? | 6. 사자는 동물을 먹습니다. | 7. 오래된 내 자동차는 돈을 잡아먹는다. (고장이 자주 난다)

자동사 식사를 하다.

1. Exercise enough and eat right.
2. The dog eats nonstop.
3. Where should we eat tonight?

1. 충분히 운동하시고 (규칙적이며 적절하게) 양질의 음식을 드세요. | 2. 그 개는 쉬지 않고 먹어댄다. | 3. 오늘밤 어디서 식사를 하지요?

Enable [enéibəl] enabled - enabled

타동사 …에게 능력을 주다.

1. The hard training enables soldiers to achieve victory.
2. His speech enables us to have big dreams.
3. The new equipment will enable them to build houses more quickly.
4. The money enables him to buy many things.
5. Your education will enable you to get a good job.

1. 고된 훈련이 병사들에게 승리를 획득할 수 있는 능력을 준다. | 2. 그의 연설은 우리들에게 큰 꿈을 갖게 해준다. | 3. 새로운 장비들이 그들에게 더 빨리 집을 건축하도록 해줄 것이다. | 4. 돈은 그가 많은 것을 사게 해준다. | 5. 교육은 당신에게 좋은 직장을 갖도록 해줄 것이다.

• 불완전타동사 (5형식)의 목적보어로 to부정사를 취함. 1. 2. 3. 4. 5번.

Encourage [enkə́ːridʒ] encouraged - encouraged

타동사 격려 하다. 용기를 돋우다.

1. His success encourages the young.
2. Your letter encourages me all the time.
3. Helen Keller's life encourages the handicapped.
4. My boss encourages us in our work.
5. She encourages her daughter to learn the piano.
6. The teacher encourages the students to study English harder.
7. The government encourages businessmen to create more jobs.
8. Why don't you encourage your son to be a lawyer?

---

1. 그의 성공은 젊은이들에게 용기를 준다. | 2. 당신의 편지는 항상 나를 격려합니다. | 3. 헬렌 켈러의 인생은 장애인들을 격려한다. (장애인들에게 용기를 준다) | 4. 나의 사장님은 직장에서 우리들을 격려하신다. | 5. 그녀는 그녀의 딸에게 피아노를 배우도록 격려한다. | 6. 선생님은 학생들에게 더 열심히 영어공부를 하도록 격려하신다. | 7. 정부는 사업가들에게 더 많은 일자리를 창출하도록 장려한다. | 8. 당신의 아들이 변호사가 되도록 격려하지 그러세요?

• 불완전타동사 (5형식)의 목적보어로 to부정사를 취함 5. 6. 7. 8번.

Enjoy [endʒɔ́i] enjoyed - enjoyed

타동사 즐기다.

1. She enjoys books.
2. My brother enjoys his new job.
3. Did you enjoy the movie?
4. They enjoy their success.
5. Enjoy your vacation.
6. I enjoyed talking with you.
7. Miss Oh enjoys working with me.
8. He enjoys playing tennis with his friends.
9. We enjoyed spending time together.
10. I hope you enjoy yourself at the party.

1. 그녀는 독서를 즐긴다. | 2. 나의 형은 그의 새 직장을 좋아한다. | 3. 그 영화를 재밌게 보셨습니까? | 4. 그들은 그들의 성공을 즐긴다. | 5. 휴가를 재밌게 보내세요. | 6. 당신과 말하는 것이 즐거웠습니다. | 7. 미스 오는 나와 함께 일하는 것을 좋아한다. | 8. 그는 그의 친구들과 테니스 치는 것을 좋아합니다. | 9. 함께 시간을 보내서 즐거웠습니다. | 10. 나는 당신이 파티에서 즐겁게 보내기를 바랍니다.

- 타동사의 목적어로 동명사를 취함. 6. 7. 8. 9번.
- 동명사만을 목적어로 취하는 동사 : enjoy, stop, finish, mind, deny 등.

Examine [igzǽmin] examined - examined

타동사 검사하다. 조사하다. 시험하다.

1. I examined the question before I answered it.
2. The detective examines the room for fingerprints.
3. The man examines the picture to see if it is genuine.
4. The teacher will examine all the students on their English.
5. A doctor should examine you at least once a year.
6. The police examined how the accident happened.
7. Would you examine whether he is qualified for the job or not?
8. You should be examined at least once a year.
9. All the students will be examined on their English.

---

1. 나는 답하기 전에 그 질문을 검토했습니다. | 2. 형사는 지문을 찾기 위해서 방을 수색한다. | 3. 그 남자는 그 그림이 진짜인지 아닌지 알아보기 위해서 조사한다. | 4. 선생님은 학생들에게 영어시험을 치를 것이다. | 5. 의사는 최소한 일 년에 한번은 당신을 진찰해야 합니다. | 6. 경찰은 어떻게 그 사고가 일어났는지 조사했다. | 7. 그가 그 업무에 적합한지 아닌지 알아보시겠어요? | 8. 당신은 최소한 일 년에 한 번 진찰을 받아야 한다. | 9. 모든 학생들은 영어시험을 칠 것이다.

• 타동사의 목적어로 wh절을 취함. 6. 7번.

Exist [igzíst] existed - existed

자동사 존재하다. 살아가다.

1. God exists.
2. I think therefore I exist.
3. Stupid people believe that ghosts exist.
4. Poverty exists everywhere.
5. People can't exist without water.
6. The gap exists between the poor and the rich.
7. They still exist on a small salary.
8. He exists on water and bread.

1. 하나님은 존재하신다. | 2. 나는 생각한다 고로 나는 존재한다. | 3. 어리석은 사람들은 귀신이 존재한다고 믿고 있다. | 4. 빈곤은 어디에나 존재한다. | 5. 인간은 물없이 살 수 없다. | 6. 가난한 사람과 부유한 사람 사이에 (생각의) 차이는 존재한다. | 7. 그들은 여전히 적은 월급으로 살아 나간다. | 8. 그는 빵과 물만으로 살아간다.

Expect [ikspékt] expected - expected

타동사 기대하다. 예상하다.

1. We expect better weather next week.
2. Customers expect good service all the time.
3. She expects a call from him.
4. I will expect you soon.
5. Did you expect something good?
6. She expects too much of me.
7. Are you expecting his letter?
8. I don't expect good quality for this low price.
9. When do you expect your baby?
10. They expect to win the game again.
11. He expects to meet her.
12. I expect you to come.
13. I didn't expect him to stay here so long.
14. He is expecting her to arrive on Friday.
15. We expect that they will visit us again.
16. I expect that they get married soon.
17. She is prettier than I expected.
18. You are expected to return the books by Tuesday.
19. The movie is expected to be very popular.
20. Rain is expected today.

1. 우리는 다음 주에 더 좋은 날씨를 기대합니다. | 2. 손님들은 항상 좋은 서비스를 기대합니다. | 3. 그녀는 그로부터 전화를 기다리고 있다. | 4. 당신이 곧 오리라 믿습니다. | 5. 무슨 좋은 일을 기대했었나요? | 6. 그녀는 나에게서 너무 많은 것을 기대한다. | 7. 그의 편지를 기다리고 있으십니까? | 8. 나는 이렇게 낮은 가격으로 좋은 품질을 기대하지 않습니다. | 9. 언제 아이를 낳으세요? | 10. 그들은 또 시합에서 이길 것을 기대한다. | 11. 그는 그녀를 만날 작정이다. | 12. 당신이 오시리라 믿습니다. | 13. 나는 그가 여기서

그렇게 오래 체류하리라고는 생각하지 않았다. | 14. 그는 그녀가 금요일 날 도착하리라 기대하고 있습니다. | 15. 그들이 우리를 다시 방문할 것이라고 생각합니다. | 16. 나는 그들이 곧 결혼하리라고 생각한다. | 17. 그녀는 내가 생각한 것 보다 더 예쁘군요. | 18. 당신은 화요일까지 책을 반납하기로 되어 있습니다. | 19. 그 영화는 매우 인기가 있을 것으로 예상된다. | 20. 오늘 비가 올지도 모릅니다.

- 타동사의 목적어로 부정사만을 취하는 동사 : expect, wish, want, desire, choose, hope, decide, plan, refuse, promise 등.
- 타동사의 목적어로 to부정사를 취함. 10. 11번.
- 불완전타동사 (5형식)의 목적 보어로 to부정사를 취함. 12. 13. 14번.
- 타동사의 목적어로 that절을 취함. 15. 16번 …라고 생각한다로 해석.

Experience [ikspíəriəns] experienced - experienced

타동사 경험하다. 체험하다.

1. People experience new cultures on trips.
2. Everyone has the right to experience happiness.
3. She experienced sorrow when her son died.
4. You may experience financial difficulty if you lose your job.
5. Patients experience pain.
6. Big cities experience an increase in crime.
7. Many countries in Africa are experiencing a shortage of food.
8. American tourists can experience a lot of things in Asia.
9. Try to experience many things when you are young.
10. We learn something whenever we experience problems.
11. You might experience dizziness after taking this pill.
12. You shouldn't experience unwise things.

1. 사람들은 여행 중에 새로운 문화를 경험합니다. | 2. 누구든지 행복을 경험할 권리를 가지고 있습니다. | 3. 그녀는 그녀의 아들이 죽었을 때 슬픔을 맛보았다. | 4. 당신이 직장을 잃으면 경제적인 어려움을 경험할지도 모릅니다. | 5. 환자들은 고통을 경험합니다. | 6. 대도시는 범죄의 증가를 경험합니다. | 7. 아프리카의 많은 나라들은 식량 결핍을 경험하고 있습니다. | 8. 미국인 관광객들은 아시아에서 많은 것을 경험할 수 있습니다. | 9. 젊었을 때 많은 것들을 경험하도록 하십시요. | 10. 우리가 문제점들을 체험 할때 마다 뭔가를 배웁니다. | 11. 이 약을 드신 후 현기증을 느낄지도 모릅니다 | 12. 당신은 어리석은 일들을 경험할 필요가 없습니다.

Explain [ikspléin] explained - explained

타동사 설명하다.

1. He explains his plan.
2. The teacher explains all the rules to the students.
3. Did you explain the instructions to the buyer?
4. I explained the directions to them.
5. The book explains everything *that* you need to know.
6. Doctors explain *that* she has to wait for the test results.
7. I explained *that* I would delay the departure.
8. Would you explain *why* you were late?
9. Please explain *how* this works.
10. You don't have to explain *what* happened to him.
11. The manager explains *how to treat* customers to the new employees.
12. I will explain *when to begin* and stop it.

---

1. 그는 그의 계획을 설명한다. | 2. 선생님은 학생들에게 모든 규칙들을 설명하신다. | 3. 당신은 고객에게 제품 사용법을 설명했습니까? | 4. 나는 그들에게 그 위치를 설명해주었다. | 5. 그 책은 당신이 알기를 원하는 모든것을 설명해 준다. | 6. 의사들은 그녀가 검사 결과를 기다려야 한다고 설명해 준다. | 7. 나는 내가 출발을 늦춰야 하는 이유를 설명했다. | 8. 왜 늦으셨는지 설명해 주시겠어요? | 9. 이것이 어떻게 작동되는지 설명해 주십시요. | 10. 당신은 그에게 무슨 일이 있었는지 설명하지 않아도 됩니다. | 11. 매니저는 고객을 대하는 방법을 신입사원들에게 설명해 준다. | 12. 제가 언제 시작하고 중단해야 하는지 설명해 드리겠습니다.

- that (관계대명사) 이하는 형용사절로 선행사 everything 수식. 5번.
- 타동사의 목적어로 that절을 취함. 6. 7번.
- 타동사의 목적어로 wh절을 취함. 8. 9. 10번.
- 타동사의 목적어로 wh. to do (명사구)를 취함. 11. 12번.

Express [iksprés] expressed - expressed 　명사 급행.

타동사 표현하다. 나타내다.

1. Why don't you express your love to her?
2. You may express your personal opinions.
3. Sam expressed his thanks for my help.
4. They don't express an interest in learning Spanish.
5. She never expresses her emotions.
6. Words can't express my feelings.
7. His paintings express the joy of life.
8. Don't express your disappointment like that!
9. Only flowers can express something special.
10. Did you express what you meant?
11. We can't express how much we miss her.
12. This letter expresses how she feels about me.

---

1. 어째서 그녀에게 당신의 사랑을 고백하지 않으세요? | 2. 당신은 당신의 개인적인 견해를 발표하셔도 좋습니다. | 3. 샘은 나의 도움에 대해서 감사를 표시했다. | 4. 그들은 스페인어를 배우는 것에 흥미를 나타내지 않는다. | 5. 그녀는 그녀의 감정을 결코 나타내지 않는다. | 6. 말로는 내 기분을 나타낼 수 없군요. | 7. 그의 작품 (그림)은 삶의 기쁨을 표현한다. | 8. 당신의 실망을 그렇게 나타내지 마세요. | 9. 오직 꽃만이 특별한 것들을 표현합니다. | 10. 당신이 의도했던 것을 말씀하셨어요? | 11. 우리가 얼마나 그녀를 그리워 하는지 말로 표현할 수 없습니다. | 12. 이 편지는 그녀가 나에 대해서 어떻게 느끼는지 나타내고 있습니다.

• 타동사의 목적어로 wh절을 취함. 10. 11. 12번.

Extend [iksténd] extended - extended

타동사 …을 늘이다. (거리 기간 등을) 연장하다. 베풀다.

1. They extended their house.
2. The Citi bank extends my credit line.
3. The official extended my visa for another six months.
4. My insurance company extends the coverage to my parents.
5. He extends his hands to me.
6. The government will extend the highway to Las Vegas.
7. King George extended the land of the country.
8. We will extend a warm welcome to all the visitors.
9. The deadline has been extended until next Monday.
10. My visa was extended to June.

1. 그들은 그들의 집을 증축했다. | 2. 시티은행은 나의 신용 한도액을 늘려준다. | 3. 그 공무원은 6개월 더 나의 비자를 연장해 주었다. | 4. 나의 보험회사는 나의 부모님까지 보험 혜택을 늘려준다. | 5. 그는 나에게 손을 내민다. | 6. 정부는 라스베가스까지 고속도로를 연장할 것이다. | 7. 조지왕은 나라의 영토를 확장했습니다. | 8. 우리는 모든 방문객들에게 따뜻한 환영을 베풀 것이다. | 9. 마감일은 다음 월요일까지 연장되었다. | 10. 나의 비자는 6월까지 연장되었습니다.

자동사 늘어나다.

1. The warm weather extended into December.
2. The business area extends about two miles from downtown.
3. His influence extends far beyond his position.

1. 따뜻한 날씨가 12월까지 계속되었다. | 2. 상업지역이 중심가에서 약 2마일 늘어난다. | 3. 그의 영향력은 그 직책을 훨씬 넘어서까지 미친다.

Love's Philosophy
(사랑의 철학)

The fountains mingle with the river,
And the rivers with the ocean;
The winds of heaven mix forever,
With a sweet emotion;
Nothing in the world is single;
All things by a law divine
In one another's being mingle:-
Why not I with thine?

See! the mountains kiss high heaven,
And the waves clasp one another;
No sister flower would be forgiven
If it disdained its brother;
And the sunlight clasp the earth;
And the moonbeams kiss the sea:-
What are all these kissings worth,
If thou kiss not me?

Percy Bysshe Shelley

You Can Speak English!

F

한국인의 미국식 사고방식 습득은 미국에서 태어나서 자라지 않는 한 불가능하다.
그러나 이 책의 필수문법은 미국적 사고방식을 갖는데 큰 도움이 될 것이다.

Face [feis] faced - faced 얼굴.

타동사 …을 향하다. …에 직면하다.

1. My house faces north.
2. Why don't you face me?
3. You have to face the truth.
4. He didn't want to face the fact that he needed help.
5. I used to face financial problems.
6. You have to face him sooner or later.
7. Tom is facing the biggest challenge of his life.
8. I don't want to face selling my house.
9. The Red Sox face the Yankees next month.
10. People are faced with tough decisions from time to time.
11. So many adventures are faced in life.

---

1. 나의 집은 북쪽을 보고 있다. | 2. 어째서 나를 똑바로 보지 못하세요? | 3. 당신은 진실을 직시해야 합니다. | 4. 그는 그가 도움을 필요로 한다는 사실에 직면하고 싶어하지 않았다. | 5. 나는 경제적인 어려움에 직면하곤 했다. | 6. 당신은 조만간 그와 대면하지 않으면 안 됩니다. | 7. 탐은 그의 인생에서 가장 큰 모험에 직면하고 있습니다. | 8. 나는 나의 집을 파는 일에 직면하고 싶지 않습니다. | 9. 레드삭스팀은 양키스와 다음 달 경기를 한다. | 10. 사람들은 때때로 힘든 결정에 직면합니다. | 11. 많은 모험들이 인생에 직면하고 있습니다.

• that (관계대명사) 이하는 형용사절로 선행사 fact 수식. 4번.

자동사 향하다.

1. The building faces to the south.

---

1. 그 건물은 남쪽을 향하고 있습니다.

Fail [feil] failed - failed

타동사 …을 낙제하다. 낙제시키다. 실망시키다.

1. I failed math and he failed French.
2. The English teacher failed her.
3. I failed my children by not keeping the promises I made.
4. I am sorry if I failed you.
5. Please study hard not to fail your parents.

1. 나는 수학시험에 낙제했고, 그는 불어시험에 낙제했다. | 2. 영어선생님은 그녀를 낙제시켰다. | 3. 나는 약속을 지키지 않아서 아이들을 실망시켰다. | 4. 당신을 실망시켰다면 미안합니다. | 5. 부모님을 실망시키지 않도록 열심히 공부하세요.

자동사 실패하다.

1. He failed in business.
2. Many small businesses fail within their first year.
3. Peace talks between the two countries failed.
4. The doctors failed to save his life.
5. They failed to finish the work on time.
6. I failed to quit smoking.
7. The show never fails to entertain the audience.
8. Don't fail to pay your bills.
9. She failed on the driving test three times.

1. 그는 사업에 실패했다. | 2. 많은 소규모 회사들이 첫해에 실패한다. | 3. 두 나라 사이에 평화회담은 실패로 끝났다. | 4. 의사들은 그의 생명을 구하는 데 실패했다. | 5. 그들은 시간 내에 그 일을 끝내는 데 실패했다. | 6. 나는 금연하는 데 실패했다. | 7. 그 쇼는 관객을 만족시키는 데 결코 실패하지 않는다. | 8. 청구서를 제 날짜에 지불하십시요. (청구서 지불을 게을리하지 마세요.) | 9. 그 여자는 세 번이나 운전 실기시험에 낙제했다.

Fall [fɔːl] fell – fallen

자동사 (위에서 아래로) 떨어지다. 하락하다. 넘어지다.

1. Leaves fall from the tree in autumn.
2. The price of houses fell recently.
3. The temperature falls during the night.
4. The raindrops fall on my head.
5. The country fell to the enemy.
6. He fell down the ladder.
7. A large tree fell down during the storm.
8. Be careful not to fall down the stairs.
9. I tripped and fell in the dark.
10. They fell in love at first sight.
11. Why don't you fall in love with Jesus Christ?

---

1. 가을에 나뭇잎들은 나무에서 떨어진다. | 2. 집값이 최근에 하락했다. | 3. 기온은 밤동안은 떨어진다. | 4. 빗방울이 머리 위에 떨어진다. | 5. 그 나라는 적에 함락됐다. | 6. 그는 사다리에서 떨어졌다. | 7. 폭풍우 치는 동안 큰나무가 쓰러졌다. | 8. 계단에서 떨어지지 않도록 조심하세요. | 9. 나는 어두워서 발이 걸려 넘어졌다. | 10. 그들은 첫눈에 사랑에 빠졌다. | 11. 예수님과 사랑에 빠져보지 그러세요?

Fasten [fæsn] fastened - fastened

타동사 묶다. (시선을) 고정하다.

1. You should fasten your seatbelt.
2. She fastened a flower to her dress.
3. My father fastens a horse to the tree.
4. My son fastens the strap of his helmet when he rides his bike.
5. I fastened the papers together with a paper clip.
6. The woman fastened her eyes on the jewels.
7. Her eyes were fastened on the jewels.
8. Chains are fastened with a lock.
9. All the windows are fastened.

1. 당신은 좌석벨트를 매셔야 합니다. | 2. 그녀는 그녀의 드레스에 꽃을 묶었다. | 3. 나의 아버지는 나무에 말을 묶어 놓는다. | 4. 나의 아들은 자전거를 탈 때 그의 헬멧띠를 조여 맨다. | 5. 나는 페이퍼클립으로 서류들을 함께 묶었다. | 6. 그 여자는 보석위에 눈을 고정시켰다. | 7. 그녀의 눈은 보석 위에 고정되었다. | 8. 사슬들이 자물쇠로 묶여 있습니다. | 9. 모든 유리창들은 잠겨 있습니다.

자동사 묶이다. (시선이) 고정되다.

1. My shoes fasten with hooks.
2. His eyes fasten on her face whenever he sees her.

1. 내 구두는 훅(고리)으로 고정됩니다. | 2. 그의 눈은 그녀를 볼 때마다 그녀의 얼굴에 고정됩니다.

Feed [fiːd] fed - fed

타동사 (사람 동물)에게 음식을 주다. 부양하다.

1. She feeds her baby.
2. Don't forget to feed the dog.
3. Would you feed the cat before you go out?
4. This big pie feeds three people.
5. She is too weak to feed herself.
6. Did you feed the chicken grains?
7. Did you feed grains to the chicken?
8. I fed grains to the chicken.
9. How do you feed your family on that salary?

1. 그녀는 그녀의 아기에게 젖을 준다. | 2. 개에게 먹이를 주는것을 잊지 마세요. | 3. 외출하기 전에 고양이에게 먹이를 주시겠어요?. | 4. 이 큰 파이는 세사람이 먹기에 충분하다. | 5. 그녀는 스스로 음식을 먹기에는 너무 허약한 상태입니다. | 6. 당신은 닭들에게 모이를 주었습니까? | 7. 당신은 닭들에게 모이를 주었습니까? | 8. 나는 닭들에게 모이를 주었읍니다. | 9. 당신은 그 월급으로 어떻게 가족을 부양합니까?

• 문장의 4형식 6번.

자동사 사료를 먹다.

1. Frogs feed at night.
2. Cows feed on grass.

1. 개구리들은 밤에 먹이를 먹는다. | 2. 소들은 풀을 뜯어 먹는다.

Feel [fiːl] felt – felt   **명사** 느낌. 촉각.

타동사 …을 느끼다. …라고 생각하다.

1. Do you feel any pain?
2. I feel my age, because I feel tired so quickly.
3. She feels hunger. (coldness, anger, fear, sorrow)
4. I feel that I should call her.
5. She feels that she must study harder.
6. I feel that the job must be done as soon as possible.
7. I feel something bite (biting) my arm.
8. I feel a bug creep (creeping) on my back.

---

1. 당신은 고통을 느끼세요? | 2. 쉽게 피곤해지는 걸 보니 나이를 먹었군요. | 3. 그녀는 배고픔을 느끼고 있습니다. (추위, 분노, 공포, 슬픔) | 4. 나는 그녀에게 전화를 해야 한다고 생각합니다. | 5. 그녀는 더 열심히 공부하지 않으면 안 된다고 생각합니다. | 6. 나는 그 일이 가능한 한 빨리 끝났으면 합니다. | 7. 무언가가 나의 팔을 깨무는 것 같습니다. | 8. 벌레가 내 등에 기어가는 것 같습니다.

- 타동사의 목적어로 that절을 취함. 4. 5. 6번.
- 불완전타동사의 목적보어로 동사의 원형 또는 현재분사를 취함. 7. 8번.

자동사 …하게 느끼다. …한 느낌이 있다.

1. How are you feeling today?
2. I am feeling great. (I feel great)
3. I was feeling hungry. (Cold, happy)
4. She felt sad after her son left.
5. I feel guilty, because I said something bad about her.
6. Your hand feels cold.
7. This room feels comfortable.
8. This cloth feels smooth.
9. Just feel free to call me anytime.
10. Feel free to stop by my house.
11. I feel like drinking tonight.
12. She feels like crying.
13. I feel like dancing all night long.
14. I feel like I own the world when she smiles at me.
15. I feel like I have known him for a long time.
16. She feels like her father hates her.
17. I know how you feel.

---

1. 오늘 기분이 어떠세요? | 2. 기분이 매우 좋습니다. | 3. 나는 굶주림을 느끼고 있었습니다. (추위, 행복) | 4. 그녀는 아들이 떠난 후 슬펐습니다. | 5. 내가 그 여자에 대해서 나쁜말을 해서 떳떳한 기분이 들지 않습니다. | 6. 당신의 손이 차갑군요. | 7. 이 방은 안락하게 느껴지는군요. | 8. 이 천은 부드럽군요. | 9. 언제든지 전화하세요. | 10. 나의 집에 편하게 들리세요. | 11. 오늘밤 술 한잔 마시고 싶습니다. | 12. 그녀는 어쩐지 울고싶습니다. | 13. 밤새도록 춤을 추고 싶습니다. | 14. 그녀가 나를 보고 미소 지으면 온 세상을 소유한 것 같은 기분이 됩니다. | 15. 나는 오랫동안 그 사람을 알았던 것 같은 기분이 듭니다. | 16. 그녀는 아버지가 그녀를 미워한다고 생각합니다. | 17. 당신 기분이 어떤지 나는 알고 있어요.

- 자동사 11, 12, 13번의 like는 전치사. 14, 15, 16번의 like는 접속사.
- 불완전자동사 (2형식)의 주격보어로 형용사를 취함. 2. 3. 4. 5. 6. 7. 8. 9번.

Fight [fait] fought - fought 　명사　싸움. 전투.

타동사　…와 싸우다. 다투다.

1. Did you fight your wife?
2. England used to fight France.
3. He fights them on the plan.
4. Gentlemen never fight anybody for a lady.
5. I had to fight several applicants for the job.
6. The soldiers fought the battle.

1. 당신은 부인과 싸웠습니까? | 2. 영국은 프랑스와 싸우곤 했다. | 3. 그는 그 계획에 관해서 그들과 논쟁을 한다. | 4. 신사는 여자 문제로 누구하고든지 절대 다투지 않는다. | 5. 나는 그 직장을 갖기 위해서 몇 명의 지원자들과 경쟁을 하지 않으면 안되었다. | 6. 병사들은 전쟁터에서 싸웠다.

자동사　싸우다. 다투다. 노력하다.

1. My uncle fought in the Vietnam War.
2. Boys were fighting in the street.
3. They are fighting about money again.
4. Don't fight with your brother.
5. My mother and grandmother fight all the time.
6. The two countries still fight over the small piece of land.
7. You have to fight to stay awake when you drive at night.
8. Parents should fight to give better education to their children.
9. We will fight for our own freedom.
10. America fought for independence.
11. He fought against injustice.
12. Have you ever fought against temptation?

1. 나의 삼촌은 월남전에서 싸웠다. | 2. 소년들이 길거리에서 싸우고 있었다. | 3. 그들은 돈 문제로 또 싸우고 있습니다. | 4. 형과 다투지 마세요. | 5. 나의 어머니와 할머니는 항상 싸우신다. | 6. 그 두 나라는 아직도 작은 땅 문제로 싸우고 있다. | 7. 당신이 밤에 운전할 때는 졸음운전을 하지 않기 위해 노력해야 한다. | 8. 부모님들은 자녀들을 더 잘 가르치기 위해서 노력하신다. | 9. 우리는 우리들의 자유를 위해서 싸울 것이다. | 10. 미국은 독립을 위해서 싸웠다. | 11. 그는 불의에 대항하여 싸웠다. | 12. 당신은 유혹과 싸워본 적이 있습니까? (유혹에 빠지지 않기 위해서)

Fill [fil] filled - filled

타동사 ···을 채우다. (구멍을) 메우다.

1. The audience fills the theater.
2. A feeling of joy fills my heart.
3. The smell of fresh bread fills the bakery.
4. Old magazines and books fill my study.
5. Fill the cup with water.
6. He filled the bag with money.
7. You should fill all the holes in the wall before you paint.
8. Fill in this form please.
9. You have to fill out an application.
10. He filled up his plate with food.
11. Fill her up with regular, please.
12. She fills me a glass of water.
13. She fills a glass of water for me.
14. He is filled with excitement.
15. The kitchen is filled with smoke.
16. Her heart is filled with sorrow.
17. My days are filled with regrets.

1. 관객이 극장을 채운다. | 2. 기쁨이 나의 가슴을 채운다. | 3. 갓 만든 빵 냄새가 가게를 채운다. | 4. 오래된 잡지와 책들이 나의 서재를 채우고 있다. | 5. 컵에 물 한잔 채워 주십시요. (물로 컵을 채우다) | 6. 그는 돈으로 가방을 가득 채웠다. | 7. 페인트칠 하기 전에 벽에 있는 모든 구멍을 메꾸십시요. | 8. 이 서류의 빈 곳을 써주십시요. | 9. 이 신청서를 작성해 주십시요. | 10. 그는 그의 접시를 음식으로 가득 채웠다. | 11. 자동차에 보통연료로 가득 채워 주십시요. | 12. 그녀는 나에게 물 한 잔 가득 채워준다. | 13. 그녀는 나에게 물 한 잔 가득 채워준다. | 14. 그는 흥분으로 가득차 있다. | 15. 부엌은 연기로 가득차 있다. | 16. 그녀의 가슴은 슬픔으로 가득차 있습니다. | 17. 나의 지난 날들은 후회로 가득차 있습니다.

- fill in과 fill out (8번과 9번) 신청서, 양식 등의 빈 곳을 써넣다. 채우다.
- 자동차를 여성으로 받음. 11번.
- 문장의 4형식은 12번.

자동사 가득차다.

1. The pool fills with kids after school.
2. As soon as she hears the news, her eyes fill with tears.
3. The market will fill soon.

1. 수영장은 방과 후 꼬마들로 가득 찬다. | 2. 그 소식을 듣자마자 그녀의 눈에 눈물이 가득 찬다. | 3. 시장은 곧 사람들로 가득찰 것이다.

Find [faind] found - found

타동사 찾아내다. 발견하다. 알다.

1. I will find the right man for the job.
2. Did you find the key?
3. She found somebody's wallet in the street.
4. He finds the lady *attractive*.
5. We find his comments *very polite*.
6. They found the girl *injured*.
7. I found the book *interesting*.
8. She found him *working* at the super market.
9. We found the woman *saving* a lot of money.
10. Could you find *where* she lives?
11. Did you find *when* they came back?
12. You (had) better find out *who* did it.
13. I find *that* Koreans are eager to learn English.
14. I found *that* they were friendlier than I expected.
15. You just find out *what to wear* for the party.
16. Please find out *how to get* to the airport.
17. I found *it* easy to understand him.
18. Can you find *me my glasses*, please?
19. Can you find my glasses for me, please?
20. She was found dead.
21. He was found guilty.
22. Deer are found in this area.

1. 나는 그 일에 적임자를 찾아낼 것이다. | 2. 열쇠를 찾으셨나요? | 3. 그녀는 거리에서 누군가의 지갑을 발견했다. | 4. 그는 그 숙녀가 매력적임을 알아차린다. | 5. 우리는 그의 말이 매우 정중함을 알수있다. | 6. 그들은 그 소녀가 부상당한 것을 발견했다. | 7. 나는 그 책이 흥미 있다는 것을 알았다. | 8. 그녀는 그가 슈퍼마켓에서 일하는 것을 보았다. |

9. 우리는 그 여자가 많은 돈을 저축하고 있는 걸 알았다. | 10. 그녀가 어디서 사는지 알아봐 주시겠어요? | 11. 그들이 언제 돌아왔는지 알아 보셨습니까? | 12. 누가 그것을 했는지 알아 보는 편이 좋겠어요. | 13. 나는 한국인들이 영어를 배우는 데 열의를 보인다는 것을 알고 있다. | 14. 나는 그들이 내가 생각하는 것보다 더 우호적이라는 것을 알았다. | 15. 그 파티에 무엇을 입으면 좋을지 좀 알아봐 주세요. | 16. 공항에 어떻게 가는지 알아봐 주십시요. | 17. 나는 그를 이해하는 것이 쉽다는 것을 알았다. | 18. 내 안경 좀 찾아주시겠어요? | 19. 내 안경 좀 찾아주시겠어요? | 20. 그녀는 죽은 채로 발견되었다. | 21. 그는 유죄 판결을 받았다. | 22. 사슴들은 이 지역에서 발견된다.

- 불완전타동사의 목적보어로 형용사를 취함. 4. 5번.
- 불완전타동사의 목적보어로 과거분사를 취함. 6번.
- 불완전타동사의 목적보어로 현재분사를 취함. 7. 8. 9번.
- 타동사의 목적어로 wh절을 취함. 10. 11. 12번.
- 타동사의 목적어로 that절을 취함. 13. 14번.
- 타동사의 목적어로 wh. to do (명사구)를 취함. 15. 16번.
- 17번의 it는 가 목적어.
- 문장의 4형식은 18번. 19번은 3형식 문장임.

Finish [fíniʃ] finished - finished

타동사 끝내다. 마치다.

1. He finished the job on time.
2. She will finish college this year.
3. Finish your homework before going to bed.
4. After you finish your dinner, help me wash the dishes.
5. Who is going to finish this delicious apple pie?
6. Did you finish reading the book?
7. We finished discussing the problem.
8. Everybody applauded when she finished speaking.
9. She finished playing the piano.
10. Why don't you finish writing the letter?
11. Let me finish talking to you first.

---

1. 그는 정시에 그 일을 마쳤다. | 2. 그녀는 금년에 대학을 마칠 것이다. | 3. 잠자기 전에 숙제를 끝내세요. | 4. 저녁식사를 끝낸 후 내가 접시를 닦는 것을 도와주세요. | 5. 누가 이 맛있는 애플파이를 먹을 건가요 (마지막 조각을)? | 6. 책을 다 읽으셨어요? | 7. 우리는 그 문제에 관해서 의논하는 것을 끝냈다. | 8. 그녀가 말하는 것을 끝냈을 때 모두가 박수갈채를 보냈다. | 9. 그녀는 피아노 연주를 끝냈다. | 10. 편지 쓰는 것을 끝내지 그러세요? | 11. 먼저 제 말을 끝내게 해주십시오.

• 타동사의 목적어로 동명사를 취함. 6. 7. 8. 9. 10. 11번.

자동사 끝나다. 골인하다.

1. Church service finishes before noon.
2. He finished third in the marathon.
3. The concert finished yesterday.

---

1. 교회 예배는 정오 전에 끝난다. | 2. 그는 마라톤대회에서 3번째로 골인했다. | 3. 그 연주회는 어제 끝났다.

Fit [fit] fitted - fitted 명사 적합.

타동사 …에 어울리다.

1. The skirt fits you well.
2. The dress fits her perfectly.
3. My wedding dress still fits me.
4. The hat and the shoes fit the baby wonderfully.
5. Your clothes fit your lifestyle.
6. We can't fit any more boxes into the van.
7. Can you fit another person in the back seat?

1. 그 스커트는 당신에게 잘 어울린다. | 2. 그 드레스는 그녀에게 너무 잘 어울리는군요. | 3. 나의 웨딩드레스는 여전히 나에게 잘 맞습니다. | 4. 그 모자와 구두가 그 아기에게 너무 잘 어울리는군요. | 5. 당신의 복장이 당신의 라이프 스타일에 어울립니다. | 6. 우리는 밴에다 상자를 더 이상 실을 수가 없습니다. | 7. 뒷 좌석에 한 사람 더 태울 수 있습니까?

자동사 맞다. 적합하다. 어울리다.

1. This key fits in the lock.
2. The pants fit fine, but the jacket looks small.
3. Your new tie fits well with your new suit.
4. The dresser will fit in the small room.
5. This table won't fit through the door.
6. This big picture does not fit in my room.
7. The lid doesn't fit well.
8. The bed fits in that corner.
9. He fits in well with other people.
10. Her ideas fit well with my idea.

1. 이 열쇠가 자물쇠에 맞는군요. | 2. 바지는 잘 맞는데, 재킷은 작아 보입니다. | 3. 당신의 새 넥타이는 새 양복과 잘 어울립니다. | 4. 그 옷장은 작은 방에 적합할 것입니다. | 5. 이 책상은 문을 통과하지 못할 것입니다. | 6. 그 큰그림은 내 방에 어울리지 않습니다. | 7. 뚜껑이 잘 맞지 않는군요. | 8. 그 침대는 모퉁이에 잘 맞습니다. | 9. 그는 다른 사람들과 잘 어울립니다. | 10. 그녀의 생각과 내 생각이 아주 잘 일치합니다.

Fly [flai] flew - flown

타동사 (연을) 날리다. …을 횡단하다. (사람, 물건을)을 비행기로 나르다.

1. Kids fly kites in the park.
2. Lindberg flew the Atlantic for the first time.
3. He flew the package overseas.
4. I fly KAL all the time.
5. Doctors and medicines were being flown into the disaster area.
6. A lot of merchandise are flown from countries to countries.

1. 어린아이들이 공원에서 연을 날립니다. | 2. 린드버그가 최초로 대서양을 횡단했습니다. | 3. 그는 해외로 소포를 보냈습니다. | 4. 나는 항상 대한항공을 이용합니다. | 5. 의사들과 의약품들이 재난지역으로 공수되었습니다. | 6. 많은 상품들이 국가에서 다른 국가(비행기)로 운송됩니다.

자동사 비행기로 여행하다. (새, 비행기가) 날다.

1. We are flying from New York to Tokyo.
2. How often do you fly?
3. When do you fly back to Paris?
4. The plane flew all night.
5. Time flies like an arrow.
6. Birds fly south in the winner.
7. Birds are flying overhead.
8. People want to fly like a bird.
9. Flags are flying in the breeze.
10. He flew down the stairs.

1. 우리는 뉴욕에서 동경까지 비행기로 갈 것입니다. | 2. 얼마나 자주 비행기를 타세요? | 3. 언제 파리로 다시 돌아가시지요? (비행기로) | 4. 그 비행기는 밤새도록 비행했습니다. | 5. 시간은 화살처럼 날아간다. | 6. 새들은 겨울에 남쪽으로 날아 갑니다. | 7. 새들이 머리 위에 날아가고 있습니다. | 8. 사람들은 새처럼 날기를 원합니다. | 9. 국기들이 미풍에 펄럭이고 있습니다. | 10. 그는 급히 계단 아래로 뛰어 내려갔다.

Fold [fould] folded - folded 명사 주름.

타동사 접다.

1. My mother folds the letter carefully.
2. He folded the paper in half.
3. Did you fold your blanket and put it on the bed?
4. Children should learn how to fold their own clothes.
5. Please fold up all the chairs.
6. Could you fold the seat so I can get by?
7. Fold your handkerchief three times and put it in your pocket.
8. Don't fold pictures.

1. 나의 어머니는 편지를 조심스럽게 접으신다. | 2. 그는 그 서류를 반으로 접었다. | 3. 담요를 접어서 침대 위에 두었습니까? | 4. 어린이들은 그들 자신의 옷 개는 법을 배워야 한다. | 5. 의자들을 접으세요. | 6. 제가 지나갈 수 있도록 좌석을 접어 주시겠어요 ? | 7. 당신의 손수건을 3번 접으셔서 주머니 안에 넣으세요. | 8. 사진을 접지 마세요.

자동사 (사업이) 실패하다. 망하다. 접혀지다.

1. His business folded as soon as it started.
2. Many businesses fold because of a bad economy.
3. The chair folds flat.

1. 그의 장사는 시작하자마자 실패했다. | 2. 많은 사업체들이 불경기 때문에 망한다. | 3. 그 의자는 납작하게 접혀진다.

• 타동사의 5번은 의자(목적어)를 접는 것이고 자동사의 3번은 의자가 접혀지는 것을 말함. 여기서의 flat는 부사로서 편평하게, 납작하게의 뜻.

Follow [fálou] followed - followed

타동사 …을 쫓다. …을 따라가다. 추구하다. …의 뒤를 잇다.

1. The dog follows my son.
2. Would you please follow me?
3. You go first, I will follow you.
4. You have to follow the road to the station.
5. If you follow this trail, you will see the lake.
6. Please follow the sign when you get lost.
7. You just follow my rules during your stay in my house.
8. Why don't you follow his advice?
9. Did you follow the instructions on the box?
10. I am sorry, but I can't follow you.
11. Most people follow fame and power.
12. Women follow their instincts sometimes.
13. She follows her friends wherever they go.
14. His talk show follows the evening news.
15. Nobody was following you.
16. Chinese still follow the teachings of Confucius.

1. 개가 나의 아들의 뒤를 쫓는다. | 2. 저를 따라와 주시겠어요? | 3. 당신이 먼저 가세요, 제가 뒤따르겠습니다. | 4. 역까지 이길을 쭉 따라가시면 됩니다. | 5. 당신이 이 길을 따라가면 호수를 만나게 됩니다. | 6. 길을 잃어버릴 때는, 표지판을 따라가세요. | 7. 당신이 나의 집에 머무르는 동안 내 규칙을 따라주세요. | 8. 어째서 그의 충고를 듣지 않으세요? | 9. 상자 위에 설명서 대로 하셨습니까? | 10. 미안하지만, 당신 말을 이해할 수 없군요. | 11. 대부분의 사람들은 명성과 권력을 쫓습니다. | 12. 여자들은 때때로 본능을 따릅니다. | 13. 그녀는 친구들이 가는 곳은 어디나 쫓아다닙니다. | 14. 그의 토크쇼는 저녁 뉴스시간 다음입니다. | 15. 아무도 당신을 뒤쫓지 않았습니다. | 16. 중국사람들은 아직도 공자의 가르침을 따릅니다.

자동사 쫓아가다.

1. The cops follow after him.
2. He follows in his father's footsteps.

---

1. 경찰들이 그의 뒤를 쫓고 있다. | 2. 그는 아버지의 뒤를 잇습니다.

Force [fɔːrs] forced – forced 명사 힘. 폭력.

타동사 …에게 강요하다.

1. My bad health forced me into early retirement.
2. What forced you into a crime?
3. The bad economy forces many companies out of business.
4. He forces his own views on us.
5. Don't force the plug into the outlet, it might break.
6. My brother forces me to study harder.
7. The men forced her to sign the paper.
8. Nobody forces you to get married.
9. Don't force her to play the piano.
10. The storm forced lots of people to flee from their homes.
11. Did somebody force you to quit the job?
12. He was forced out of his car by the robber.
13. The prisoner was forced into the cell.

---

1. 나는 건강 문제로 일찍 은퇴했습니다. (나의 건강이 나의 빠른 은퇴를 강요했다.) | 2. 무엇이 당신을 범죄로 몰아넣었습니까? | 3. 나쁜 경제가 많은 사업체들을 망하게 한다. | 4. 그는 우리들에게 그의 의견을 강요한다. | 5. 플러그를 콘센트에 억지로 끼어넣지 마세요, 부서질지도 모릅니다. | 6. 나의 형은 나에게 더 열심히 공부할 것을 강요한다. | 7. 그 사람들은 그 여자에게 서류에 사인할 것을 강요했다. | 8. 아무도 너에게 결혼하라고 강요하지 않는다. | 9. 그녀에게 피아노를 치라고 강요하지 마세요. | 10. 폭풍이 많은 사람들에게 집을 떠나게 했다. | 11. 누가 당신에게 직장을 떠나라고 강요했습니까? | 12. 그는 강도에 의해서 차 밖으로 나오도록 강요당했다. | 13. 그 죄수는 독방에 들어 가도록 강요되었다 .

- 불완전타동사의 (5형식)의 목적보어로 to부정사를 취함. 6. 7. 8. 9. 10. 11번.
- 목적어 = 목적보어 관계를 명심할 것. (문장의 5형식)

Forget [fərgét] forgot - forgot

타동사 잊다. 망각하다.

1. She never forgets the summer.
2. He forgot her name.
3. I will never forget your help.
4. Don't forget your lunch. It is on the table.
5. Forget him; he is not worth it.
6. She came back home because she forgot her purse.
7. I want to forget what he did to me.
8. I always forget where I put my keys.
9. She forgot when her husband left home.
10. Did you forget that she was very angry at you?
11. She often forgets that her husband is a vegetarian.
12. You should not forget that they worked hard to succeed.
13. Don't forget that her birthday is tomorrow.
14. He forgot how to play chess.
15. I just forgot what to do next.
16. I forgot to call him. (I forgot that I should call him).
17. I forgot calling him. (I forgot that I called him).
18. Don't forget to meet me after work.

1. 그녀는 결코 그 여름을 잊지 못한다. | 2. 그는 그녀의 이름을 잊어버렸다. | 3. 나는 당신의 도움을 결코 잊지 못할 것입니다. | 4. 점심을 잊지 마세요, 테이블 위에 있어요. | 5. 그를 잊어버리세요, 기억할 만한 가치가 있는 사람이 아니에요. | 6. 그녀는 그녀의 지갑을 깜빡 잊어버려서 다시 돌아왔다. | 7. 나는 그가 나에게 행한 일을 잊고 싶다. | 8. 나는 항상 어디다 열쇠를 뒀는지 잊어버린다. | 9. 그녀는 남편이 언제 집을 나갔는지 잊어버렸다. | 10. 당신은 그녀가 당신에게 매우 화가 났었다는 것을 잊어버렸습니까? | 11. 그녀는 종종 그녀의 남편이 채식주의자라는 것을 잊곤 한다. | 12. 당신은 그들이 성공하기 위해서 열심히 일했다는 것을 잊어서는 안 된다. | 13. 그녀의 생일이 내일이라는 것을 잊지 마세요. | 14. 그는 체스를 어떻게 하는지 잊어버렸다. | 15. 나는 다음에 무엇을 해야

할지 잊어버렸다. | 16. 나는 그에게 전화해야 할 것을 (미래에 해야 할 일) 잊어 버렸다. | 17. 나는 그에게 전화했던 것을 (과거의 일) 잊어버렸다. | 18. 퇴근 후 저를 만날 것을 잊지 마세요.

- 타동사의 목적어로 wh절을 취함. 7. 8. 9번.
- 타동사의 목적어로 that절을 취함. 10. 11. 12. 13번.
- 타동사의 목적어로 wh to do (명사구)을 취함. 14. 15번.
- 부정사, 동명사가 타동사의 목적어로 쓰일 경우 뜻이 달라지는 동사들.
① Remember : I remember meeting her. (I remember that I met her) 과거에 만난 것을 기억하고 있다. → I remember to meet her. (I remember that I should meet her) 장차 만나야 할 것을 기억하고 있다.
② Forget : I forgot meeting her (I forgot that I met her) 내가 과거에 그녀를 만났던 것을 잊었다. → I forgot to meet her (I forgot that I sould meet her) 내가 장차 그녀를 만나야 할 것을 잊었다.
③ Stop : I stopped smoking. (타동사) 나는 담배 피우는 것을 그만뒀다. → I stopped to smoke. (자동사) 나는 담배를 피우기 위해 멈췄다.
④ Try : I tried moving the table. (타동사) 나는 책상을 옮기는 것을 시도했다. (실제로 옮겼음) → I tried to move the table. (자동사) 나는 책상을 옮기려고 시도했다. (실제로 옮기지는 않았음)

자동사 잊다.

1. He forgot about his wife's birthday.
2. Before I forget, let me tell you the story.
3. Forget about it.

---

1. 그는 부인의 생일을 잊어버렸다. | 2. 잊기 전에, 당신에게 그 이야기를 말하겠습니다. | 3. 그 일을 잊어버리세요.

Forgive [fərgív] forgave - forgiven

타동사 (사람, 죄)를 용서하다.

1. Please forgive me.
2. How can I forgive her?
3. The Bible tells us to forgive our enemies.
4. Would you forgive me for saying so?
5. She never forgives him for what he did to her.
6. She forgave you for your rudeness.
7. I will forgive your debt.
8. Lord, forgive us our sins.
9. Am I forgiven?
10. Yes, you are forgiven.

1. 제발 날 용서해주세요. | 2. 어떻게 내가 그녀를 용서할 수 있겠습니까? | 3. 성경은 우리들에게 원수를 용서하라고 말씀하신다. | 4. 내가 그렇게 말한 것에 대해서 용서해 주시겠어요? | 5. 그녀는 그가 그녀에게 행한 것을 결코 용서하지 않는다. | 6. 그녀는 당신의 무례함을 용서했습니다. | 7. 나는 당신의 빚을 탕감해줄 것이다. | 8. 하나님 우리 죄를 용서하여 주시옵소서 | 9. 제가 용서 받았습니까? | 10. 예, 당신은 용서 받았습니다.

자동사 용서하다.

1. Why don't you forgive and forget?

1. 용서하고 잊어버리지 그러세요?

Form [fɔːrm] formed - formed   명사 모양. 형상.

타동사 형성하다. 조직하다.

1. The students will form the music club.
2. They formed long lines outside the ticket offices.
3. What forms the universe?
4. Several countries formed the UN in 1945.
5. You should not form your opinions from things you read on the Internet.
6. The mountain forms the boundary between France and Spain.
7. We form friendship based on our same interests.
8. Childhood forms our personalities in later life.
9. The boy forms something out of clay.
10. The Music Club was formed by the students.
11. The UN was formed in 1945.

1. 그 학생들은 음악클럽을 조직할 것이다. | 2. 그들은 판매소 밖으로 긴 줄을 만들었다. | 3. 무엇이 우주를 형성하고 있습니까? | 4. 몇개의 나라들이 1945년 국제연합을 조직했다. | 5. 당신은 인터넷에서 읽은 내용을 가지고 의견을 내세워선 안 된다. | 6. 그 산은 프랑스와 스페인 사이에 국경을 형성한다. | 7. 우리는 같은 흥미 때문에 우정을 쌓는다. | 8. 유년시절은 나중에 우리들의 성격을 형성한다. | 9. 그 소년들은 진흙으로 무언가를 만든다. | 10. 그 음악클럽은 그 학생들에 의해서 조직되었다. | 11. 유엔은 1945년에 조직됐다.

자동사 생기다.

1. Ice forms on the road.
2. The line forms to the right.

1. 길 위에 얼음이 언다. | 2. 줄이 오른쪽으로 만들어진다. (사람들이 오른쪽 편으로 기다린다.)

Found [faund] founded - founded

타동사 설립 하다. 창립 하다. …기초를 세우다.

1. They founded the castle on solid rocks.
2. Mr. Kim founded the company in 2006.
3. President Kennedy founded the Peace Corps.
4. He will found a new organization for the peace of the world.
5. My town was founded in 1930.
6. The company was founded in 2006 by Mr. Kim.
7. America was founded on the idea of religious freedom.
8. China was founded on socialism.
9. The castle is founded on solid rocks.
10. His theory is founded on the law of nature.

1. 그들은 단단한 바위 위에 성을 건축했습니다. | 2. 미스터 김은 2006년에 그 회사를 창립했습니다. | 3. 케네디 대통령이 평화봉사단을 창립했습니다. | 4. 그는 세계의 평화를 위해서 새로운 조직을 창설할 것입니다. | 5. 우리 동네는 1930년에 탄생되었습니다. | 6. 그 회사는 2006년 미스터 김에 의해서 창립되었습니다. | 7. 미국은 종교 자유의 이념 위에 건국되었습니다. | 8. 중국은 사회주의 이념 위에 건설되었습니다. | 9. 그 성은 단단한 바위 위에 건축 되어 있습니다. | 10. 그의 이론은 자연법에 기초를 두고 있습니다.

My heart leaps up
(무지개)

My heart leaps up when I behold
A rainbow in the sky;
So was it when my began;
So is it now I am a man;
So be it when I shall grow old,
Or let me die!
The child is Father of the Man;
And I could wish my days to be
Bound each to each by natural piety.

William Wordsworth

You Can Speak English!

G

단어보다는 문장, 문장보다는 문형, 문형보다는 문법이 큰 힘이 되는 이유는 모든 언어는 오랜시간 문법이라는 약속 과 규칙을 만들어 왔기 때문이다. 예문을 읽어 나가는 동안 저절로 문법을 이해하게 될 것이다.

Gain [gein] gained - gained 　명사 이득.

타동사 (노력하여) 획득하다. (몸무게가) 늘다.

1. I gain help from my family.
2. My son gained admission to Harvard University.
3. Korea gained its independence in 1945.
4. She gained 15 pounds after her vacation.
5. He gains a good reputation.
6. Big companies gain more profits in America.
7. His ideas gained popular support.
8. What did you gain from the seminar?
9. You will gain a lot of experience working here.
10. The train is gaining speed.
11. The police try to gain entry into the building.
12. Our company will gain entry to the Chinese market.

1. 나는 가족으로부터 도움을 얻는다. | 2. 나의 아들은 하버드대학에서 입학 허가를 받았다. | 3. 한국은 1945년 독립을 쟁취했다. | 4. 그녀는 휴가 후 15파운드가 늘었다. | 5. 그는 좋은 평판을 쌓는다. | 6. 미국에서 큰 회사들은 더 많은 이익을 얻는다. | 7. 그의 아이디어는 대중의 지지를 얻었다. | 8. 당신은 세미나에서 무엇을 배웠습니까? (얻었습니까?) | 9. 당신은 여기서 일하면서 많은 경험을 얻을 것이다. | 10. 기차가 속도를 늘리고 있습니다. | 11. 경찰이 빌딩 안으로 진입을 시도하고 있습니다. | 12. 우리들의 회사는 중국시장에 진출할 것입니다.

자동사 향상되다.

1. The patient gains in health.
2. The show gains in popularity.

1. 그 환자는 건강이 좋아지고 있습니다. | 2. 그 쇼는 인기를 얻고 있습니다.

get [get] got - got

타동사 얻다. 입수하다. 이해하다. 가져다 주다.

1. She got the prize.
2. Where did you get the book?
3. Did you get the job?
4. Did you get the sweater that you wanted?
5. I got the flu.
6. We didn't get any mail today.
7. Did you get a letter from him?
8. How much money did you get from dad?
9. Let me get the phone.
10. I got the book for a dollar.
11. He gets ten dollars an hour.
12. Mom gets breakfast for us.
13. I can't get what you say.
14. Did you get me?
15. Don't get me wrong, please.
16. What do you get for lunch?
17. Can I get you something to drink?
18. My father got us tickets for the concert.
19. Get me the book, please.
20. Get the book for me, please.
21. Get the taxi right now if you are in a hurry.
22. We get a lot of rain in this area during the summer.
23. She gets some money out of her purse.
24. You should get everything ready by tomorrow morning.
25. His success got me thinking.
26. Did you get the engine running?
27. Why don't you get your watch fixed?

28. You have to get the room painted.
29. I will get the table moved.
30. He got me to come out last night.
31. I will get him to help you.
32. The salesman got us to buy the goods.
33. I couldn't get the radio to work.

---

1. 그녀는 상을 받았다. | 2. 그 책을 어디서 구입하셨어요? | 3. 직장을 구하셨습니까? | 4. 당신이 원했던 스웨터를 가지셨나요? | 5. 나는 감기에 걸렸습니다. | 6. 오늘은 우편물이 없군요. | 7. 당신은 그로부터 편지를 받았습니까? | 8. 아버지에게서 얼마를 받으셨어요? | 9. 내가 전화를 받겠습니다. | 10. 나는 그 책을 1불에 샀다. | 11. 그는 시간당 10불을 벌고 있습니다. | 12. 어머니는 우리들을 위해 아침식사를 준비하신다. | 13. 나는 당신이 말하는 것을 이해할 수 없습니다. | 14. 내 말을 알아들으셨어요? | 15. 제발 오해하지 마세요. | 16. 당신은 점심으로 무엇을 먹습니까? | 17. 마실 것 좀 갖다 드릴까요? | 18. 나의 아버지는 우리들에게 그 음악회 입장표를 갖다 주셨다. | 19. 그 책 좀 저에게 가져다 주시겠어요? | 20. 그 책 좀 저에게 가져다 주시겠어요? | 21. 만일 당신이 바쁘시면 택시를 당장 부르세요. | 22. 이 지역은 여름에 비가 많이 옵니다. | 23. 그녀는 지갑에서 돈을 꺼낸다. | 24. 당신은 내일 아침까지 모든 것을 준비해 두어야 합니다. | 25. 그의 성공이 나를 생각하게 만들었다. | 26. 당신이 그 엔진을 작동시켰습니까? | 27. 당신의 시계를 수선하지 그러세요? | 28. 당신은 그 방에 페인트칠을 해야 합니다. | 29. 나는 책상을 이동시킬 것이다. | 30. 그는 어젯밤 나를 밖으로 나오게 했다. | 31. 나는 그에게 당신을 돕게 할 것이다. | 32. 그 판매원은 우리들에게 그 물건을 사게 했다. | 33. 나는 라디오를 작동시킬 수 없었다.

- 타동사의 목적어로 what (관계대명사)을 취함. 13번.
- 문장의 4형식 17. 18. 19번.
- 불완전타동사의 목적보어로 형용사를 취함. 24번.
- 불완전타동사의 목적보어로 현재분사를 취함. 25. 26번.
- 불완전타동사의 목적보어로 과거분사를 취함. 27. 28. 29번. 이 문형은 목적어와 목적보어 사이에 피동의 관계가 성립됨.
- 불완전타동사의 목적보어로 to부정사를 취함. 30. 31. 32. 33번.

자동사 …이 되다.

1. She got angry at me.
2. The weather gets cold.
3. Everybody is getting old.
4. He will get married tomorrow.
5. She got puzzled.
6. Nobody got hurt from the accident.
7. They got caught in the heavy traffic.
8. How do I get to the station?
9. When you get to the end of the book, you will understand the whold story.
10. What time do we get there?
11. You (had) better get inside, it's cold out there.
12. You will get to know everyboby soon.

---

1. 그녀는 나에게 화를 냈다. | 2. 날씨가 추워진다. | 3. 모두가 나이를 먹고 있습니다. | 4. 그는 내일 결혼할 것이다. | 5. 그녀는 어리둥절해졌다. | 6. 그 사고로 아무도 다치지 않았다. | 7. 그들은 교통체증에 걸렸다. | 8. 어떻게 역까지 가지요? | 9. 당신이 그 책을 끝까지 읽게 되면 전체 내용을 이해할 것입니다. | 10. 몇시에 거기에 도착하지요? | 11. 안으로 들어가세요, 밖이 춥습니다. | 12. 당신은 모두를 곧 알게 될 것입니다.

- 불완전자동사 (2형식)의 주격보어로 형용사를 취함. 1, 2, 3번.
- 불완전자동사 (2형식)의 주격보어로 과거분사를 취함. 4, 5, 6, 7번.

Give [giv] gave - given

타동사 주다.

1. Give me a call tonight.
2. He gives me a ride to work.
3. My boss gives us a lot of work.
4. She gives a big smile to everybody in the office.
5. The choir will give a concert this coming Sunday.
6. The mayor gave a speech on the history of the city.
7. She is giving a party for her son next Sunday.
8. Her hairstyle gives her a youthful look.
9. He used to give me a hard time.
10. Why don't you give him one more chance?
11. I will give you a week to think about that.
12. What are you giving me for Christmas?
13. I will give you some advice on finding an apartment.
14. My teacher gives us information about the exam.
15. God, give us patience.
16. Cows give us milk.
17. My uncle gave me a watch.
18. My uncle gave a watch to me.
19. I was given a watch.
20. A watch was given to me by my uncle.

1. 오늘밤 전화해 주세요. | 2. 그는 나를 직장까지 태워다 준다. | 3. 나의 사장님은 우리에게 많은 일거리를 준다. | 4. 그녀는 사무실 모두에게 환한 미소를 짓는다. | 5. 그 합창단은 오는 일요일 연주회를 개최할 것이다. | 6. 시장님은 도시의 역사에 관해서 연설했다. | 7. 그녀는 다음 주 일요일 그녀의 아들을 위해서 파티를 열 것이다. | 8. 그녀의 머리 스타일은 그녀를 젊어보이게 한다. | 9. 그는 나를 어렵게 하곤 했다. | 10. 그에게 한 번 더 기회를 주지 그러세요? | 11. 그것에 관해서 생각해 보도록 당신에게 일주일의 시간을 주

겠습니다. | 12. 크리스마스 선물로 나에게 무엇을 주시겠습니까? | 13. 아파트를 구하는데 조언을 해드리겠습니다. | 14. 나의 선생님은 우리들에게 시험에 관한 정보를 주신다. | 15. 하나님, 우리들에게 인내를 주옵소서. | 16. 소는 우리에게 우유를 제공한다. | 17. 나의 아저씨는 나에게 시계를 주었다. | 18. 나의 아저씨는 시계를 나에게 주었다. | 19. 나에게 시계를 받게 했다. | 20. 시계가 삼촌에 의해서 나에게 주어졌다.

- 문장의 4형식 1, 2, 3번.
- 4형식의 간접목적어, 직접목적어 둘 다 수동태의 주어가 될 수 있음. 19, 20번.
- 4형식을 만드는 대표적인 수여동사. 일반적으로 수여동사에는 주다라는 뜻이 포함되어 있음. Teach 가르쳐 주다 / Send 보내주다 / show 보여주다 / Lend 빌려주다 / get 가져다주다 / tell 말해주다 / pay 지불하다

Go [gou] went - gone

자동사 가다. 향하다. (일이) 진행되다.

1. She went to the school.
2. Where are you going?
3. I have to go to the library to borrow books.
4. She goes to the movies tonight.
5. He has gone to China.
6. Let's go for a walk.
7. When do they go on vacation?
8. They already went on vacation.
9. Good times go so fast.
10. Winter has gone.
11. How is it going?
12. What is going on?
13. Everything is going well today.
14. How did your English test go?
15. I don't know where my money goes.
16. I will go shopping tomorrow.
17. This road goes to the station.
18. The train goes at 80 miles an hour.
19. He goes for a gold medal in boxing.
20. This picture should go for about $300.
21. The milk goes sour sometimes.

1. 그녀는 학교에 갔다. | 2. 어디에 가고 계십니까? | 3. 나는 책을 빌리러 도서관에 가야 합니다. | 4. 그녀는 오늘밤 극장에 갑니다. | 5. 그는 중국에 가버렸다. | 6. 산책 갑시다. | 7. 그들은 언제 휴가를 가지요? | 8. 그들은 이미 휴가를 떠났습니다. | 9. 좋은 시간은 매우 빨리 지나간다. | 10. 겨울이 지났다. | 11. 그것은 어떻게 돼가고 있습니까? | 12. 도대체 무슨 일이지요? | 13. 오늘은 모든 일이 잘 되어가고 있습니다. | 14. 영어시험은

잘 치르셨나요? | 15. 내 돈이 어디로 가는지 모르겠네요. | 16. 내일 쇼핑하러 갈 것이다. | 17. 이길은 역까지 연결된다. | 18. 그 기차는 시속 80마일로 움직인다. | 19. 그는 권투경기에서 금메달을 노린다. | 20. 이 그림은 약 300불 정도 할 것입니다. | 21. 우유는 가끔 상한다.

• 불완전자동사의 (2형식)의 주격보어로 형용사를 취함. 21번.

Grow [grou] grew - grown

타동사 키우다. 재배하다.

1. My mother grows roses in the garden.
2. My uncle is growing a beard.
3. Farmers in Ohio usually grow corn.

---

1. 나의 어머니는 정원에 장미를 키우신다. | 2. 나의 삼촌은 턱수염을 기른다. | 3. 오하이오의 농부들은 일반적으로 옥수수를 재배한다.

자동사 성장하다. 자라다.

1. Rice grows well in this area.
2. The pine trees grow anywhere in the world.
3. You grew a lot since I saw you last summer.
4. He is growing like a weed.
5. I grew up in California.
6. The crowd grew louder when the band came on the stage.
7. The wind grows stronger.
8. The city is growing big.
9. My son is growing taller everyday.
10. The town's population grew twice compared to last year.
11. She grew into an adult.
12. His company has grown into a multimillion dollar corporation.
13. The puppy will grow into a big dog.
14. Money doesn't grow on trees.
15. I have grown to like Julie.
16. After he got married, he grew to understand his parents.
17. After three years of marriage, I grew to love my wife.

18. Grow up!

1. 쌀은 이 지역에서 잘 자란다. | 2. 소나무는 이 세상 어디에서든지 자란다. | 3. 지난 여름 내가 너를 본 후로 많이 자랐구나. | 4. 그는 아주 빨리 성장하고 있습니다. | 5. 나는 캘리포니아에서 자랐습니다. | 6. 밴드가 무대에 올라서자 군중들은 점점 소란스러워졌다. | 7. 바람이 더 강해진다. | 8. 도시는 계속 성장하고 있습니다. | 9. 나의 아들은 매일 키가 자라고 있습니다. | 10. 타운의 인구가 작년에 비해 두 배나 늘어났다. | 11. 그녀는 자라서 어른이 되었습니다. | 12. 그의 회사는 수백만불짜리 회사로 성장했다. | 13. 그 강아지는 큰 개로 자랄 것이다. | 14. 돈은 나무에서 자라지 않는다. | 15. 나는 줄리를 좋아하게 됐다. | 16. 그는 결혼한 후에 그의 부모를 이해하게 됐다. | 17. 결혼생활 3년 후에 나는 나의 부인을 사랑하게 됐다. | 18. 어른이 되어라! (제발 속좀 차려라)

- 불완전자동사 (2형식)의 주격보어로 to부정사를 취함. 15. 16. 17번.
- 차차…하게 되다로 해석.
- grow into (11. 12. 13번 자라서…이 되다로 해석).

Song
(노래)

She is not fair to outward view
As many maidens be,
Her loveliness I never knew
Until she smiled on me;
O, then I saw her eyes was bright,
A well of love, a spring of light!

But now her looks are coy and cold,
To mine they never reply,
And yet I cease not to behold
The love-light in her eye:
Her very frowns are fairer far
Than smiles of other maidens are.

      Samuel Taylor Coleridge

You Can Speak English!

H

문장의 5형식에 능통해 질수록 영어 실력은 향상된다. 이 책의 예문들은 철저하게 5형식의 원칙을 고수 하고 있다. 각동사의 예문 둘이상은 반드시 외우도록하자.

Handle [hǽndl] handled - handled 　명사 손잡이.

타동사 취급하다. 처리하다.

1. Be careful when you handle the glass.
2. You should handle the snake with great care.
3. My manager handles all the problems very well.
4. She handles different situations every day.
5. Who handles lost and found goods?
6. The lawyer handles the criminal cases.
7. We will learn how to handle angry customers.
8. You should wash your hands after you handle raw meat.
9. My company handles electronic goods.
10. The bank handles a lot of cash.
11. She handles toddlers perfectly.

1. 유리를 취급할 때는 조심하세요. | 2. 아주 조심스럽게 뱀을 다뤄야 합니다. | 3. 나의 매니저는 모든 문제들을 능숙하게 처리합니다. | 4. 그녀는 매일 여러가지 다른 상황들을 해결합니다. | 5. 누가 분실물들을 처리하지요? | 6. 그 변호사는 형사사건을 취급합니다. | 7. 우리는 성난 고객들을 다루는 법을 배울 것입니다. | 8. 당신이 생고기를 만진 후에는 손을 씻어야 합니다. | 9. 우리 회사는 전자제품을 취급 합니다. | 10. 은행은 많은 현금을 취급합니다. | 11. 그녀는 갓난아기를 아주 능숙하게 다룹니다.

자동사 조작되다.

1. This machine handles easily.

1. 이 기계는 쉽게 조작된다.

Happen [hǽpən] happened - happened

자동사 (사건 등이)일어나다. 마침 …하다.

1. So many things happened this week.
2. Nothing happened to the world yesterday.
3. Nobody knows what will happen tomorrow.
4. The accident happened right here last month.
5. Could you tell me what happened to him?
6. Do you know what happened to her?
7. Please let me know if something happens to you.
8. We will be friends forever, no matter what happens to us.
9. I happened to see her at the store today.
10. I happened to be out when you called me.
11. Do you happen to know his phone number?
12. Anything can happen when children are left alone.
13. What happens if your dad finds out?
14. Just wait and see what happens.
15. What is happening?

1. 아주 많은 일들이 금주에 일어났다. | 2. 어제는 이 세상에 아무일도 일어나지 않았다. | 3. 내일 무슨 일이 일어날지 아무도 모른다. | 4. 그 사고는 지난 달 바로 여기서 일어났다. | 5. 그에게 무슨 일이 있었는지 말해주시겠어요? | 6. 그녀에게 무슨 일이 있었는지 당신은 알고 있습니까? | 7. 만일 당신에게 무슨 일이 일어나면 나에게 알려주십시오. | 8. 우리는 영원히 친구입니다, 우리들에게 무슨 일이 일어나도. | 9. 나는 오늘 가게에서 우연히 그 여자를 보았다. | 10. 당신이 전화했을 때 우연히 밖에 있었다. | 11. 혹시 그의 전화번호를 아세요? | 12. 어린이들이 혼자있을 때는 무슨일이든지 일어날 수 있다. | 13. 아버지가 아시게 되면 어떡하지요? | 14. 무슨 일이 일어날지 기다려 봅시다. | 15. 무슨 일이 있습니까?

• happen (to do) 마침 (우연히) …하다. 9, 10, 11번.

Hate [heit] hated - hated   명사 혐오, 증오.

타동사 미워하다. 싫어하다.

1. He hates his job.
2. She hates him.
3. We hate crime.
4. I hate him for his laziness.
5. Please don't hate your country. Love it.
6. She hates to dance with an ugly man.
7. I hate to bother you, please help me for a second.
8. My mother hates driving at night.
9. She hates borrowing money from her father.
10. I hate women smoking.
11. She hates her son hanging around late at night.
12. I hate you leaving me like this.
13. My boss hates it when we are late for work.

---

1. 그는 그의 직업을 싫어한다. | 2. 그녀는 그를 싫어한다. | 3. 우리는 범죄를 증오한다. | 4. 나는 그가 게을러서 싫다. | 5. 당신의 나라를 증오하지 마세요, 사랑하세요. | 6. 그녀는 못생긴 남자와 춤추는 것을 싫어한다. | 7. 죄송하지만 잠깐 저를 도와주시겠어요? | 8. 나의 어머니는 밤에 운전하는 것을 싫어하십니다. | 9. 그녀는 그녀의 아버지로부터 돈을 빌리는 것을 싫어합니다. | 10. 나는 여자들이 담배 피우는 것을 증오한다. | 11. 그녀는 아들이 밤 늦게 돌아다니는 것을 싫어한다. | 12. 당신이 이렇게 나를 떠나는 것이 싫습니다. | 13. 나의 사장님은 우리가 직장에 늦게 출근하는 것을 무척 싫어합니다.

- 타동사의 목적어로 to부정사를 취함. 6. 7번.
- 타동사의 목적어로 동명사를 취함. 8. 9번.
- 불완전타동사 (5형식)의 목적보어로 현재분사를 취함. 10. 11. 12번.
- 타동사의 목적어로 부정사 동명사 둘 다 취할 수 있는 동사 : hate, love, like, begin, start continue, intend 등.

Have [hæv] had - had

타동사 …을 가지고 있다. 소유하다.

1. He has a job.
2. Can I have your name, please?
3. My house has a big kitchen.
4. We really had a good time.
5. They have three dogs.
6. I have lunch at one o'clock.
7. We have guests tonight.
8. Did you have a good sleep last night?
9. He has a big house.
10. Are you having fun?
11. Mary has brown eyes and dark hair.
12. I had a long talk with him.
13. She has a difficulty with spelling.
14. America has a population of 300 million people.
15. Do you have money with you?
16. We are having a party tonight. Could you come?
17. I have an idea for a vacation.
18. His car doesn't have a CD player.
19. She has so many friends.
20. Do you have time? I just want to talk to you.
21. Did you have the room painted?
22. I had the book published.
23. When did you have your watch repaired by Mr. Kim?
24. I will have a suit made for my father.
25. We had them treated at the hospital.
26. Who had him released from jail?
27. My son had his bike stolen.

28. I had my wallet *stolen*.
29. Please have him *return* my call as soon as possible.
30. Why did you have William *attend* the meeting?
31. You should have Miss Song *finish* the job by tomorrow morning.
32. He had the woman *singing* for everybody.
33. Don't have the water *running* while you brush your teeth.
34. Have your change ready.

---

1. 그는 직장을 가지고 있다. | 2. 당신의 성함을 알려 주시겠어요? | 3. 나의 집에는 큰 부엌이 있습니다. | 4. 우리는 정말로 좋은 시간을 가졌다. | 5. 그들은 개 3마리를 가지고 있습니다. | 6. 나는 오후 1시에 점심을 먹습니다. | 7. 오늘밤 손님이 오십니다. | 8. 어젯밤 잘 주무셨습니까? | 9. 그는 큰 집을 소유하고 있습니다. | 10. 좋은 시간을 보내고 있습니까? | 11. 메어리는 갈색 눈과 검은 머리를 가지고 있습니다. | 12. 나는 그와 긴 이야기를 나누었다. | 13. 그녀는 철자법을 잘 하지 못한다. (어려움을 가지고 있다) | 14. 미국에는 인구가 3억 명 있다. | 15. 수중에 돈이 있으세요? | 16. 오늘밤 파티가 있는데요. 오시겠어요? | 17. 나는 휴가를 위한 계획이 있다. | 18. 그의 자동차에는 CD플레이어가 없다. | 19. 그녀는 친구가 많아요. | 20. 시간 좀 있으세요 잠깐 말씀 드리고 싶은데요. | 21. 그 방을 페인트칠을 했나요? | 22. 나는 그 책을 출판했다. | 23. 언제 미스터 김에게 당신 시계를 수리시키셨어요? | 24. 나는 아버지를 위해서 양복 한벌을 만들 것이다. | 25. 우리는 병원에서 그들을 치료받게 했다. | 26. 누가 그를 감옥에서 석방시켰습니까? | 27. 나의 아들은 자전거를 도난당했다. | 28. 나는 나의 지갑을 도난당했다. | 29. 그에게 가능한 한 빨리 나에게 전화하도록 하세요. | 30. 왜 윌리암을 회의에 참석하게 했나요? | 31. 당신은 내일 아침까지 미스송에게 그 일을 끝내게 하십시오. | 32. 그는 모든 사람을 위해서 그녀에게 노래를 시켰다. | 33. 이를 닦는 동안 물을 계속 틀어놓지 마세요. | 34. 잔돈을 준비하세요.

- 불완전타동사의 목적보어로 과거분사를 취함. 21. 22. 23. 24. 25. 26. 27. 28번. 이문형에서 함께 쓰이는 get은 have보다 더 구어적임.
- 불완전타동사의 목적보어로 동사의 원형을 취함. 29. 30. 31번.
- 불완전타동사의 목적보어로 현재분사를 취함. 32. 33번.

Head [hed] headed - headed 명사 머리. 신문의 큰 표제.

타동사 …의 맨 앞에 있다. …을 이끌다.

1. Her name heads the list.
2. Mr. Kim heads the march.
3. Mr. Lee heads the committee.
4. The map headed us in the right direction.
5. Where are you headed?
6. I am headed for the coffee shop.
7. The march is headed by Mr. Kim.
8. The committee is headed by Mr. Lee.

1. 그녀의 이름이 목록의 맨 앞에 있다. | 2. 미스터 김이 행진을 지휘합니다. | 3. 미스터 리는 그 위원회를 이끕니다. | 4. 그 지도는 우리들을 옳은 방향으로 이끌었다. | 5. 당신은 어디로 가고 있습니까? | 6. 나는 커피숍으로 가고 있습니다. | 7. 그 행진은 미스터 김에 의해서 인솔됩니다. | 8. 그 위원회는 미스터 리에 의해서 이끌어집니다.

• Head가 수동태 (5, 6, 7, 8번)로 쓰일 때와 자동사로 쓰일 때를 구별할 것.

자동사 향하다.

1. They are heading east.
2. He headed for the house.
3. Our business is heading for success.
4. Many trucks are heading out of town.

1. 그들은 동쪽으로 향하고 있습니다. | 2. 그는 집으로 향했습니다. | 3. 우리 사업이 성공을 향하고 있습니다. | 4. 많은 트럭들이 타운을 떠나고 있습니다. (타운의 밖으로 향하고 있다)

Hear [hiər] heard - heard

타동사 …을 듣다. …이 들리다.

1. I heard you.
2. People hear good news.
3. Everybody heard the truth.
4. She hears the train every morning.
5. I can't hear you on my cell phone.
6. We hear songs on the radio.
7. I can't hear a word you said.
8. I hear that your mother is getting better.
9. I heard that you would move to L.A.
10. I heard him say (saying) something.
11. Do you hear the baby cry (crying)?
12. She heard him talk (talking) to a Japanese.
13. I hear people laugh (laughing) in the street.
14. We heard the dog bark (barking).
15. Did you hear your name called?
16. Did you hear who the man was?
17. I heard what his plan was.
18. We all heard how the young men achieved the victory.
19. Something terrible was heard.
20. Nothing was heard.

1. 잘 알겠습니다. (무슨 말씀인지 알겠습니다.) | 2. 사람들이 좋은 소식을 듣는다. | 3. 모두가 진실을 들었다. | 4. 그녀는 매일 아침 기차소리를 듣는다. | 5. 제 핸드폰으로는 당신 말을 알아들을 수가 없군요. | 6. 우리는 라디오에서 노래를 듣는다. | 7. 당신의 말을 한마디도 알아 들을 수 없습니다. | 8. 당신의 어머님 건강이 점점 좋아지신다면서요. | 9. L.A.로 이사 가신다면서요. | 10. 나는 그가 뭔가 말하는 것을 들었다. | 11. 당신은 애기 우는 소리를 듣고 있습니까? | 12. 그녀는 그가 일본인과 얘기하는 것을 들었다 . | 13. 나는 사람들이 길에서 웃는 것을 듣는다. | 14. 우리는 그 개가 짖는 것을 들었다. | 15. 당신 이름

을 부르는 것을 들었습니까? | 16. 그 남자가 누구인지 (들어서) 아셨나요? | 17. 나는 그의 계획이 무엇인지 들었습니다. | 18. 우리 모두 그 젊은이들이 어떻게 승리를 쟁취했는지 들었습니다. | 19. 어떤 지독한 소리가 들렸다. | 20. 아무 것도 들리지 않았다.

- 타동사의 목적어로 that절을 취함. 8. 9번.
- 불완전타동사의 목적보어로 동사의 원형 또는 현재분사를 취함. 10. 11. 12. 13. 14번.
- 불완전타동사의 목적보어로 과거분사를 취함. 15번.
- 타동사의 목적어로 wh절을 취함. 16. 17. 18번.

자동사 듣다.

1. They heard about the accident.
2. I never heard from Mr. Kim since last month.
3. Have you heard of the movie?
4. I heard a lot about you, sir.
5. How did you hear about it?
6. Didn't you hear when I called you?

1. 그들은 그 사고에 대해서 들었다. | 2. 지난 달 이후 미스터 김으로부터는 어떤 소식도 듣지 못했다. | 3. 그 영화에 대해 들어 본 적이 있으세요? | 4. 선생님에 대해서 많이 들었습니다. | 5. 그것에 대해서 어떻게 들으셨죠? | 6. 내가 부를 때 듣지 못하셨어요?

Help [help] helped – helped   명사 도움. 원조.

타동사 돕다.

1. Can I help you?
2. Would you please help me?
3. The money from tourists helps the economy.
4. My brother helps me with my homework.
5. I helped the lady with her flat tire.
6. Help yourself to the cookies.
7. God help us.
8. Did you help (to) clean the room?
9. She helps (to) wash the dishes.
10. I will help you finish the work.
11. He helps me move the table.
12. The rain helps the flowers grow.
13. She used to help her father run the restaurant.
14. Watching television helps you learn English.
15. Why don't you help the old woman cross the street?

1. 제가 도와드릴까요? | 2. 저를 좀 도와주시겠어요? | 3. 관광객으로부터 벌어들인 수입이 경제를 돕습니다. | 4. 나의 형은 나의 숙제를 돕습니다. | 5. 나는 그 여자의 펑크난 타이어를 바꾸는 것을 도왔습니다. | 6. 쿠키를 좀 더 드시지요. | 7. 하나님, 우리를 도와주소서. | 8. 당신은 방을 청소하는 것을 도왔습니까? | 9. 그녀는 접시를 닦는 것을 돕습니다. | 10. 나는 당신이 그 일을 끝내는 것을 도울 것이다. | 11. 그는 내가 책상을 옮기는 것을 돕는다. | 12. 비는 꽃들이 자라는 데에 도움이 됩니다. | 13. 그녀는 그녀의 아버지가 레스토랑을 운영하는 것을 돕곤 했다. | 14. 텔레비젼을 시청하는 것은 당신이 영어를 배우는 것에 도움이 된다. | 15. 저 할머니가 길을 건너가는 것을 도와주시지 않겠어요?

- 8, 9번의 to는 생략 가능.
- 불완전타동사 (5형식)의 목적보어로 동사의 원형을 취함. 10. 11. 12. 13. 14. 15번.
- 불완전타동사의 목적보어로 동사 원형을 취하는 동사들.
  지각동사 : see, hear, feel / 사역 동사 : let, make, have / 그외 feel, watch, notice 등이 있음.

자동사 도움이 되다.

1. Crying does not help.

1. 울어 보았자 소용이 없습니다.

Hide [haɪd] hid - hidden 명사 짐승의 가죽.

타동사 숨기다.

1. Who hid my glasses?
2. I think you are hiding something.
3. My mother hides Christmas presents somewhere in the house.
4. Please don't hide anything from me.
5. The woman hid three young Jews in her house from the Nazis.
6. She hides her disappointment.
7. I can't hide my embarrassment.
8. I have nothing to hide.

1. 누가 나의 안경을 숨겼죠? | 2. 당신은 뭔가를 숨기고 있는 것 같은데요. | 3. 나의 어머니는 집 어딘가에 크리스마스 선물을 숨겨 두었다. | 4. 제발 나에게 아무 것도 숨기지 마세요. | 5. 그 여자는 나치에게 쫓기는 3명의 젊은 유대인들을 집안에 숨겼다. | 6. 그녀는 그녀의 실망을 감춘다. | 7. 나는 나의 당혹함을 감출 수 없군요. | 8. 나는 숨길 게 아무 것도 없습니다.

자동사 숨다.

1. A cat hides among the plants.
2. Somebody hides behind the door.

1. 고양이가 나무들 사이에 숨는다. | 2. 누군가가 문 뒤에 숨어 있다.

Hit [hĭt] hit - hit 명사 명중. 성공.

타동사 때리다. 치다. (생각이) 떠오르다.

1. The boy hit the ball hard.
2. Did you hit him on the nose?
3. He hit me in the stomach.
4. She hit her head on the door.
5. You must not hit children.
6. The woman is hitting her son with a stick.
7. The car hit him.
8. The truck hit the trees.
9. The storm hit the East Coast area.
10. The missiles will hit the city soon.
11. Many bombs hit their targets.
12. When a good idea hits you, write it down at once.
13. It hits me that she is in big trouble.
14. He got hit by the car.
15. The East Coast area was hit by the storm.

1. 그 소년은 공을 힘차게 때렸습니다. | 2. 당신이 그의 코를 때렸습니까? | 3. 그는 나의 배를 때렸다. | 4. 그녀는 그녀의 머리를 문에 부딪혔다. | 5. 당신은 어린이들을 때려선 안됩니다. | 6. 그녀는 회초리로 그녀의 아들을 때리고 있습니다. | 7. 자동차가 그를 쳤습니다. | 8. 트럭이 나무를 받았다. | 9. 폭풍이 동부지역을 강타했습니다. | 10. 미사일이 곧 그 도시를 공격할 것이다. | 11. 많은 폭탄이 그들의 목표물을 강타했습니다. | 12. 좋은 생각이 떠오르면 즉시 적어 놓으세요. | 13. 그녀가 큰 어려움에 처해 있다는 것이 갑자기 생각난다. | 14. 그는 자동차에 치었습니다. | 15. 동부 해안지역이 폭풍에 강타당했습니다.

Hold [hould] held - held **명사** 움켜짐.

타동사 붙들다. (파티, 모임 등을) 열다. 수용하다.

1. Can I hold the baby for a second please?
2. He holds a gun.
3. Will you hold my bag for a minute?
4. Hold my hand while we cross the street.
5. He holds a high position in the company.
6. She held me tight.
7. Women hold various jobs in America.
8. My mom will hold a party for my birthday.
9. Can you hold the room for the meeting, please?
10. Love holds our family together.
11. The hall can hold 200 people.
12. Each carton holds 50 oranges.
13. You (had) better hold your head up; I know you are innocent.
14. The conference is held in New York every four years.
15. Elections will be held in November.
16. Lost items will be held for 30 days.
17. The corn harvest was held up by rain.
18. You are held responsible for the accident.
19. I can't be held responsible for what he does.

1. 잠깐 아기를 안아볼 수 있습니까? | 2. 그는 권총을 손에 쥐고 있다. | 3. 잠깐만 내 가방을 가지고 계시겠어요? | 4. 길을 건너는 동안 내 손을 붙잡으세요. | 5. 그는 회사에서 높은 위치에 있다. | 6. 그녀는 나를 꽉 껴안았다. | 7. 미국에서 여성들은 다양한 직업을 가지고 있다. | 8. 나의 어머니는 내 생일을 위해서 파티를 열 것이다. | 9. 미팅을 위해서 그 방 좀 확보해 주시겠어요? | 10. 사랑은 우리 가족을 결속 시킨다. | 11. 그 홀은 200명을 수용할 수 있다. | 12. 박스 하나 당 50개의 오렌지를 담고 있다. | 13. 고개를 드세요, 나는 당신이 떳떳하다는 것을 알고 있습니다. | 14. 그 회의는 매 4년마다 뉴욕에서 열립니

다. | 15. 선거는 11월에 실시될 것이다. | 16. 분실물품은 30일동안 보관됩니다. | 17. 옥수수 수확이 비 때문에 지연되었다. | 18. 당신은 그 사고에 대해서 책임을 져야 합니다. | 19. 나는 그가 하는 일에 책임질 수 없습니다.

자동사 붙들고 있다.

1. Hold on, please.

---

1. 잠깐만 기다리세요. (전화에서)

Hope [houp] hoped - hoped 　명사　희망. 기대.

타동사　바라다. 희망 하다.

1. I hope to see you again.
2. We hope to hear from him soon.
3. Everyone hopes to win the lottery.
4. My son hopes to be a lawyer.
5. I hope that everything is okay.
6. She hopes that you will go to college.
7. We hope that you succeed in the business.
8. I was hoping that she would call me back.
9. My parents hope that I study harder.
10. Let's hope that he will be waiting for us.

---

1. 또 뵙기를 바랍니다. | 2. 우리는 곧 그로부터 소식 듣기를 바란다. | 3. 모두가 복권에 당첨되기를 희망한다. | 4. 나의 아들은 변호사가 되기를 원한다. | 5. 모든 것이 평안하기를 바랍니다. | 6. 그녀는 당신이 대학에 가기를 바랍니다. | 7. 우리는 당신이 사업에 성공하기를 바랍니다. | 8. 나는 그녀가 나에게 전화해주기를 바라고 있었습니다. | 9. 나의 부모님은 내가 더 열심히 공부하기를 바라신다. | 10. 그가 우리를 기다리고 있기를 바랍시다.

- 타동사의 목적어로 to부정사를 취함. 1. 2. 3. 4번.
- 타동사의 목적어로 that절을 취함. 5. 6. 7. 8. 9. 10번.
- 부정사만을 목적어로 취하는 동사 : what, wish, hope, desire, choose, expect, decide, plan, refuse, promise 등.

자동사 기대하다.

1. Farmers hope for an abundant harvest this year.
2. The children hoped for snow so that the school would be cancelled.
3. Many countries hope for a peaceful end to the Middle East problems.

---

1. 농부들은 금년에 풍성한 수확을 기원합니다. | 2. 어린이들은 눈이 와서 학교가 쉬는 것을 기대했습니다. | 3. 많은 나라들은 중동 문제의 평화적인 해결을 희망한다.

Hurt [həːrt] hurt – hurt　**명사** 부상. 상처.

타동사 …을 아프게 하다. (감정을) 상하게 하다.

1. The sun hurts my eyes.
2. Rainy days hurt retail stores.
3. I don't want to hurt your feelings.
4. If you throw a stone, you might hurt somebody.
5. My head still hurts me.
6. If you hurt my sister again, you will be in trouble.
7. The rumor hurts his reputation.
8. Don't hurt me please.
9. Nobody got hurt in the accident.
10. I was hurt by his attitude.
11. Her feeling was hurt by his impudence.

1. 태양이 나의 눈을 아프게 한다. | 2. 비 오는 날은 소매업에 타격을 준다. | 3. 저는 당신의 감정을 해치고 싶지 않습니다. | 4. 만일 당신이 돌멩이를 던지면 누군가를 다치게 할지 모릅니다. | 5. 나의 머리가 나를 아프게 한다. (머리가 아직도 아프군요.) | 6. 만일 당신이 나의 누이를 또 못살게 하면(불쾌하게 하면), 당신은 곤경에 빠질 것이다. | 7. 그 소문은 그의 명성을 실추시킨다. | 8. 나를 아프게 하지 마세요. | 9. 그 사고로 아무도 다치지 않았다. | 10. 나는 그의 태도에 기분이 상해졌다. | 11. 그녀는 그의 무례함 때문에 기분이 나빠졌다.

자동사 아프다.

1. My stomach hurts sometimes.
2. You have to see a doctor if your back hurts again.

1. 가끔 배가 아프다. | 2. 등이 다시 아프면 의사를 만나셔야 합니다.

You Can Speak English!

I

많이 떠든다고 해서 영어를 유창하게 말하는 것은 결코 아니다.
상대방의 말을 신중하게 듣는 동안 내가 하고 싶은 말을 표현 할 수 있는 여유를 가지게 된다.

Identify [aidéntəfai] identified - identified

타동사 (본임임을) 확인하다. 구별하다.

1. I can identify many kinds of flowers.
2. He can identify a lot of stars in the sky.
3. Can you identify the man who killed your brother?
4. The police identified the criminals right away.
5. You show your ID to the police when they want to identify you.
6. All the workers must wear badges to identify themselves.
7. This business card identifies you.
8. The man was identified as a famous movie star.
9. They are identified as foreigners.
10. Golf is identified as a good sport.

1. 나는 많은 종류의 꽃들을 확인할 수 있다. | 2. 그는 하늘에 많은 별들을 구별할 수 있다. | 3. 당신은 당신의 형을 죽인 그 사람을 확인할 수 있습니까? | 4. 경찰은 즉시 범죄자들을 확인했다. | 5. 당신은 경찰이 당신의 신원 확인을 원할 때 신분증명서를 보여주십시요. | 6. 모든 직원들은 그들 자신을 증명하기 위해서 배지를 착용해야 합니다. | 7. 이 명함이 당신의 신원을 확인합니다. | 8. 그 남자는 유명한 배우로 확인되었다. | 9. 그들은 외국인들로 확인된다. | 10. 골프는 좋은 운동으로 여겨진다.

Imagine [imædʒin] imagined - imagined

타동사 상상하다.

1. Could you imagine my little brother in a suit and tie?
2. Why don't you imagine the beach when you feel tired?
3. I can't imagine a better place than this.
4. Imagine that you are in the White House.
5. You just imagine that you won the eight million dollar lottery.
6. He imagines that she is feeling homesick.
7. He imagines winning the competition.
8. Did you ever imagine traveling all over the world?
9. Can you imagine him going to Harvard?
10. Could you imagine her marrying the poor guy?
11. Imagine how happy she would be with the news.
12. We can't imagine who she is.
13. He imagines what he could do in America.
14. I don't imagine why they got divorced.
15. I always imagine Mrs. Susan as a kind and gentle person.

1. 당신은 내 어린 동생이 양복과 타이를 매고 있는 것을 상상해보시겠어요? | 2. 피곤할 때 해변가를 상상해보지 그러세요? | 3. 나는 여기보다 더 좋은 장소를 상상 할 수 없습니다. | 4. 당신이 백악관에서 있는 것 (일하고 있는 것)을 상상해보세요. | 5. 당신이 8백만 달러 복권에 당첨됐다고 상상해보세요. | 6. 그는 그녀가 향수병에 걸렸다고 생각한다. | 7. 그는 경쟁에서 이겼다고 상상해 본다. | 8. 당신은 세계일주여행을 상상해보신 적이 있으세요? | 9. 그가 하버드대학에 가는 것을 상상할 수 있습니까? | 10. 그녀가 그 가난한 남자와 결혼하는 것을 상상할 수 있겠어요? | 11. 그녀가 그 소식에 얼마나 기뻐할 것인지 상상 해보세요. | 12. 우리는 그녀가 누구인지 상상할 수 없다. | 13. 그는 그가 미국에서 무엇을 할 수 있을까 상상해 본다. | 14. 나는 그들이 왜 이혼했는지 상상이 되지 않는다. (짐작 할 수 없다) | 15. 나는 미세스 수잔을 친절하고 품위 있는 여자로 항상 생각한다.

- 타동사의 목적어로 that절을 취함 4. 5. 6번.
- 타동사의 목적어로 동명사를 취함. 7. 8번.
- 불완전타동사 (5형식)의 목적보어로 현재분사를 취함. 9. 10번.
- 타동사의 목적어로 wh절을 취함. 11. 12. 13. 14번.
- 불완전타동사의 목적보어로 as 이하를 취함. 15번.

Improve [imprúːv] improved - improved

타동사 향상시키다. 개선하다.

1. He should improve his English.
2. My wife will improve her cooking skills.
3. Did you try to improve relations with her?
4. I improved my grades.
5. The city of Trenton improved their transportation system.
6. Running improves your muscle strength.
7. Reading books will improve your intelligence.

1. 그는 그의 영어 실력을 향상시켜야 합니다. | 2. 나의 부인은 자신의 요리솜씨를 향상시킬 것입니다. | 3. 당신은 그녀하고의 관계를 향상시키기 위해 노력했습니까? | 4. 나의 성적은 향상되었습니다. | 5. 트렌톤시는 교통 수단을 향상시켰습니다. | 6. 달리기는 당신의 근육을 향상시킵니다. | 7. 독서가 당신의 지성을 향상 시킬 것입니다.

자동사 좋아지다. 호전되다.

1. Your French improved a lot this year.
2. His health improves everyday.
3. The situation will improve.
4. The weather is improving.

1. 당신의 불어 실력이 금년에 많이 좋아졌군요. | 2. 그의 건강은 매일 호전되고 있습니다. | 3. 상황은 좋아질 것이다. | 4. 날씨가 좋아지고 있습니다.

Include [inklú:d] included - included

타동사 포함시키다. 포함하다.

1. You should include me in this game.
2. She includes you among her friends.
3. Did you include the books on the list?
4. I will include you for the dinner party.
5. Your job includes teaching English to children.
6. Homework includes writing a diary.
7. The English course includes reading and speaking.
8. This price includes airfare.
9. Holidays in America include Easter.
10. This bill includes tax.
11. Tax is included in this bill.
12. Easter is included in holidays in America.

1. 당신은 이 게임에 나를 포함시켜야 합니다. (게임에 넣어주세요.) | 2. 그녀는 당신을 그녀의 친구 중 하나로 포함시킵니다. | 3. 당신은 그 책을 목록에 포함시켰습니까? | 4. 나는 저녁파티에 당신을 초대할 것입니다. | 5. 당신의 직무는 어린이들에게 영어를 가르치는 것도 포함됩니다. | 6. 숙제는 일기를 쓰는 것도 포함합니다. | 7. 그 영어 교육과정은 읽기와 말하기를 포함합니다. | 8. 이 가격은 비행기표를 포함하고 있습니다. | 9. 미국에서 휴일은 부활절을 포함합니다. | 10. 이 청구서는 세금을 포함하고 있습니다. | 11. 세금은 이 청구서에 포함되어 있습니다. | 12. 부활절은 미국에서 휴일에 포함되어 있습니다.

• 타동사의 목적어로 동명사를 취함. 5. 6. 7번.

Increase [inkríːs] increased - increased **명사** 증가. 증대.

타동사 늘리다.

1. Work hard and increase your wealth.
2. The city will increase the number of bridges.
3. Scientists increase the knowledge of the world.
4. Smokers increase their chances of getting cancer.
5. My company will increase the number of employees.
6. My mother increased my allowance.
7. The credit company has increased my credit limit.

1. 열심히 일하셔서 당신의 부를 축적하세요. | 2. 시 당국은 더 많은 다리를 만들 것이다. | 3. 과학자들은 세상에 대한 우리의 지식을 늘려준다. | 4. 흡연자들은 암에 걸릴 가능성을 더 많이 가지고 있다. | 5. 우리 회사는 직원을 늘릴 것이다. | 6. 나의 어머니는 나의 용돈을 늘렸다. | 7. 신용카드회사는 나의 크레딧 한도를 늘렸다.

자동사 늘어나다. 증대되다.

1. Unemployment has increased last year.
2. Immigration increased recently.
3. The price of gas increased by five percent this year.
4. Sales of cars increased.
5. The population of America increased.

1. 작년에 실업률이 높았다. | 2. 이민자들이 최근 늘었다. | 3. 기름 가격이 금년에 5%올랐다. | 4. 자동차 판매량이 늘어났다. | 5. 미국의 인구가 증가했다.

Indicate [índikèit] indicated - indicated

타동사 가리키다. 나타내다. 말하다.

1. He indicated the chair so I could sit down on it.
2. Let me indicate my hometown on the map.
3. My son indicates a beautiful picture on the wall.
4. His essay indicates a deep understanding of music.
5. The report indicates that crimes are increasing in big cities.
6. The research indicates that stress causes cancers.
7. She indicates that she will start a business.
8. He indicated with a nod that he understood everything.
9. The arrow on the map indicates where we are.
10. Can you indicate where the accident happened on the map?
11. The diagram indicates a connection between crime and poverty.

1. 그는 내가 앉을 수 있도록 의자를 가리켰다. | 2. 지도 상에서 나의 고향을 가리키겠습니다. | 3. 나의 아들은 벽 위에 있는 아름다운 그림을 가리킨다. | 4. 그의 수필은 음악에 대한 깊은 이해를 나타낸다. | 5. 그 보고서는 큰 도시에서 범죄가 증가하고 있다는 것을 나타낸다. | 6. 그 연구서는 스트레스가 암을 유발시킨다고 말한다. | 7. 그녀는 사업을 시작할 것이라고 말한다. | 8. 그는 머리를 끄덕이면서 모든 것을 이해한다고 말했다. | 9. 그 지도 상에 화살표는 우리가 어디 있는지를 말해준다. | 10. 이 지도 상에서 그 사고가 어디에서 일어났는지 지적해 주시겠어요? | 11. 그 도표는 범죄와 가난 사이의 관계를 나타낸다. (설명한다.)

- 타동사의 목적어로 that절을 취함 5, 6, 7, 8번.
- 타동사의 목적어로 wh절을 취함 9, 10번.

Influence [ínfluəns] influenced - influenced 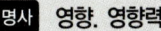 영향. 영향력.

타동사 …에게 영향을 미치다.

1. Who influenced your life?
2. I don't want to influence your decision.
3. My uncle used to influence my career choice.
4. I want to be a man who influences the whole world.
5. The behavior of adults still influences young people.
6. Who influenced you to study English?
7. What influenced him to join the war?
8. My brother influenced me to be a writer.
9. Mr. Kennedy influenced my son to help the poor.
10. Children might be influenced by television.
11. The singer was influenced by gospel music.
12. His art was influenced by Picasso.

---

1. 누가 당신의 인생에 영향을 주었습니까? | 2. 나는 당신의 결정에 영향을 주고 싶지 않습니다. | 3. 나의 삼촌은 나의 직업 선택에 영향을 주곤 했습니다. | 4. 나는 전세계에 영향을 미치는 사람이 되고 싶다. | 5. 어른들의 행동은 여전히 젊은이들에게 영향을 줍니다. | 6. 누가 당신에게 영어를 공부하도록 영향을 주었습니까? | 7. 무엇이 그에게 전쟁에 참가하도록 영향을 주었을까요? | 8. 나의 형은 내가 작가가 되도록 영향을 끼쳤습니다. | 9. 미스터 케네디는 나의 아들이 가난한 사람을 돕도록 영향을 끼쳤습니다. | 10. 어린이들은 TV의 영향을 받을지도 모릅니다. | 11. 그 가수는 기독교음악의 영향을 받았습니다. | 12. 그의 예술은 피카소의 영향을 받았습니다.

• 불완전타동사 (5형식)의 목적보어로 to부정사를 취함 6. 7. 8. 9번.

Inform [infɔ́ːrm] informed - informed

타동사 …에게 알리다.

1. She informed me of her son's success.
2. I will inform him of the accident.
3. Please inform us of the date and time.
4. Did you inform your wife of your promotion?
5. The letter informed me of his innocence.
6. My boss informs us that we will get a big bonus.
7. He informs me that he will visit Japan next month.
8. How should I inform her that her husband was killed?
9. The police informed my family that a burglar broke into my house.
10. She informed me that Peter passed the bar examination.
11. He never informs me when he goes to America.
12. You should inform your wife wherever you go.
13. Did you inform your parents what you would do next year?

1. 그녀는 나에게 그녀의 아들의 성공을 알렸다. | 2. 나는 그에게 그 사고를 알릴 것이다. | 3. 우리들에게 날짜와 시간을 알려주십시오. | 4. 당신의 부인에게 당신의 승진을 말해 주었습니까? | 5. 그 편지는 나에게 그의 무죄를 알려왔다. | 6. 나의 사장님은 우리가 많은 보너스를 받을 것이라고 말씀하신다. | 7. 그는 다음 달 일본을 방문할 것이라고 나에게 말한다. | 8. 그녀의 남편이 살해 됐다는 것을 그녀에게 어떻게 알리죠? | 9. 경찰은 강도가 우리집에 침입했다고 알려왔다. | 10. 그녀는 피터가 변호사시험에 합격했다고 나에게 알렸다. | 11. 그는 그가 언제 미국에 가는지 나에게 결코 말하지 않는다. | 12. 당신은 당신의 부인에게 당신이 어디를 가든지 알려야 한다. | 13. 당신은 부모님께 내년에 무엇을 할 것인지 말씀 드렸습니까?

- 완전타동사 (4형식)의 직접목적어로 that절을 취함. 6. 7. 8. 9. 10번. 앞의 명사, 대명사는 간접 목적어임.
- 완전타동사 (4형식)의 직접목적어로 wh절을 취함. 11. 12. 13번. 앞의 명사, 대명사는 간접목적어임.
- 1. 2. 3. 4. 5번의 of 이하는 직접목적어 구실을 하며 that절과 동격으로 취급.
- 같은 유형의 동사로는 inform외에 remind, convince, satisfy, warn, assure, notify, persuade, advise, rob 등이 있음.

- The man reminds me of my youth. 그 남자는 나의 젊은 시절을 생각나게 한다.
- He convinced us of his plan. 그는 우리들에게 그의 계획을 납득시켰다.
- She satisfied me of the fact. 그녀는 나에게 그 사실을 납득시켰다.
- Did you warn them of the icy road? 당신은 그들에게 길이 미끄럽다는것을 경고했습니까?
- I assure you of his success. 나는 당신에게 그의 성공을 확신합니다.
- Please notify him of the accident. 그에게 사고 소식을 알려주세요.

Intend [inténd] intended - intended

타동사 …할 작정이다. 하려고 생각하다.

1. He intends to stay in Dallas for three weeks.
2. I never intended to hurt you.
3. They intend to marry next month.
4. She intends to continue working at the restaurant.
5. My aunt intends to move to Florida.
6. I intend meeting her three times a week.
7. My father intends selling our house.
8. We intend that we finish the work soon.
9. She intends that her son should be sent to America.
10. This playground is intended for children.
11. The program will be intended for seniors.
12. The law is intended to protect the handicapped.

---

1. 그는 3주 동안 달라스에 머무를 작정이다. | 2. 나는 결코 당신을 아프게 할 생각은 아니었습니다. | 3. 그들은 다음 달에 결혼할 작정이다. | 4. 그녀는 식당에서 계속 일할 작정입니다. | 5. 나의 아주머니는 플로리다로 이사 갈 작정입니다. | 6. 나는 일주일에 3번 그녀는 만날 작정입니다. | 7. 나의 아버지는 우리집을 팔 생각이다. | 8. 우리는 그 일을 곧 끝낼 작정이다. | 9. 그녀는 그녀의 아들을 미국으로 보낼 작정이다. | 10. 이 운동장은 어린이들을 위해서 만들어졌습니다. | 11. 이 프로그램은 나이 드신 분들을 위해서 사용되어질 것입니다. | 12. 그 법은 장애인들을 보호하기 위해서 만들어졌습니다.

- 타동사의 목적어로 to부정사를 취함. 1. 2. 3. 4. 5번.
- 타동사의 목적어로 동명사를 취함. 6. 7번.
- 타동사의 목적어로 that절을 취함. 8. 9번.

Introduce [ɪntrədjuːs] introduced - introduced

타동사 소개하다. …에게 처음 경험시키다.

1. He introduced his friends to me.
2. Did you introduce her to Dr. Kim?
3. Who will introduce tonight's speaker to the audience?
4. Could you introduce me to your sister?
5. She introduced me to her parents.
6. Let me introduce myself to you.
7. I will introduce you to Korean food.
8. I will introduce Korean food to you.
9. My brother introduced me to tennis when I was 12 years old.
10. I introduced him to golf last year.
11. I want to be introduced to the beautiful lady.
12. Have you been introduced to Maria?
13. I don't think that we are introduced yet.
14. The technique was introduced to Korea from America.
15. Sakura was introduced to America from Japan.

---

1. 그는 그의 친구들을 나에게 소개했다. | 2. 당신은 김박사님에게 그녀를 인사시켰습니까? | 3. 누가 관객에게 오늘밤의 연사를 소개할 것입니까? | 4. 나를 당신의 누이에게 소개시켜 주시겠어요? | 5. 그녀는 나를 그녀의 부모님께 소개했다. | 6. 내 자신을 (당신들에게) 소개하겠습니다. | 7. 당신에게 한국음식을 소개하겠습니다. | 8. 한국음식을 당신에게 소개하겠습니다. | 9. 나의 형은 내가 12살 때 처음 테니스를 가르쳐 주었다. | 10. 나는 작년 그에게 골프를 가르쳐 주었다. | 11. 나는 저 예쁜 여자에게 소개받고 싶습니다. | 12. 당신은 마리아와 인사를 나눴습니까? | 13. 우리가 인사를 나눴다고 생각하지 않습니다. | 14. 그 기술은 미국에서 한국으로 전수되었습니다. | 15. 벚꽃은 일본에서 미국으로 전래되었습니다.

Invite [inváit] invited – invited

타동사 초대하다. 초청하다.

1. He invites me for lunch sometimes.
2. She invited all her friends to her wedding.
3. We will invite the Kims to dinner Sunday night.
4. How many people are you inviting?
5. Did he invite her to his birthday party?
6. I will invite her to sing songs at the party.
7. I invited my friends to watch the movie together.
8. Why don't you invite him to join our picnic?
9. I was not invited to the party.
10. They will be invited for drinks on Saturday.

1. 그는 때때로 점심에 나를 초대한다. | 2. 그녀는 그녀의 결혼식에 그녀의 친구 모두를 초대했다. | 3. 우리는 일요일 밤 저녁식사에 김씨 가족을 초대할 것이다. | 4. 몇 명을 초대합니까? | 5. 그는 그의 생일파티에 그 여자를 초대했습니까? | 6. 나는 파티에 노래를 부르도록 그녀를 초대할 것이다. | 7. 나는 함께 영화를 보기 위해서 나의 친구들을 초대했다. | 8. 그를 우리들의 소풍에 함께 가도록 초대하지 그러세요? | 9. 나는 그 파티에 초대되지 않았다. | 10. 그들은 토요일 간단한 음료파티에 초대받을것이다.

Involve [inválv] involved - involved

타동사 포함하다. 관련시키다.

1. My project involves young men.
2. What does your job involve?
3. The crisis might involve more than three countries.
4. His duty involves *hiring* new guys.
5. Taking his offer involves *moving* abroad.
6. Running my own business involves *working* long hours.
7. He tries to involve women in his plan.
8. The teacher will involve the whole class in the experiment.
9. He never involves me in sports.
10. Did you involve her in the meeting?
11. I don't want to get involved in your trouble.
12. She was involved in the decision to help widows.

1. 나의 사업계획은 젊은이들이 필요로 한다. | 2. 당신의 직업은 무슨 일을 포함하고 있습니까? | 3. 그 위기는 3개의 나라보다 더 많은 나라들을 포함시킬지도 모른다. | 4. 그의 임무는 새로운 사람들을 고용하는 것을 포함한다. | 5. 그의 제안을 받아들이는 것은 해외로 이사하는 것을 포함한다. | 6. 내 자신의 사업을 운영하는 것은 장시간 일하는 것이 포함된다. | 7. 그는 그의 계획에 여자를 포함시키기 위해 노력한다. | 8. 그 선생은 그 실험에 모든 학생을 참여시킬 것이다. | 9. 그는 운동에 결코 나를 참여시키지 않는다. | 10. 당신은 그 회의에 그 여자를 참석시켰습니까? | 11. 나는 당신의 어려움에 말려들고 싶지 않습니다. | 12. 그녀는 과부들을 돕기 위한 결정에 참여했다.

• 타동사의 목적어로 동명사를 취함. 4. 5. 6번.

Bright Star!
(빛나는 별이여)

Bright Star! would I were stedfast as thou art-
Not in lone splendor hung aloft the night,
And watching, with eternal lids apart,
Like Nature's patient, sleepless eremite,
The moving waters at their priest like task
Of pure ablution round earth's human shores,
Or gazing on the new soft-fallen mask
Of snow upon the mountains and the moors-
No-yet still stedfast, still unchangeable,
Pillow'd upon my fair love's ripening breast,
To feel for ever its soft fall and swell,
Awake for ever in a sweet unrest,
Still, still to hear her tender-taken breath,
And so live eve-or else swoon to death.

John Keats

You Can Speak English!

J

이 책의 예문들은 미국인의 실생활에 빈번하게 쓰이는 표현들이다.
소설책을 읽는 가벼운 마음으로 여러 차례 읽기를 권한다.

Join [dʒɔin] joined - joined

타동사 …와 합류하다.

1. She joined the music club.
2. He will join the Army next year.
3. When did you join the Art class?
4. My country will join the peace talks
5. Would you like to join us for dinner?
6. All rivers join the ocean.
7. They join the fight against AIDS.
8. I joined the class to study English.
9. You can join the group to tour the city.
10. She joins us to go fishing.
11. The two buildings are joined by the walkway.
12. The furniture is joined together with nails.

1. 그녀는 음악클럽에 가입했습니다. | 2. 그는 내년에 군에 입대할 것이다. | 3. 당신은 언제 예술반에 가입했습니까? | 4. 나의 나라는 평화협상에 참가할 것이다. | 5. 당신은 저녁식사를 우리와 함께 하시겠어요? | 6. 모든 강은 바다로 흘러들어간다. | 7. 그들은 AIDS 퇴치운동에 참여한다. | 8. 나는 영어를 공부하기 위해서 그 수업을 신청했다. | 9. 당신은 도시를 관광하기 위해서 그 그룹에 합류할 수 있습니다. | 10. 그녀는 낚시가는 데 우리들과 합류한다. | 11. 2개의 빌딩이 복도에 의해서 연결됩니다. | 12. 가구는 못으로 연결되어서 이어진다.

자동사 합해지다.

1. The two roads join here.
2. I will join with you at his house.

1. 두개의 길이 여기에서 합쳐집니다. | 2. 나는 그의 집에서 당신들과 합류할 것이다.

Jump [dʒʌmp] jumped - jumped　명사 도약. 뛰어오름.

타동사　…을 뛰어넘다. …에 달려들다.

1. Two boys jumped the fence.
2. He jumped the stream.
3. A dog jumped us.
4. Somebody jumped her from the corner of the building.

---

1. 두 명의 소년들이 울타리를 뛰어넘었다. | 2. 그는 개울을 뛰어넘었다. | 3. 개가 우리들에게 뛰어들었다. | 4. 누군가가 빌딩의 모퉁이에서 그녀에게 덤벼들었다.

자동사　깡충 뛰다. (물가 등이) 폭등하다.

1. The children are jumping up and down.
2. He jumped over the gate.
3. They jumped across the stream.
4. He jumped for joy after he passed the test.
5. I want to jump in the pool right now because it's too hot.
6. The man is jumping on the bus.
7. He jumped off the wall.
8. The dog jumped onto the hood of my car.
9. Prices jumped 30% last year.
10. My salary jumped when I got a new job.
11. Think twice before you jump to conclusions.
12. They jumped out of the window to escape the fire.

---

1. 어린이들이 깡충거린다. | 2. 그가 대문을 뛰어넘었다. | 3. 그들이 개울을 건너 뛰었다. | 4. 그는 시험에 합격한 후 기뻐서 뛰었다. | 5. 날씨가 너무 더워서 당장 수영장에 뛰어들고 싶다. | 6. 그 남자가 버스에 뛰어오르고 있습니다. | 7. 그가 담에서 뛰어내렸다. | 8.

그 개가 나의 자동차 hood 위에 뛰어올랐다. | 9. 물가가 작년에 30%올랐다. | 10. 내가 새 직장으로 옮겼을 때 월급이 인상되었다. | 11. 결론을 내기 전에 두 번 생각하세요. | 12. 그들은 불을 피해서 창 밖으로 뛰어내렸다.

You Can Speak English!

K

이 책의 어느 페이지를 펴도 바로 공부를 시작 할 수 있는 특징이 있다.
이 책에 소개되어 있지 않는 동사를 공부 할 때도 문장을 문형별로 만들어서 공부하도록 한다.

Keep [kíːp] kept - kept

타동사 지키다. …한 상태를 유지하다.

1. You can keep the book.
2. I will keep my word.
3. She never keeps a secret.
4. I always keep my family picture in my wallet.
5. Where do you keep your jewels?
6. I used to keep a diary when I was young.
7. The police kept him for three days.
8. What kept you so long?
9. Keep the change.
10. She keeps her house clean.
11. My job keeps me busy.
12. Please keep me posted on his health.
13. Keep the door shut, it is cold outside.
14. She keeps me waiting all the time.
15. Don't keep the water running, it's a waste of money.
16. He was kept in the hospital.
17. The secret will be kept.

1. 당신은 그 책을 가져도 좋습니다. | 2. 나는 약속을 지킬 것입니다. | 3. 그녀는 결코 비밀을 지키지 않습니다. | 4. 나는 항상 가족사진을 지갑에 가지고 다닙니다. | 5. 당신은 당신의 보석을 어디에 보관하시죠? | 6. 나는 어렸을 때 일기를 쓰곤 했습니다. | 7. 경찰은 그를 삼 일 동안 구류했습니다. | 8. 무엇이 당신을 오랫동안 붙들었죠? (왜 그렇게 오래 걸리셨죠?) | 9. 잔돈은 가지세요. | 10. 그녀는 그녀의 집을 깨끗하게 유지합니다. | 11. 내 일로 인해서 바쁩니다. | 12. 그의 건강에 대해서 저에게 계속 알려주세요. | 13. 문을 계속 닫아두세요, 밖이 춥습니다. | 14. 그녀는 항상 나를 기다리게 합니다. | 15. 물을 계속 틀어놓지 마세요, 돈이 낭비됩니다. | 16. 그는 병원에 입원되었다. | 17. 비밀은 지켜질 것이다.

- 불완전타동사의 목적보어로 형용사를 취함. 10, 11번.
- 불완전타동사의 목적보어로 과거분사를 취함. 12, 13번.
- 불완전타동사의 목적보어로 현재분사를 취함. 14, 15번.

자동사 …한 상태에 있다.

1. Keep going on.
2. It keeps raining.
3. He keeps talking.
4. You must keep quiet in the library.

---

1. 계속 가세요. (계속 말씀하십시요) (하는 일을 계속 하세요.) | 2. 비가 계속 오는군요. | 3. 그는 계속 떠들어댑니다. | 4. 도서관에서는 조용히 해야 합니다.

- 불완전자동사 (2형식)의 주격보어로 현재분사를 취함. 1, 2, 3번.
- 불완전자동사의 주격보어로 형용사를 취함. 4번.

Kick [kik] kicked - kicked　　**명사** 차기, 걷어차기.

타동사 차다. (사람을) 내쫓다.

1. Why did you kick him?
2. The boy kicked me in the shin.
3. You have to kick your opponent in Tae kwon do.
4. You may go to jail if you kick a dog in America.
5. He kicked the ball across the yard.
6. The soccer player stops the ball and kicks the ball.
7. Please don't kick the back of my seat.
8. He kicked his son out of the house.
9. The owner kicked the drunkard out of the bar.
10. He was kicked out of the house.
11. The drunkard was kicked out of the bar.

1. 당신은 왜 그를 찼습니까? | 2. 그 소년은 내 정강이를 걷어찼다. | 3. 당신은 태권도에서 상대방을 발로 차지 않으면 안 됩니다. | 4. 만일 당신이 미국에서 개를 차면 감옥에 갈지도 모릅니다. | 5. 그는 뜰 건너편으로 공을 찼다. | 6. 그 축구선수는 공을 멈췄다가 다시 찬다. | 7. 내 의자 뒤를 차지 마세요. | 8. 그는 아들을 쫓아냈다. | 9. 그 주인은 술 취한 사람을 bar 밖으로 쫓아냈다. | 10. 그는 집에서 쫓겨났다. | 11. 그 취객은 bar 밖으로 쫓겨났다.

자동사 발길질하다.

1. The boy was kicking and screaming.

1. 그 소년은 발길질을 하면서 울어댄다.

Kill [kil] killed - killed

타동사 죽이다. (시간을) 죽이다.

1. He killed himself.
2. You have to kill the enemy in battle.
3. My head is killing me.
4. Too much sunshine kills flowers.
5. You will kill the plants if you don't water them.
6. Some people kill time at the mall.
7. I just read a tabloid to kill time.
8. What do you do to kill time?
9. She kills me.
10. He kills me with his jokes.
11. You might kill yourself if you work so hard.
12. She was killed in a car accident.
13. American soldiers are still being killed in Iraq.

1. 그는 자살했다. | 2. 당신은 전쟁터에서 적을 사살하지 않으면 안 됩니다. | 3. 머리가 깨질 듯이 아프네요. | 4. 너무 많은 햇빛은 꽃들을 시들어 죽게 만든다. | 5. 만일 당신이 꽃에 물을 주지 않으면 죽습니다. | 6. 어떤 사람들은 몰에서 시간을 보냅니다. | 7. 나는 시간을 보내기 위해서 신문를 읽습니다. | 8. 당신은 시간을 보내기 위해서 무엇을 합니까? | 9. 그녀가 나를 죽여주는군요. (그녀의 외모, 복장, 유머 따위) | 10. 그는 그의 농담으로 나를 죽입니다. (그의 농담은 죽여준다.) | 11. 만일 당신이 너무 열심히 일하면 당신 자신을 해칠지도 모릅니다. | 12. 그녀는 자동차사고로 죽었습니다. | 13. 미국병사들이 여전히 이라크에서 살해되고 있습니다.

자동사 사람을 죽이다.

1. Smoking kills.
2. You shall not kill.

---

1. 흡연은 나쁘다. | 2. 살인하지 말라.

• Mall 백화점들이 모여 있는 쇼핑센터.

Knock [nak] knocked - knocked 　명사 노크. 문을 두드림.

타동사 때리다. 때려 눕히다.

1. He knocked the boy on the head.
2. Why did you knock her on the face?
3. The man knocked down three gangsters.
4. They will knock down the old building.
5. The storm knocked down the power lines.
6. A blast knocked her senseless.
7. He was knocked down by the burglar.
8. I got knocked down by the crowd.
9. The old building will be knocked down so a new school could be built.

1. 그는 소년의 머리를 때렸다. | 2. 당신은 왜 그녀의 얼굴을 때렸습니까? | 3. 그 남자는 3명의 건달들을 때려 눕혔다. | 4. 그들은 그 낡은 빌딩을 무너뜨릴 것이다. | 5. 폭풍이 전력을 끊었다. | 6. 폭발이 그녀의 정신을 잃게 했다. | 7. 그는 강도에게 강타당했다. | 8. 나는 군중에 의해서 쓰러졌다. | 9. 그 낡은 빌딩은 새 학교를 짓기 위해 무너뜨릴 것이다.

- 불완전타동사 (5형식)의 목적보어로 형용사를 취함. 6번.

자동사 두드리다.

1. You should knock before you come in.
2. Who is knocking at (on) the door?
3. He knocks on the window.

1. 들어오기 전에 노크를 해야 합니다. | 2. 누가 노크를 하고 있지요? | 3. 그가 유리창을 두드린다.

269

Know [nou] knew - known.

타동사 알다. 알고 있다.

1. I know the answer.
2. He knows the city well.
3. He knows cars.
4. She knows laws.
5. I have known his family for over twenty years.
6. If you know the man, Please answer my question about him.
7. Do you know anything about the rumor?
8. I know that he is in trouble.
9. We know that America is a big country.
10. Everybody knows that the earth moves around the sun.
11. He knows how to drive a car.
12. She knows what to do and what not to do for her future.
13. I still don't know where to go.
14. Do you know why she was late?
15. We all know how smart the boy is.
16. Nobody knows who they were, what they did or where they went.
17. He doesn't know whether she will come back or not.
18. I know who teaches them English.
19. Did she know what happened here last night?
20. I know what I am doing.
21. I know what you mean.
22. The world knows him.
23. He is known to the world as a famous writer.
24. Dr.kim is known to everybody in this town.
25. A man may be known by his friend.

1. 나는 답을 알고 있습니다. | 2. 그는 그 도시(지리, 관광지 등)를 잘 알고 있습니다. | 3. 그는 자동차에 관해서(약간의 수리 능력까지) 알고 있습니다. | 4. 그녀는 법률에 관한 지식이 있습니다. | 5. 나는 20년 이상 그의 가족들과 알고 지낸다. | 6. 만일 당신이 그 남자를 알고 있다면 그에 관한 나의 질문에 대답해주십시오. | 7. 그 소문에 대해서 알고 계신 것이 있나요? | 8. 나는 그가 곤경에 빠져 있다는 것을 알고 있다. | 9. 우리는 미국이 큰 나라라는 사실을 알고 있다. | 10. 지구가 태양의 주위를 돈다는 것을 누구나 알고 있다. | 11. 그는 자동차 운전하는 법을 알고 있다. | 12. 그녀는 그녀의 미래을 위해서 해야 할 것과 하지 말 것을 알고 있다. | 13. 나는 아직도 어디로 가야할지 모르겠다. | 14. 그녀가 왜 늦었는지 아세요? | 15. 우리 모두 그 소년이 얼마나 영리한지 알고 있다. | 16. 그들이 누구이며 무엇을 했고 어디로 갔는지 아무도 알고 있지 않다. | 17. 그는 그녀가 돌아올 것인지 아닌지 모른다. | 18. 나는 누가 그들에게 영어를 가르치고 있는지 알고 있다. | 19. 그녀는 어젯밤 여기서 무슨일이 있었는지 알고 있었습니까? | 20. 나는 내가 무엇을 하고 있는지 알고 있습니다. | 21. 당신이 무엇을 뜻하는지 알고 있습니다. | 22. 온 세상이 그를 알고 있다. | 23. 그는 유명 작가로서 세상에 알려져 있다. | 24. 닥터 김은 이 타운에서 모든 사람들에게 알려져 있다. | 25. 친구를 보면 그 사람을 알게 된다.

- 타동사의 목적어로 that절을 취함. 8. 9. 10번.
- 타동사의 목적어로 wh. to do를 취함. 11. 12. 13번.
- 타동사의 목적어로 wh절을 취함. 14. 15. 16. 17. 18. 19. 20. 21번.

자동사 알다.

1. How should I know?
2. She knows of some good restaurants in this town.
3. I know about his plan.

1. 내가 어떻게 알겠어요? | 2. 그녀는 이 마을에 있는 좋은 식당에 대해서 알고 있습니다. | 3. 나는 그의 계획에 대해 알고 있습니다.

The poet's Dream
(시인의 꿈)

On a poet's lips I slept
Dreaming like a love-adept
In the sound his breathing kept;
Nor seeks nor finds he mortal blisses,
But feeds on the aerial kisses
Of shapes that haunt thought's wildernesses.
He will watch from dawn to gloom
The lake-reflected sun illume
The yellow bees in the ivy-bloom,
Nor heed nor see what things they be;
But from these create he can
Forms more real than living man,
Nurslings of immortality!

Percy Bysshe Shelley

You Can Speak English!

L

이 책의 학습방법은 미국인들도 격찬하고 있다.
문형에 숙달되어 지면서 스스로 문장을 만들 수 있는 능력이 배양 될 것이다.

Last [læst] lasted - lasted　명사 최후. 마지막.

타동사 …보다 오래 가다. 견디다.

1. I can last 30 seconds under water.
2. The food lasted him for two weeks.
3. The money should last six months.
4. This table will last a lifetime.

1. 나는 물 속에서 30초를 견딜 수 있습니다. | 2. 그는 그 음식으로 2주를 견뎠다. | 3. 그 돈으로 6개월 견딜 것이다. | 4. 이 테이블은 평생 갈 것이다.

자동사 계속되다.

1. The movie will last two hours.
2. The rainy season lasts until March.
3. His operation lasted six hours.
4. I hope that the good weather lasts for the time being.
5. I wish this moment would last forever.
6. While my life lasts, I never stop loving you.
7. His speech lasted three hours.
8. The battery lasts two years.
9. The pants will last long.

1. 영화는 러닝타임이 2시간이다. | 2. 우기(비오는 계절)는 3월까지 계속됩니다. | 3. 그의 수술은 6시간 계속되었다. | 4. 좋은 날씨가 당분간 계속되기를 희망한다. | 5. 이 순간이 영원히 계속 됐으면 좋으련만. | 6. 나의 생명이 계속되는 한, 당신을 영원히 사랑할 것입니다. | 7. 그의 연설은 3시간 동안 계속됐다. | 8. 그 배터리는 2년간 지속됩니다. | 9. 그 바지는 오래 갈 것이다. (매우 질길 것이다)

Laugh [læf] laughed - laughed　명사 웃음.

타동사 (동족목적어를 수반) …한 웃음을 웃다.

1. He laughs a bitter laugh sometimes.

1. 그는 때때로 쓴웃음을 짓는다.

자동사 웃다. 비웃다.

1. My friends laugh at my jokes.
2. I laughed when she fell off her chair.
3. Laugh a lot because it will be great for your health.
4. We laugh every time we watch a comedy show on TV.
5. Did you laugh at his appearance?
6. You should not laugh at people behind their backs.
7. Criminals laugh at the laws.
8. When you laugh, others laugh.

1. 내 친구들은 나의 농담에 웃는다. | 2. 그녀가 의자에서 떨어졌을 때 나는 웃었다. | 3. 많이 웃으세요, 당신의 건강에 무척 좋습니다. | 4. 우리는 TV에서 코미디쇼를 볼 때마다 웃습니다. | 5. 당신은 그의 외모를 비웃었습니까? | 6. 당신은 사람들 뒤에서 비웃어선 안 됩니다. | 7. 범죄자들은 법을 비웃습니다. | 8. 당신이 웃을 때 다른 사람들도 웃는다.

- 동족목적어를 취하는 동사들 : dream, sleep, live
  He dreamed a terrible dream. 그는 무서운 꿈을 꾸었다.
  She slept a sound sleep. 그녀는 잠을 푹 잤다.
  They live a good life. 그들은 안락한 삶을 살고 있다.

Lay [lei] laid - laid

타동사 놓다. 두다. 누이다. 깔다. (알을) 낳다.

1. He laid his jacket on the table.
2. Where did you lay today's newspaper?
3. She lays the baby in the cradle.
4. He laid his hand on her shoulder.
5. The workers laid new carpet in my office.
6. Who will lay the silver spoon for the table tonight?
7. The hens lay eggs everyday.
8. Please don't lay the blame on me.
9. The robber laid down his gun.
10. The man laid down the bad guy with a single blow.
11. The storm laid down the big tree.
12. He laid out the map on the table.
13. My company will lay out the plan for a new market.
14. The company laid off 200 employees.
15. I laid aside my book to watch television.
16. You should lay aside some money for your next vacation.
17. He was laid off.
18. The big tree was laid down by the storm.

1. 그는 그의 자켓을 책상 위에 놓았다. | 2. 당신은 오늘 신문을 어디에 두었습니까? | 3. 그녀는 요람에 아기를 눕힌다. | 4. 그는 그의 손을 그 여자의 어깨 위에 놓았다. | 5. 인부들이 나의 사무실에 새 카펫을 깔았다. | 6. 누가 오늘밤 저녁식탁에 은수저를 놓을 것인가? | 7. 암닭은 매일 알을 낳습니다. | 8. 제발 나를 비난하지 마세요. | 9. 강도가 그의 권총을 내려 놓았다. | 10. 그 남자가 일격에 나쁜 사내를 때려 눕혔다. | 11. 폭풍우가 큰 나무를 쓰러뜨렸다. | 12. 그는 책상 위에 지도를 펴놓았다. | 13. 나의 회사는 새로운 시장 개척을 위한 계획을 세울 것이다. | 14. 그 회사는 200명을 해고시켰다. | 15. 나는 TV를 보기 위해서 나의 책을 옆으로 치워두었다. | 16. 당신은 다음 휴가를 위해서 약간의 돈을 남겨두어야 할 것이다. | 17. 그는 해고 당했다. | 18. 그 큰 나무가 폭풍에 의해서 쓰러졌다.

- 타동사가 부사와 함께 여러가지 뜻을 만듬.
  lay down 내려놓다. 쓰러뜨리다.
  lay out 배열하다. 계획하다.
  lay off 일시 해고하다.
  lay aside 조금씩 떼어두다. (물건을) 치우다.
- 대부분의 기본적인 타동사들 (check, put, take, turn 등)은 여러가지 부사와 결합하여 다른 뜻을 만드나 동사의 기본 뜻에 충실하면서 하나 하나 외우는 수밖에 없음.

Lead [liːd] led - led   명사 선도. 지도.

타동사 안내하다. 이끌다. 인솔하다.

1. Let me lead you to the table.
2. She leads me to chairman's office.
3. He led us into a large room.
4. They were leading the horses along the river.
5. The sign will lead you to the exit.
6. She led the team to victory.
7. What is leading your life?
8. The tour guide leads the way.
9. The marching band leads the parade.
10. Who is leading the investigation?
11. She always leads our conversation.
12. The man leads her around the dance floor.
13. New York leads the nation in tourism.
14. Korea leads the world in the technology industry.
15. What leads you to study English?
16. He led me to buy a motorcycle.
17. His advice led us to start our own business.

1. 내가 당신을 식탁으로 안내하겠습니다. | 2. 그녀는 나를 회장님 방으로 안내합니다. | 3. 그는 우리들을 큰방으로 안내했습니다. | 4. 그들은 강줄기를 따라 말들을 끌고 나갔습니다. | 5. 그 신호는 당신을 출구로 안내할 것입니다. | 6. 그녀는 그 팀을 승리로 이끌었다. | 7. 무엇이 당신의 삶을 이끌고 있습니까? | 8. 그 관광가이드는 길을 안내한다. | 9. 행진밴드가 퍼레이드를 이끈다. | 10. 누가 수사를 이끌고 있습니까? | 11. 그녀는 항상 우리들의 대화를 이끈다. | 12. 그 남자가 그녀를 이끌고 춤을 춥니다. | 13. 뉴욕은 관광산업에서 선두를 달리고 있습니다. | 14. 한국은 과학기술분야에서 세계를 이끕니다. | 15. 무엇이 영어공부를 하도록 당신의 마음을 이끌었습니까? | 16. 그는 나에게 오토바이를 사도록 꼬드겼다. | 17. 그의 충고가 우리들이 비즈니스를 시작 하도록 이끌었다.

• 불완전타동사 (5형식)의 목적보어로 to부정사를 취함. 15. 16. 17번.

자동사 원인이 되다. 통하다.

1. Smoking can lead to health problems.
2. All roads lead to Rome.
3. Which team is leading?
4. The first door leads to his office.

1. 흡연은 건강문제를 야기시킵니다. | 2. 모든 길은 로마로 통한다. | 3. 어느 팀이 이기고 있습니까? | 4. 첫번째 문이 그의 사무실로 연결됩니다.

Learn [ləːrn] learned – learned

타동사 ⋯을 배우다. ⋯을 들어서 알다.

1. Children learn English in school.
2. Everybody learns something new everyday.
3. We all learn the truth.
4. I learned the news from the newspaper.
5. Where did you learn it from?
6. We have to learn (how) to swim.
7. Did you learn (how) to drive a car?
8. We have to learn to treat others with respect.
9. I will learn to fix cars.
10. I learned that they got divorced.
11. She learned that her husband was killed in the war.
12. I learn who comes tomorrow.
13. I learned where she lived.
14. He will learn if she comes back tomorrow.

1. 어린이들은 학교에서 영어를 배운다. | 2. 모두가 매일 새로운 것들을 배운다. | 3. 우리 모두 진실을 알고 있다. | 4. 나는 신문에서 그 소식을 알았다 (읽었다). | 5. 그것을 어디서 들으셨죠(들어 알게 됐죠)? | 6. 우리는 수영을 배우지 않으면 안 된다. | 7. 당신은 자동차 운전을 배우셨어요? | 8. 우리들은 예의를 가지고 다른 사람들을 대하는 것을 배워야 한다. | 9. 나는 자동차 수리를 배울 것이다. | 10. 그들이 이혼했다고 들었는데요. | 11. 그녀는 그녀의 남편이 전사했다는 소식을 들었다. | 12. 내일 누가 오는지 (들어서) 알고 있다. | 13. 나는 그녀가 어디에 사는지 알았다. | 14. 그는 그녀가 내일 돌아올지 안 올지 알게 될 것이다.

- 6, 7번의 how는 생략 가능.
- 타동사의 목적어로 to부정사를 취함. 6, 7, 8, 9번.
- 타동사의 목적어로 that절을 취함. 10, 11번.
- 타동사의 목적어로 wh절을 취함. 12, 13, 14번.

자동사 배우다. 듣다.

1. They are learning about the world history.
2. People learn from their mistakes.
3. I just learned of the accident.
4. When I learned of his death, I was really shocked.
5. My son learns very fast.
6. Live and learn.

---

1. 그들은 세계 역사에 관해서 배우고 있습니다. | 2. 사람들은 실수를 통해서 배운다. | 3. 나는 그 사고에 대해서 금방 들었습니다. | 4. 그가 죽었다는 소식을 들었을 때 나는 정말로 놀랐다. | 5. 나의 아들은 매우 빨리 배운다. | 6. 살면서 배우세요.

Leave [liːv] left - left 　명사 허락, 허가.

타동사 떠나다. 남겨두다. 남기고 죽다. …인 채로 놔두다.

1. She left me.
2. I leave home every morning.
3. He will leave the company soon.
4. Love me or leave me.
5. All my sons will leave home when the time comes.
6. We leave Seoul tonight.
7. He left school.
8. He sometimes leaves his jacket at school.
9. I left ten dollars on the table for my son to get a pizza.
10. Don't leave your keys in the car.
11. I left my umbrella there.
12. She left a note for him.
13. I will leave the decision to you.
14. Please leave your name and phone number, I will get back to you soon.
15. Don't leave the dishes in the sink until tomorrow morning.
16. If you leave your toys in the yard, they will be ruined.
17. He left three sons.
18. She left a lot of money to her children.
19. Did you leave the door open?
20. You must leave the room locked for the security.
21. Please don't leave the water running.
22. Why don't you leave us some food?
23. Why don't you leave some food for us?
24. I was left alone in the house.
25. The money was left for his children.

1. 그녀는 나를 떠났다. | 2. 나는 매일 아침 집을 나선다. | 3. 그는 곧 회사를 그만둘 것이다. | 4. 나를 사랑하든지 아니면 나를 떠나세요. | 5. 나의 아들들은 때가 오면 집을 떠날 것이다. | 6. 우리는 오늘밤 서울을 떠난다. | 7. 그는 학교를 그만두었다. | 8. 그는 가끔 학교에 그의 재킷을 두고 온다. | 9. 나는 나의 아들이 피자를 사먹도록 10불을 식탁 위에 두었다. | 10. 자동차 안에 열쇠를 두고 내리지 마세요. | 11. 나는 우산을 거기에 놔두고 왔다. | 12. 그녀는 그에게 메모를 남겨 놓았다. | 13. 당신이 결정을 하세요. | 14. 이름과 전화번호를 남겨 놓으시면, 곧 전화해드리겠습니다. | 15. 접시를 씻지 않은 채로 내일 아침까지 남겨 놓지 마세요. | 16. 만일 네가 장난감을 뜰에 놓아두면 장난감들이 망가질 것이다. | 17. 그는 세 명의 아들을 두고 세상을 떠났다. | 18. 그녀는 그녀의 자녀들에게 많은 돈을 남기고 세상을 떠났다. | 19. 문을 열어놓은 채로 두셨습니까? | 20. 당신은 안전을 위해서 방문을 잠가두어야 합니다. | 21. 물을 계속 틀어놓은 채로 두지 마십시요. | 22. 우리들을 위해서 음식을 남겨 놓지 않겠어요? | 23. 우리들을 위해서 음식을 남겨 놓지 않겠어요? | 24. 나는 집에 홀로 남겨졌다. | 25. 그 돈은 그의 자녀들을 위해서 남겨졌다.

- 불완전타동사의 목적보어로 형용사를 취함. 19번.
- 불완전타동사의 목적보어로 과거분사를 취함. 20번.
- 불완전타동사의 목적보어로 현재분사를 취함. 21번.
- 문장의 4형식 22번.

자동사 떠나다.

1. The bus leaves at three o'clock in the afternoon.
2. He leaves for Chicago tomorrow.
3. I have to leave right now to pick up my son.

1. 그 버스는 오후 3시에 출발합니다. | 2. 그는 내일 시카고로 떠난다. | 3. 내 아들을 데리러 지금 곧 가야 합니다.

Lend [lend] lent - lent

타동사 빌려주다.

1. Would you lend your umbrella?
2. He lends me ten dollars.
3. He lends ten dollars to me.
4. Can you lend your bike to me?
5. My bank lends money to businessmen.
6. My friend lent his car to me.
7. Would you lend me twenty dollars until next Monday?
8. Sure, I will lend twenty dollars to you until next Monday.
9. Who lent the camera to you?
10. Why don't you lend those books to me?
11. Will you lend me a hand with this box?
12. Lend me your ear and I will tell you the story.

---

1. 당신의 우산 좀 빌려주시겠어요? | 2. 그는 나에게 10불을 빌려준다 | 3. 그는 나에게 10불을 빌려준다. | 4. 나에게 자전거 좀 빌려주시겠어요? | 5. 내가 거래하는 은행은 사업가들에게 돈을 빌려준다. | 6. 나의 친구는 나에게 그의 자동차를 빌려주었다. | 7. 나에게 다음 월요일까지 20불만 빌려주시겠어요? | 8. 물론, 다음 월요일까지 10불을 빌려드리겠습니다. | 9. 누가 당신에게 카메라를 빌려줬죠? | 10. 저 책들을 나에게 좀 빌려주지 않으실래요? | 11. 이 상자를 옮기는 데 잠깐 도와 주시겠어요? | 12. 귀좀 잠깐 빌려주세요, 제가 그 이야기를 해드리겠습니다.

• 문장의 4형식 2. 7. 11번.

Let [let] let - let

타동사 …하게 하다. …을 허락하다.

1. Let me go.
2. Let me do that, please.
3. Let her clean the house.
4. Let him talk first.
5. Let us pray.
6. Would you let me know when you are coming?
7. I will let you watch TV after finishing your homework.
8. He let me join the party.
9. Don't let him drive your car.
10. Don't let it get you down.
11. You never let it happen again.
12. Let the wood burn.
13. Let me (come) in.
14. Let me (go)out.
15. You said you would help me, please don't let me (go)down.
16. Let's …

---

1. 나를 가게 해주세요. | 2. 내가 그것을 하게 해주세요. | 3. 그 여자가 집을 청소하게 하세요. | 4. 그가 먼저 말하게 하세요. | 5. 우리들이 기도하게 해주세요. | 6. 당신이 언제 올지 알려주시겠어요? | 7. 숙제를 마친 후에 TV를 보게 해주겠소. | 8. 그가 나를 파티에 참석하게 허락했습니다. | 9. 그에게 당신의 자동차를 운전하게 하지 마세요. | 10. 그것이 당신을 우울하게 하지 마세요. | 11. 다시는 그 일이 또 일어나지 않도록 하세요. | 12. 나무를 태우세요. | 13. 나를 안으로 들어가게 해주세요. | 14. 나를 밖으로 나가게 해주세요. | 15. 당신이 나를 도와준다고 했으니 나를 실망시키지 마세요. | 16. … 합시다.

- 사역동사 (let, make, have)의 하나.
- 불완전타동사 (5형식)의 목적보어로 동사의 원형을 취함. 1번부터 12번까지.
- 13. 14. 15번의 ( )은 일반적으로 생략됨.

Lie [lai] lay - lain

자동사 드러눕다. (물건이) 놓여 있다.

1. They lay on the beach for a couple of hours.
2. He is lying on the floor watching TV.
3. Why don't you lie down for a while?
4. The vase lies on the table.
5. His books and clothes are lying around everywhere.
6. A lot of work still lies ahead of us.
7. The duty for the country lies with young men.
8. Your future lies in your efforts.
9. My town lies to the west of the lake.
10. The castle lies in ruins.

1. 그들은 2~3시간 동안 해변에 드러누워 있었다. | 2. 그는 TV를 보면서 바닥에 누워 있습니다. | 3. 잠깐 드러눕지 그러세요? | 4. 꽃병이 테이블 위에 놓여있다. | 5. 그의 책과 옷들이 여기저기에 놓여 있다. | 6. 많은 일들이 우리들 앞에 놓여 있습니다. | 7. 국가를 위한 의무가 젊은이들에게 달려 있습니다. | 8. 당신의 미래는 당신의 노력에 달려 있습니다. | 9. 우리 동네는 호수의 서쪽에 위치하고 있습니다. | 10. 그 성곽은 황폐해져 있습니다.

Like [laik] liked - liked

타동사 좋아하다.

1. I like summer.
2. She likes Korean Food.
3. He likes her.
4. Do you like him?
5. We like the movie very much.
6. The man likes to walk.
7. He likes to play golf.
8. My wife likes to read books.
9. She likes knitting.
10. Boys like camping.
11. I don't like talking to him.
12. My mother likes us to study hard.
13. He doesn't like women to drink.
14. I don't like my daughter talking too much on the phone.
15. My English teacher likes us discussing English literature.
16. How do you like your steak cooked?
17. She likes the food hot.
18. How do you like America?
19. I don't like it when people fight.
20. She likes apples best.
21. Which season do you like best?

1. 나는 여름을 좋아합니다. | 2. 그녀는 한국음식을 좋아합니다. | 3. 그는 그녀를 좋아한다. | 4. 당신은 그를 좋아하세요? | 5. 우리는 그 영화를 매우 좋아합니다. | 6. 그 남자는 걷는 것을 좋아합니다. | 7. 그는 골프 치는 것을 좋아합니다. | 8. 나의 부인은 책 읽는 것을 좋아합니다. | 9. 그녀는 뜨개질을 좋아합니다. | 10. 소년들은 야영을 좋아합니다. | 11. 나는 그와 이야기하는 것을 좋아하지 않습니다. | 12. 나의 어머니는 우리들이 열심히

공부하는 것을 좋아하십니다. | 13. 그는 여자들이 술을 마시는 것을 좋아하지 않습니다. | 14. 나는 나의 딸이 전화로 너무 많이 이야기하는 것을 좋아하지 않습니다. | 15. 나의 선생님은 우리들이 영문학에 관해서 토론하는 것을 좋아합니다. | 16. 스테이크를 어떻게 해드릴까요? | 17. 그녀는 음식이 뜨거운 것을 좋아합니다. | 18. 미국 생활이 어떠세요? | 19. 나는 사람들이 싸우는 것을 좋아하지 않습니다. | 20. 그녀는 사과를 가장 좋아합니다. | 21. 어느 계절을 가장 좋아하세요?

- Like 부정사. 동명사 둘 다 목적어로 취할 수 있는 동사.
- 타동사의 목적어로 to부정사를 취함. 6. 7. 8번.
- 타동사의 목적어로 동명사를 취함. 9. 10. 11번.
- 불완전타동사 (5형식)의 목적보어로 to부정사를 취함 12. 13번.
- 불완전타동사의 목적보어로 현재분사를 취함 14. 15번.
- 불완전타동사의 목적보어로 과거분사와 형용사를 취함. 16. 17번.

Limit [límit] limited - limited 명사 한계, 한도.

타동사 제한하다.

1. Why don't you limit your spending?
2. Age limits job opportunities.
3. Your poor English might limits doing business in America.
4. You should limit the number of hours that your son can watch television.
5. I don't want to limit the trip expenses.
6. She limits herself to two cups of coffee a day.
7. Don't limit yourself because you can be somebody.
8. The class size is limited to seven students only.
9. The damage was limited to the window.
10. Seating is limited to thirty.
11. Use of water will be limited during summertime.

---

1. 당신의 소비 (낭비)를 줄이지 그러세요? | 2. 연령은 취업할 수 있는 기회를 제한한다. | 3. 당신의 낮은 영어 실력이 미국에서 비즈니스를 하는 것을 제한할지 모릅니다. | 4. 당신은 당신의 아들이 텔레비전을 보는 시간을 제한해야 한다. | 5. 나는 여행 경비를 제한하고 싶지 않습니다. | 6. 그녀는 하루에 두 잔의 커피를 마시도록 자신을 제한한다. | 7. 자신을 너무 제한하지 마세요, 당신도 훌륭한 사람이 될 수 있습니다. | 8. 학급의 크기가 학생 7명으로 제한되어있습니다. | 9. 유리창만 깨졌습니다. | 10. 좌석은 30명으로 제한되어 있습니다. | 11. 여름철에는 물 사용이 제한될 것입니다.

• that (관계대명사) 이하는 형용사절로 선행사 the number of hours를 수식. 4번.

Link [liŋk] linked - linked   명사 고리. 연결된것.

타동사 연결하다. 잇다.

1. The bridge links the islands.
2. The highways link major cities together.
3. The Internet links every computer to one another.
4. Smoking cigarettes links cancer.
5. The boy and the girl linked arms.
6. Why don't you link the phone line to the computer?
7. Crime and poverty are closely linked.
8. Married couples are linked for life.
9. Cancer is linked to smoking cigarettes.
10. The two countries are linked by a canal.

---

1. 그 다리는 섬들을 연결한다. | 2. 그 고속도로는 큰 도시들을 함께 연결시킨다. | 3. 인터넷은 모든 컴퓨터들을 연결한다. | 4. 흡연은 암과 관련이 있습니다. | 5. 그 소년과 소녀는 팔짱을 끼었다. | 6. 전화선을 컴퓨터에 연결하지 그러세요? | 7. 범죄와 가난은 밀접한 관계가 있습니다. | 8. 결혼한 사람들은 일생동안 결속된다. | 9. 암은 흡연과 관계가 있습니다. | 10. 그 두 나라들은 운하에 의해서 연결된다.

자동사 제휴하다. 연합하다.

1. My company links up with foreign firms.

---

1. 나의 회사는 외국 회사들과 제휴하고 있다.

Listen [lísən] listened - listened

자동사 듣다.

1. I was listening to the radio.
2. People listen to the Mayor's speech.
3. We always listen to our teacher.
4. Please listen to me carefully.
5. You should listen to *what* your parents say.
6. Have you listened to this song?
7. She is listening to the ocean on the beach.
8. We listened for *the baby* to cry.
9. Did you listen for *the phone* to ring?

---

1. 나는 라디오를 듣고 있었습니다. | 2. 사람들이 시장님의 연설을 듣고 있다. | 3. 우리는 항상 선생님의 말씀을 듣습니다. | 4. 내 말을 잘 들으십시요. | 5. 당신은 부모님의 말씀을 잘 들으셔야 합니다. | 6. 이 노래를 들어보신 적이 있으세요 ? | 7. 그녀는 바닷가에서 파도소리를 듣고 있습니다. | 8. 우리는 아기가 우는 것을 들었다. | 9. 전화벨이 울리는 것을 들었습니까?

- 관계대명사 what이 이끄는 명사절이 전치사 to의 목적어. 5번.
- 8번과 9번 전치사 뒤의 명사 (the baby와 the phone)는 뒤에 오는 to부정사의 의미상의 주어가 됨.

Live [liv] lived - lived

타동사 살다. 살아가다.

1. They live a peaceful life.

1. 그들은 평화로운 삶을 살고 있다.

• 타동사로서의 live는 동족목적어를 취함.

자동사 살다. 거주하다.

1. Where do you live?
2. I live in Tokyo.
3. She lives with her grandparents.
4. Some live in poverty and others live comfortably.
5. I live at 315 Alps Road, Trenton NJ, USA.
6. He lives from day to day.
7. They are living happily.
8. My aunt lives with two dogs.
9. Women live longer than men.
10. They live like pigs.
11. The tree has lived longer than 300 years.
12. Plants can't live without water.
13. Jacob lived in Europe for three years.
14. I wonder how she could live on $300 a month.
15. My uncle lived to be 85.
16. She lives single.
17. How many people live in the world?

1. 당신은 어디서 살고 있습니까? | 2. 나는 동경에서 살고 있습니다. | 3. 그녀는 조부모님과 함께 살고 있다. | 4. 어떤 사람들은 가난하게 살고 어떤 사람들은 안락하게 산다. | 5. 나는 미국 뉴저지 트렌톤 315번지 알프스 로드에 살고 있습니다. | 6. 그는 하루 하루 살아 가고 있습니다. | 7. 그들은 행복하게 살고 있습니다. | 8. 나의 아주머니는 2마리의 개를 데리고 사신다. | 9. 여자들이 남자들 보다 오래산다. | 10. 그들은 돼지처럼 (매우 지저분하게) 산다. | 11. 그 나무는 나이가 300년 이상 된다. | 12. 식물은 물 없이 살 수 없다. | 13. 제이콥은 3년 동안 유럽에서 살았다. | 14. 그녀가 어떻게 한 달에 300불로 살아 가는지 놀라울 뿐이다. | 15. 나의 삼촌은 85세까지 사셨다. | 16. 그녀는 독신으로 살고 있다. | 17. 얼마나 많은 사람들이 지구상에 살고 있습니까 ?

Look [luk] looked - looked　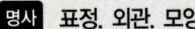 표정. 외관. 모양.

타동사　응시하다.

1. He looked me in the eyes.
2. Look how pretty she is!
3. You should look over the papers.

1. 그는 나를 똑바로 보았다. | 2. 그녀가 얼마나 예쁜지 좀 보세요. | 3. 당신은 그 서류들을 철저히 보셔야 합니다.

자동사　…하게 보이다. …인 것처럼 보이다.

1. The boy looks smart.
2. She looks great.
3. He looks happy all the time.
4. Your tie looks wonderful on you.
5. How does this hat look on me?
6. It looks good on you.
7. How do I look in this dress?
8. You look beautiful in the dress.
9. He didn't look good yesterday.
10. She looks attractive.
11. Oh, look at the man!
12. Don't look at your watch while working.
13. He looks like a kind man.
14. They look like Chinese.
15. He looks like he knows the truth.
16. She looks like she is very rich.
17. It looks like everything is okay.
18. It looks like you made a big mistake.

19. He has been looking for a job.
20. What do you look for, sir?
21. I am looking for shoes.
22. I looked everywhere for you.
23. She looks in the mirror very often.

---

1. 그 소년은 영리하게 보인다. | 2. 그녀는 매우 멋지게 보이는데요. | 3. 그는 항상 행복해 보입니다. | 4. 당신의 넥타이는 당신에게 아주 잘 어울리는군요. | 5. 이 모자가 나에게 어울리는 것 같아요? | 6. 그것은 당신에게 잘 어울리는군요. | 7. 이 드레스가 나에게 어울리나요? | 8. 그 드레스를 입으니 너무 예뻐 보이는군요. | 9. 그는 어제 안색이 별로 좋지 않아 보이던데요. | 10. 그녀는 매력적으로 보입니다. | 11. 저 사람 좀 보세요! | 12. 일하는 동안 시계를 보지 마세요. | 13. 그는 친절한 사람인 것 같군요. | 14. 그들은 중국인처럼 보이는데요. | 15. 그는 진실을 알고 있는 것처럼 보이는데요. | 16. 그 여자는 매우 부자인 것 같습니다. | 17. 만사가 형통한 것 같습니다 | 18. 당신이 큰 실수를 한 것 같군요. | 19. 그는 직장을 (계속적으로) 찾고 있습니다. | 20. 선생님, 무엇을 찾고 계시나요? (상점에서) | 21. 구두를 찾고 있는데요. | 22. 여기저기 당신을 다 찾아보았습니다. | 23. 그녀는 거울을 자주 본다.

- 불완전자동사 (2형식)의 주격보어로 형용사를 취함. 1. 2. 3. 4. 6. 8. 9. 10번.
- Like가 전치사로 쓰일때는 13. 14번 접속사로 쓰일 때는 15. 16. 17. 18번.

Lose [luːz] lost - lost

타동사 잃다. (경기에) 지다.

1. I lost my wallet again.
2. She is always losing her keys.
3. A lot of people lose their jobs these days.
4. He lost big money in the business.
5. Our company lost two million dollars on the project.
6. I lost my appetite.
7. She lost her son at the market.
8. My friend lost his sight in the Vietnam War.
9. He lost his brother to cancer.
10. Soldiers lose their lives in the war.
11. His family lost everything in the storm.
12. Please don't lose your temper.
13. She tries to lose ten pounds before her wedding.
14. Don't lose control when your drive a car.
15. Follow her carefully not to lose her in the crowd.
16. We can't lose this game.
17. I am lost every time I go into the city.
18. Don't be upset when you are lost.

---

1. 제가 지갑을 또 잃어버렸군요. | 2. 그녀는 항상 열쇠를 잃어버린다. | 3. 요즈음 많은 사람들이 직장을 잃습니다. | 4. 그는 사업에서 큰돈을 잃었다. | 5. 우리 회사는 그 사업에서 2백만 불을 손해 봤습니다. | 6. 식욕이 별로 없군요. | 7. 그녀는 그녀의 아들을 시장에서 잃어 버렸다. | 8. 나의 친구는 월남전에서 시력을 잃었습니다. | 9. 그는 형을 암으로 잃었습니다. | 10. 병사들이 전쟁에서 생명을 잃습니다. | 11. 그의 가족은 폭풍우로 모든 것을 잃었습니다. | 12. 제발 화내지 마세요. | 13. 그녀는 결혼 전에 10파운드의 몸무게를 줄이기 위해 노력한다. | 14. 운전할 때 통제력을 잃지 마세요. | 15. 군중 속에서 그녀를 놓치지 많도록 조심스럽게 따라 가세요. | 16. 우리는 이 경기에 질 수 없다. | 17. 나는 시내에 들어 갈 때마다 길을 잃습니다. | 18. 길을 잃을 때 당황하지 마세요.

자동사 시계가 늦다.

1. My watch loses three minutes a day.

---

1. 나의 시계는 하루에 3분씩 느립니다.

Love [lʌv] loved - loved   명사 사랑.

타동사 사랑하다.

1. We love our country.
2. She loves her children very much.
3. Do you love me?
4. I loved dance class.
5. She loves to cook.
6. He loves to see movies.
7. The kids love playing soccer.
8. My niece loves listening to music.
9. My brother always loves the Marines.
10. God loves all his creatures.
11. I love the way she dresses.

---

1. 우리는 조국을 사랑합니다. | 2. 그녀는 그녀의 자녀들을 매우 사랑합니다. | 3. 당신은 나를 사랑하세요? | 4. 나는 댄스 클라스를 좋아했습니다. | 5. 그녀는 요리하는 것을 좋아합니다. | 6. 그는 영화 보는 것을 좋아합니다. | 7. 그 어린이들은 축구하는 것을 좋아 합니다. | 8. 나의 조카는 음악 듣는 것을 좋아합니다. | 9. 나의 형은 항상 해병대를 자랑스러워 한다. | 10. 하나님은 그의 모든 피조물을 사랑하신다. | 11. 나는 그녀의 옷 입는 스타일을 좋아한다.

- 타동사의 목적어로 to부정사를 취함. 5. 6번.
- 타동사의 목적어로 동명사를 취함. 7. 8번.

You Can Speak English!

M

외국인의 영어습득 한계는 70%가 최대치라고 영어 학자들은 말한다.
영어를 즉시 알아듣지 못하거나 말을 하지 못해도 부끄러워 말라.
알아듣지 못한 경우 한 번 더 말해 달라고 분명하게 말해야 한다.

Make [meik] made - made 명사 제작, 제조.

타동사 만들다. …을 …하게 하다. …하게 하다.

1. God made the world.
2. Everybody makes a mistake.
3. He makes a lot of money.
4. Those kids make noise.
5. My sister always makes cookies.
6. What makes good music?
7. I made dinner for my family.
8. My mother makes us dinner everyday.
9. My mother makes dinner for us everyday.
10. She made me a dress.
11. She made a dress for me.
12. He made his son a doctor.
13. She will make her daughter a teacher.
14. One new idea might make you a millionaire.
15. She makes him happy.
16. My son made me proud.
17. Make yourself comfortable. (at home)
18. Snow makes driving dangerous.
19. Jokes make people cheerful.
20. Flowers make my room cozy.
21. He makes me work.
22. This song makes me cry.
23. The jeans make me look fat.
24. Rain makes the grass grow.
25. You made me spill my coffee.
26. My dad makes me finish my homework before playing outside.
27. Wine is made from grapes.

28. Desks are made of wood.
29. The universe was made by God.

---

1. 하나님이 세상을 창조하셨습니다. | 2. 누구나 실수합니다. | 3. 그는 많은 돈을 법니다. | 4. 저 애들이 소란을 피우는군요. | 5. 나의 누이는 항상 쿠키를 만든다. | 6. 무엇이 좋은 음악을 만듭니까? | 7. 나는 가족을 위해서 저녁을 준비했습니다. | 8. 나의 어머니는 매일 우리들을 위해서 저녁식사를 준비하신다. | 9. 나의 어머니는 매일 우리들을 위해서 저녁식사를 준비하신다. | 10. 그녀는 나에게 드레스를 만들어 주었다. | 11. 그녀는 나에게 드레스를 만들어 주었다. | 12. 그는 그의 아들을 의사로 만들었다. | 13. 그녀는 그녀의 딸을 선생님으로 만들 것이다. | 14. 하나의 새로운 아이디어가 당신을 백만장자로 만들지도 모른다. | 15. 그녀는 그를 행복하게 해준다. | 16. 나의 아들은 나를 자랑스럽게 한다. | 17. 편히 하십시오. | 18. 눈길에 운전하는 것은 위험하다. | 19. 농담은 사람들은 유쾌하게 한다. | 20. 꽃들은 나의 방을 아늑하게 해준다. | 21. 그는 나에게 일을 시킨다. | 22. 이 노래는 나를 울게 한다. | 23. 이 청바지는 나를 뚱뚱하게 보이게 한다. | 24. 비는 잔디를 자라게 한다. | 25. 당신이 내가 커피를 쏟게 했군요. | 26. 나의 아버지는 내가 밖에 나가 놀기 전 숙제를 끝내게 하신다. | 28. 포도주는 포도에서 만들어진다. | 27. 책상은 나무로 만들어진다. | 29. 우주는 하나님에 의해서 창조되었다.

- 불완전타동사 (5형식)의 목적보어로 명사를 취함. 12, 13, 14번.
- 불완전타동사 (5형식)의 목적보어로 형용사를 취함. 15, 16, 17, 18, 19, 20번.
- 불완전타동사 (5형식)의 목적보어로 동사의 원형을 취함. 21, 22, 23, 24, 25, 26번.
- 문장의 4형식 8, 10번.

Manage [mænidʒ] managed - managed

타동사 관리하다. (어려운 일을) 해내다.

1. She manages new accounts.
2. My brother manages five stores in Seattle.
3. He manages a lot of employees.
4. She is not able to manage children.
5. My company manages all the empty land in this town.
6. You have to learn how to manage your time and money.
7. I will manage to borrow some money from the bank.
8. Did you manage to get some sleep last night?
9. She managed to clean the whole house in an hour.
10. He managed to buy three tickets for the popular show.
11. There is nothing that she cannot manage.

1. 그녀는 새 계좌를 관리한다. | 2. 나의 형은 시애틀에서 5개의 가게를 운영한다. | 3. 그는 많은 고용인들을 관리한다. | 4. 그녀는 어린이들을 다룰 능력이 없습니다. | 5. 나의 회사는 이 타운에 있는 빈땅들을 관리합니다. | 6. 당신은 시간과 돈을 관리하는 법을 배워야 합니다. | 7. 나는 은행으로부터 얼마간의 돈을 어떻게든 빌릴 것이다. | 8. 당신은 지난 밤 잠을 좀 주무셨습니까? | 9. 그녀는 한 시간에 집 전체를 청소해 냈다. | 10. 그는 인기있는 쇼 입장권 3장을 힘들게 구입했다. | 11. 그녀가 해결 수 없는 어떤 것도 있지 않다. (그녀는 무엇이든지 해결한다.)

- 타동사의 목적어로 to부정사를 취함. 7. 8. 9. 10번.
- Manage to do 쉽지 않은 일을 어떻게든 (여러가지 방법으로) 해내다로 해석.

자동사 (이럭저럭) 해나가다.

1. How do you manage without a car in America?
2. My family tries to manage on a limited budget.

---

1. 미국에서 자동차 없이 어떻게 살아 갈 수 있습니까? | 2. 나의 가족은 제한된 예산으로 살아 가기 위해서 노력한다.

Mark [mɑːrk] marked - marked   명사 표. 기호. 표시.

타동사 …에 표를 하다. 채점하다.

1. I will mark my new books.
2. I marked the watch *that* I wanted in the catalogue.
3. He marked the highway on the map.
4. Did you mark the page to read again?
5. You should mark the date on the calendar.
6. My teacher marks our homework everyday.
7. This yellow shirt marks her *as* a tourist.
8. She marks her students *present* or *absent*.
9. Your shoes marked the floor.
10. She is marked as a talkative girl.
11. The letter is marked personal.
12. Those boxes are marked with blue star signs.
13. The watch that I wanted in the catalogue was marked.
14. You will be marked in Jesus Christ if you accept him as your saviour.

1. 나는 나의 새책에 표를 해 놓겠다. | 2. 나는 카다로그에서 내가 원하는 시계에 표를 해 두었다. | 3. 그는 지도 위의 고속도로에 표시를 했다. | 4. 당신은 다시 읽기 위해서 그 페이지에 표시를 해 두었습니까? | 5. 당신은 달력 위 날짜에 표시를 해두어야 합니다. | 6. 나의 선생님은 우리들의 숙제를 매일 채점(점검) 하신다. | 7. 이 노란 셔츠로 그녀는 관광객으로 표시된다. | 8. 그녀는 학생들의 출석 여부를 점검한다. | 9. 당신의 신발이 마루위에 자국(흠집)을 남겼다. | 10. 그녀는 가장 말이 많은 소녀로 간주된다. | 11. 이 편지는 사적인 우편물로 표시되어 있다. | 12. 저 상자들은 청색별 부호가 표시 되어져 있다. | 13. 내가 카다로그에서 원했던 시계가 표시되어져 있다. | 14. 만일 당신이 예수님을 구세주로 영접하면 당신은 주의 백성으로 표시될 것이다.

- that (관계대명사) 이하는 형용사절로 선행사 watch 수식. 2번.
- 관계대명사, 관계부사가 이끄는 절은 무조건 형용사절 (형용사 역할)로 선행사를 수식함.
- 불완전타동사 (5형식)의 목적보어로 as 이하를 취함. 7번.
- 불완전타동사 (5형식)의 목적보어로 형용사를 취함. 8번.

Matter [mǽtər] mattered - mattered 명사 물질. 문제.

자동사 중요하다.

1. Money matters to him.
2. Your attire matters on job interviews.
3. Your age doesn't matter.
4. Your appearance doesn't matter to us.
5. What you say matters to her.
6. Do you want coffee or tea? It doesn't matter to me.
7. Nothing matters to them.
8. It doesn't matter whether he comes or not,
9. It doesn't matter to him whatever happens to her.
10. This is the only thing that matters to him.
11. Why does it matter?
12. What does it matter?

---

1. 돈은 그에게 중요하다. | 2. 당신의 복장은 취직 인터뷰에 중요합니다. | 3. 당신의 나이는 중요하지 않습니다. | 4. 당신의 외모는 우리들에게 중요하지 않습니다. | 5. 당신이 말하는 것이 그 여자에게 중요합니다. | 6. 커피를 드릴까요? 차를 드릴까요? 저는 상관 없습니다. | 7. 어떤 것도 그들에게 중요하지 않다. | 8. 그가 오든 안 오든 상관 없습니다. | 9. 그녀에게 무슨 일이 일어나든지 그에게는 상관 없습니다. | 10. 이것이 그에게 중요한 유일한 것입니다. | 11. 그것이 왜 중요하지요? | 12. 그래서 어쨌다는 말입니까?

• that (관계대명사) 이하는 형용사절로 선행사 thing을 수식. 10번.

Mean [miːn] meant - meant

타동사 …을 의미하다.

1. What does it mean?
2. She means the world to me.
3. It would mean so much to me if you come.
4. The farm means everything to my family.
5. What do you mean by "cocktail party"?
6. This sign means that you have to slow down.
7. Do you mean that I can't see her anymore?
8. He means to ask you something.
9. I didn't mean to hurt you.
10. She meant to bring a present to you but she forgot.
11. Does the name Mr. Smith mean anything to you?
12. Do you know what that means?
13. I mean it.
14. Christmas time is meant to bring people together.
15. I was meant to help my parents.
16. You are meant to be a teacher.

---

1. 그것은 무엇을 의미하지요? | 2. 그녀는 나에게 온 세상이다. (그녀는 나의 전부다) | 3. 만일 와주신다면 저에게 큰 의미가 있겠습니다. | 4. 그 농장은 우리 가족의 모든 것을 의미한다. | 5. 칵테일 파티라니 무슨 말씀이시죠? | 6. 이 표지는 당신이 속도를 줄여야 한다는 것을 의미합니다. | 7. 당신은 나에게 그녀를 더 이상 만나지 말라고 말씀하시는 것입니까? | 8. 그는 당신에게 무언가를 물어볼 생각이다. | 9. 나는 당신의 감정을 상하게 할 생각은 아니었습니다. | 10. 그녀는 당신에게 선물을 가져올 생각이었으나 잊어버렸습니다. | 11. 미스터 스미스라는 이름이 당신에게 뭔가를 의미합니까? (그 이름으로 생각나는 게 있으세요?) | 12. 그것이 무엇을 의미하는지 알고 계십니까? | 13. 나는 그것을 확신(의미) 한다. (그것을 고집한다) | 14. 크리스마스는 사람들이 모이는 것을 의미합니다. | 15. 나는 부모님을 돌봐야 한다. (부모님에 대한 책임이 있다) | 16. 당신은 선생님이 되기에 적격이다.

- 타동사의 목적어로 that절을 취함. 6. 7번.
- 타동사의 목적어로 to부정사를 취함. 8. 9. 10번.

Measure [méʒər] measured - measured　명사 치수. 분량.

타동사　재다. 측량하다. …의 치수를 재다.

1. My teacher measured my height.
2. Did you measure all the windows?
3. You should measure the wall before buying the shelves.
4. The tailor measured him for his new coat.
5. Could you measure the outside temperature?
6. Europeans measure things with the metric system.
7. You must not measure someone by his clothes.
8. How could you measure his intelligence at first sight?
9. She has to be measured for her wedding dress.
10. All the rooms were measured for the new carpet.

1. 나의 선생님이 나의 키를 재어주셨다. | 2. 당신은 모든 유리창의 크기를 쟀습니까? | 3. 선반을 사기 전에 벽의 길이를 재셔야 합니다. | 4. 그 양복 재단사는 새 코트를 만들기 위해서 그의 치수를 재었다. | 5. 바깥 날씨를 알아보시겠어요? | 6. 유럽 사람들은 미터법으로 사물을 잰다. | 7. 당신은 옷차림으로 사람을 평가해서는 안 된다. | 8. 어떻게 첫눈에 그의 지성을 평가할 수 있습니까? | 9. 그녀의 웨딩드레스를 위해서 길이가 재어졌다. | 10. 모든 방에서 새 카펫트를 깔기 위해서 길이가 측정됐다.

자동사　길이가… 되다. 재어서 …이 되다.

1. The boat measures ten feet across.
2. The whale measures ninety feet in length.

1. 그 보트는 넓이가 10피트이다. | 2. 그 고래는 길이가 90피트이다.

Meet [miːt] met - met   명사 모임.

타동사 …을 만나다.

1. You have to meet me tonight.
2. She met him in the street.
3. I met the pretty girl on the bus.
4. Have you met her before?
5. I used to meet my son's teacher.
6. When are you going to meet her?
7. Why don't you meet me downtown?
8. You should meet the guy who loves you.
9. Nobody knows who meets whom.
10. Nice to meet you.
11. Nice meeting you.

---

1. 당신은 오늘밤 나를 만나지 않으면 안 됩니다. | 2. 그녀는 그를 거리에서 만났다. | 3. 나는 버스에서 예쁜 소녀를 만났습니다. | 4. 당신은 그녀를 전에 만난 적이 있습니까? | 5. 나는 나의 아들의 선생님을 만나곤 했습니다. | 6. 당신은 언제 그녀를 만날 작정입니까? | 7. 시내에서 잠깐 나를 만나지 그러세요? | 8. 당신은 당신을 사랑해주는 남자를 만나야 합니다. | 9. 누가 누구를 만날지 아무도 모릅니다. | 10. 만나서 반갑습니다. (처음 만났을 때) | 11. 만나서 반가웠습니다. (만나고 헤어질 때)

자동사 만나다. 합쳐지다.

1. They met in college.
2. My friends meet every month.
3. We will meet at the restaurant.
4. Where did you two meet for the first time?
5. They meet for lunch every day.
6. We are meeting for coffee tonight.
7. The two roads meet at the corner.

1. 그들은 대학에서 만났습니다. | 2. 나의 친구들은 매달 만납니다. | 3. 우리들은 그 식당에서 만날 것이다. | 4. 당신들 두 사람은 어디서 처음으로 만났습니까? | 5. 그들은 내일 점심을 함께 하기 위해 만난다. | 6. 우리는 오늘밤 커피를 마시기 위해서 만날 것이다. | 7. 두개의 길은 모퉁이에서 만난다.

Mention [ménʃən] mentioned - mentioned 명사 언급. 진술.

타동사 …을 말하다.

1. She mentioned her idea to me.
2. He likes to mention passages from the book of Proverbs.
3. She mentions Mr. Lee every time we meet.
4. He used to mention the books *that* he read.
5. He never mentions anything about his family.
6. Don't mention it to her.
7. He didn't mention his daughter in his will.
8. She mentions *that* you might quit the job.
9. He mentioned *that* he saw my sister yesterday.
10. Did she mention *when* they would arrive?
11. Nobody mentions *what* happened here yesterday.
12. Don't mention it.

---

1. 그녀는 나에게 그녀의 생각을 말했다. | 2. 그는 격언록에서 명언들을 인용하는 것을 좋아합니다. | 3. 그녀는 우리가 만날 때마다 미스터 리에 관해서 말합니다. | 4. 그는 그가 읽은 책들에 대해서 말하곤 했다. | 5. 그는 그의 가족에 관해서 결코 어떤 것도 말하지 않습니다. | 6. 그녀에게 그것을 말하지 마세요. | 7. 그는 그의 유언장에서 그녀의 딸에 대해서 언급하지 않았다. | 8. 그녀는 당신이 직장을 그만둘지도 모른다고 말한다. | 9. 그는 어제 나의 누이를 보았다고 말했다. | 10. 그들이 언제 도착할 것인지 그녀가 말했습니까? | 11. 어제 여기서 무슨 일이 있었는지 아무도 말하지 않는다. | 12. 천만에요.

- that (관계대명사) 이하는 형용사절로 선행사 books를 수식. 4번.
- 타동사의 목적어로 that절을 취함. 8. 9번.
- 타동사의 목적어로 wh절을 취함. 10. 11번.

Mind [maind] minded - minded 명사 마음. 정신.

타동사 …에 신경을 쓰다. (부정 의문문에서) 싫어하다. 꺼려하다.

1. I don't mind the winter, but I like spring.
2. You just mind your own business, please.
3. Never mind the mess, I will fix it.
4. Mind your manners, please.
5. Would you mind moving your bags?
6. Would you mind opening the window?
7. I don't mind living in London. It is a beautiful city.
8. She never minds collecting empty bottles.
9. She doesn't mind driving whenever I am tired.
10. Would you mind me smoking here?
11. I don't mind the boys playing in my yard.
12. She never minds the children talking all day long.
13. He doesn't mind whatever they say.
14. She doesn't mind when I leave.
15. I don't mind who becomes the boss.
16. Do you mind if I sit here?
17. Do you mind if I borrow some money from you?
18. He doesn't mind that his business has been slow.
19. She minds that you never return her calls.

1. 나는 겨울을 싫어 하지는 않지만 봄을 좋아합니다. | 2. 제발 당신 일에나 신경쓰세요. | 3. 이 지저분한 것에 신경쓰지 마세요, 제가 치우겠습니다. | 4. 당신의 언행에 신경을 쓰세요. | 5. 당신의 가방 좀 옮겨주시겠어요? | 6. 창문 좀 열어주시겠어요? | 7. 나는 런던에 사는 것에 상관치 않습니다, 아름다운 도시지요. | 8. 그녀는 빈병을 모으는 것을 귀찮아 하지 않습니다. | 9. 그녀는 내가 피곤할 때는 언제든지 운전하는 것을 꺼려하지 않습니다. | 10. 내가 여기서 담배를 피워도 되겠습니까? | 11. 나는 소년들이 내 집 뜰에서 노는 것에 반대하지 않습니다. (신경쓰지 않습니다.) | 12. 그녀는 어린이들이 하루 종일 떠드는 것에 상관하지 않습니다. | 13. 그는 그들이 무엇을 말하든지 신경 쓰지 않습니다. | 14.

그녀는 내가 언제 떠나든지 신경 쓰지 않습니다. | 15. 누가 사장이 되든지 나는 신경 쓰지 않습니다. | 16. 제가 여기 앉아도 될까요? | 17. 제가 당신으로부터 돈을 좀 빌려도 될까요? | 18. 그는 장사가 안돼도 신경 쓰지 않는다. | 19. 그녀는 당신이 그녀에게 전화해주지 않는 것에 신경을 쓴다.

- 타동사의 목적어로 동명사를 취함. 5. 6. 7. 8. 9번.
- 불완전타동사 (5형식)의 목적보어로 현재분사를 취함. 10. 11. 12번.
- 타동사의 목적어로 wh절을 취함 (if절) 포함. 13. 14. 15. 16. 17번.
- 타동사의 목적어로 that절을 취함. 18. 19번.

자동사 신경을 쓰다.

1. Never mind about that.

---

1. 그것에 대해서 신경쓰지 마세요.

Miss [mis] missed - missed   명사 처녀. 미혼여성.

타동사 놓치다. (기회를) 놓치다. 그리워하다.

1. I missed the last bus.
2. If you miss your flight, there is no another one until tomorrow afternoon.
3. We missed the beginning of the show.
4. I will not miss the chance to work in Washington D.C.
5. You can't miss it because it is a big house.
6. You missed the target again.
7. She is missing my point.
8. I miss what you say when you speak quickly.
9. The inspector missed the fault in the engine.
10. I am sorry I missed your call last night.
11. I don't want to miss the game again.
12. Don't miss the concert; it will be great.
13. We will all miss you, Dr. Kim. Please call me when you get there.
14. She really misses her husband while he is away.
15. We miss living in Paris.
16. I still miss having a good time with her.
17. Everybody is missing his skill to solve any problem.

1. 나는 마지막 버스를 놓쳤습니다. | 2. 만일 당신이 비행기를 놓치면 내일까지는 비행기가 없습니다. | 3. 우리는 그 쇼의 시작 부분은 보지 못했습니다. | 4. 나는 워싱턴 D.C.에서 일 할 수 있는 기회를 놓치지 않을 것이다. | 5. 그것은 큰 집이기 때문에 놓칠 수 없습니다. | 6. 당신은 또 목표물을 빗맞췄군요. (맞치지 못했군요.) | 7. 그녀는 나의 요점을 놓치고 있습니다. | 8. 나는 당신이 빨리 말할 때 알아듣지 못합니다. | 9. 그 검사관은 엔진이 결함을 보지 못했습니다. | 10. 어젯밤 당신의 전화를 받지 못해서 미안합니다. | 11. 나는 또 그 경기를 놓치고 싶지 않습니다. | 12. 연주회를 놓치지 마세요. 대단할 거에요. | 13. 김박사님, 우리는 모두 당신을 그리워할 것입니다. 거기 도착하시면 전화해 주세요. |

14. 그녀는 남편이 멀리 있을 동안 몹시 그리워한다. | 15. 우리는 파리에 살던 때를 그리워 합니다. | 16. 나는 여전히 그녀와 좋은 시간을 가졌을 때를 그리워한다. | 17. 모든 사람이 어떤 문제든지 잘 해결하는 그의 능숙함을 그리워합니다.

- 타동사의 목적어로 관계대명사 what을 취함. 8번.
- 타동사의 목적어로 동명사를 취함. 15, 16번.

자동사 기회를 놓치다.

1. We missed out on seeing the play.

1. 우리는 그 연극을 보지 못했다.

Move [muːv] moved - moved

타동사 옮기다. 감동시키다. …의 마음을 움직이다.

1. Could you move your books, please?
2. We have to move the piano to the corner.
3. Who is going to move those heavy boxes?
4. Faith will move mountains.
5. The song moved everybody in the room.
6. The story moved him to tears.
7. Why don't you read books that move people?
8. Nobody can move her decisions.
9. He was moved from headquarters to another branch.
10. The patient was moved to the hospital.
11. My appointment will be moved to 4:00 PM.
12. Everybody was moved by the song.
13. He was moved to tears by the story.

---

1. 책 좀 옮겨주시겠어요? | 2. 우리는 피아노를 저 구석으로 옮기지 않으면 안 된다. | 3. 누가 저 무거운 상자들을 옮기죠? | 4. 신념은 산이라도 옮긴다. | 5. 그 노래는 방안에 있는 모두를 감동시켰다. | 6. 그 이야기는 눈물이 나도록 그를 감동시켰다. | 7. 사람들을 감동시킨 책들을 읽지 그러세요? | 8. 아무도 그녀의 결심을 바꾸지 못한다. | 9. 그는 본사에서 지사로 전근되었다. | 10. 그 환자는 병원으로 옮겨졌다. | 11. 내 약속은 4시로 옮겨질것이다. | 12. 모두가 그 노래를 듣고 감동받았다. | 13. 그는 그 이야기를 듣고 눈물이 나올 정도로 감동받았다.

자동사 움직이다. 이사하다.

1. The earth moves around the sun.
2. The kids move around the playground.
3. They will move out of the house soon.
4. We will move into a new house.
5. When did they move to Houston?
6. They moved from San Diego to Atlanta.
7. She moved in to live with her friend.
8. You should move fast, if you want the ticket for the play.
9. Canned food moves well.
10. She moved slowly to the door.
11. Please move a little bit so I can sit down.
12. My cat moves quickly all the time.

---

1. 지구는 태양의 둘레를 돈다. | 2. 어린이들이 운동장 주위를 돌아다닌다. | 3. 그들은 곧 이사 갈 것이다. | 4. 우리는 새집으로 이사 할 것이다. | 5. 그들은 언제 휴스톤으로 이사 갔습니까? | 6. 그들은 샌디에고에서 아틀란타로 이사했다. | 7. 그녀는 그녀의 친구와 살기 위해서 이사왔다. | 8. 만일 당신이 그 연극표를 원하신다면 서두르세요. | 9. 깡통음식(통조림)은 잘 팔립니다. | 10. 그녀는 문쪽으로 천천히 걸어갔다. | 11. 제가 앉을 수 있도록 조금만 움직여 주십시오. | 12. 나의 고양이는 항상 빨리 움직인다.

- Move (자동사) 이사해 나가다. 3번. / 이사해 들어오다. 4번. / …로 이사가다. 5번. / 어디서 어디로 이사하다. 6번.

You Can Speak English!

N

발음은 중요하지만 집착해서는 안 된다. 미국인들이 내 말을 알아듣지 못 하는 경우
발음 때문만 이 아니고 말의 어순이 틀린 경우 알아 듣지 못한다

Need [niːd] needed - needed   명사 필요. 소용.

타동사 …을 필요로 하다.

1. I need your help.
2. You need sleep.
3. Everybody needs money.
4. My watch needs a new battery.
5. Your house needs painting.
6. What do you need, sir?
7. My car needs new tires.
8. All the people need coats for winter.
9. A job like teaching needs patience.
10. We need a pencil for the math test.
11. She needs to go.
12. I need to send flowers to her.
13. I need to make a reservation for the restaurant.
14. You need to take a vacation.
15. The roof needs to be replaced next year.
16. My wife needs me to bring more money.
17. I need you to help me.
18. He needs you to finish it by tomorrow.
19. He needs his car repaired.
20. She needs her hair done.
21. More houses are needed in the city.
22. Water will be needed for the people in Africa.

1. 나는 당신의 도움이 필요합니다. | 2. 당신은 잠이 필요합니다. (당신은 잠을 좀 자야 할 것 같습니다.) | 3. 누구나 돈이 필요합니다. | 4. 내 시계는 새 배터리를 필요로 한다. | 5. 당신집에 페인트를 칠해야 겠군요. | 6. 선생님, 무엇을 필요로 하십니까? (무엇을 찾고 계신가요?) | 7. 내 자동차는 새 타이어를 필요로 한다. | 8. 모두가 겨울에는 코트를 필요로

한다. | 9. 가르치는 직업은 (선생 같은) 인내가 요구된다. | 10. 우리는 수학시험을 치를 때는 연필을 필요로 한다. | 11. 그녀는 가야 한다. | 12. 나는 그녀에게 꽃을 보내지 않으면 안 된다. | 13. 나는 식당에 예약해 놓지 않으면 안 된다. | 14. 당신은 휴가를 갈 필요가 있습니다. | 15. 지붕은 내년에 새로 교체되어야 한다. | 16. 나의 부인은 내가 더 많은 돈을 벌어오기를 바란다. | 17. 나는 당신이 나를 도와 주었으면 합니다. | 18. 그는 당신이 내일까지 그것을 끝내주었으면 합니다. | 19. 그는 그의 차가 수리되기를 바란다. | 20. 그녀는 그녀의 머리가 손질되어지기를 바란다. (미용사에 의해) | 21. 도시에는 더 많은 주택들이 필요하다. | 22. 물은 아프리카에 있는 사람들에게 필요하다.

- 타동사의 목적어로 동명사를 취함. 5번.
- 타동사의 목적어로 부정사를 취함. 11. 12. 13. 14. 15번 …할 필요가 있다로 해석.
- 불완전타동사 (5형식)의 목적보어로 to 부정사를 취함. 16. 17. 18번.
- 불완전타동사 (5형식)의 목적보어로 타동사의 과거분사를 취함. 19. 20번 …이 …되어지기를 바란다로 해석.

Notice [nóutis] noticed – noticed 명사 통지, 통고.

타동사 …알아채다.

1. She noticed a small tear in the new dress
2. I didn't notice the picture on the wall before.
3. Did you notice his new watch?
4. I said hello three times, but she didn't notice it.
5. He didn't notice the 'wet floor' sign and slipped.
6. I noticed a man steal (stealing) something at the store.
7. Did you notice her go (going) out late at night?
8. He noticed several girls tease (teasing) my younger brother.
9. I noticed my wife drink (drinking) too much.
10. Nobody notice when he disappeared.
11. I didn't notice how tired he was.
12. We will notice if he does something wrong.
13. He noticed that his son was having trouble in the school.
14. We noticed that she was trembling before us.
15. I notice that they are very happy.

---

1. 그녀는 새 드레스에 작은 구멍을 발견했다. | 2. 나는 전에는 벽에 있는 그림을 알아보지 못했다. | 3. 당신은 그의 새 시계를 알아보았습니까? | 4. 나는 3번이나 안녕이라고 했지만 그녀는 알아듣지 못했다. | 5. 그는 'wet floor' 표지를 보지 못해서 미끌어졌다. | 6. 나는 어떤 남자가 가게에서 뭔가를 훔치는 것을 알아챘다. | 7. 당신은 그녀가 밤늦게 외출하는 것을 알고 있었습니까? | 8. 그는 여자아이들 몇 명이 그의 동생을 놀려대는 것을 알아차렸다. | 9. 나는 나의 부인이 술을 많이 마시는 것을 알게 되었다. | 10. 아무도 그가 언제 사라졌는지 모른다. | 11. 나는 그가 얼마나 피곤한지 몰랐다. | 12. 만일 그가 뭔가를 잘못하면 우리는 알게 될 것이다. | 13. 그는 그의 아들이 학교에서 어려움에 처한 것을 알았다. | 14. 우리는 그녀가 우리들 앞에서 떨고 있는 것을 알았다. | 15. 나는 그들이 매우 행복하다는 것을 알고 있다.

- 불완전타동사 (5형식)의 목적보어로서 동사의 원형 또는 현재분사가 구별없이 쓰임. 6. 7. 8. 9번.
- 타동사의 목적어 로 wh절을 취함. 10. 11. 12번.
- 타동사의 목적어로 that절을 취함. 13. 14. 15번.

You Can Speak English!

모든 언어는 그 국가의 문화와 역사에 근거를 두고 있다.
영어를 잘 하기 위해서는 미국의 문화와 역사에 관한 책을 읽음으로 큰 도움이 된다.

Obtain [əbtéin] obtained - obtained

타동사 (노력하고 수고하여) 획득하다. 손에 넣다.

1. I will obtain a scholarship next year.
2. My company obtained a five million dollar loan.
3. You should obtain the license before starting the business.
4. Where did you obtain the catalogues?
5. Visitors must obtain a permit to enter the hunting park.
6. I obtained my driver's license when I was 18 years old.
7. You should obtain a copy of the book if it's possible.
8. When did you obtain your doctoral degree?
9. Foreigners who want to live in America must obtain an alien card.
10. He obtained the top prize.
11. Information about mailing items can be obtained from the post office.
12. Knowledge should be obtained through study.

1. 나는 내년에 장학금을 받을 것이다. (장학금을 받도록 노력할 것이다.) | 2. 나의 회사는 5백만불을 융자 받았다. | 3. 사업을 시작하기 전에 라이센스를 획득하셔야 합니다. | 4. 그 카탈로그를 어디서 받으셨죠? | 5. 방문객은 사냥 공원에 입장하기 위해서 허가를 취득하셔야 합니다. | 6. 나는 18살 때 운전면허증을 취득했습니다. | 7. 가능하다면 당신은 그 책의 복사본을 손에 넣어야 합니다. | 8. 당신은 언제 박사학위를 취득하셨습니까? | 9. 미국에서 살기를 원하는 외국인들은 외국인카드를 취득하셔야 합니다. | 10. 그는 일등 상을 받았습니다. | 11. 우편물에 관한 정보는 우체국에서 얻을 수 있습니다. | 12. 지식은 공부를 통하여 획득될 수 있다.

Occur [əkə́ːr] occurred - occurred

자동사 (사건 등이) 일어 나다. (갑자기) 생각이 떠오르다.

1. Earthquakes occur without a warning.
2. What exactly occurred on that evening?
3. The explosion occurred at six in the morning
4. When did the accident occur?
5. How did the homicide occur?
6. If anything occurs to you, please let me know I will be there immediately.
7. It occurs to me that I have to call her.
8. It occurred to me that they moved to Busan.

1. 지진은 예고 없이 발생합니다. | 2. 그 날 저녁 정확히 무슨 일이 있었죠? | 3. 그 폭발은 아침 6시에 발생했다. | 4. 그 사고는 언제 일어났습니까? | 5. 그 살인사건은 어떻게 일어났습니까? | 6. 만일 당신에게 무슨 일이 일어나면 알려주십시요, 곧 가겠습니다. | 7. 내가 그녀에게 전화해야 한다는 생각이 갑자기 떠오른다. | 8. 그들이 부산으로 이사갔다는 생각이 갑자기 떠올랐다.

Offer [ɔ́(ː)fər] offered - offered   명사 제안, 신청.

타동사 제안하다. 제공하다.

1. He offers me a job.
2. He offers a job to me.
3. She offered me a drink.
4. You should offer the elderly your seat on the bus.
5. The man offers me thirty dollars for my bike.
6. She offered fifty dollars to me for my guitar.
7. We offer prayers to God everyday.
8. The restaurant offers a discount to senior citizens.
9. The government offers scholarships to students.
10. Did you offer support to her?
11. He offers a reward for his stolen watch.
12. The woman offers to read the children funny stories.
13. He offered to take her to the park.
14. My friends offer to help me.
15. I was offered a job by him.
16. A job was offered to me by him.

1. 그는 나에게 직장을 제안한다. | 2. 그는 나에게 직장을 제안한다. | 3. 그녀는 나에게 음료수를 갖다주었다. | 4. 당신은 버스에서 연장자에게 당신의 자리를 양보해야 한다. | 5. 그 남자는 나에게 내 자전거 값으로 30불을 제안한다. | 6. 그녀는 나에게 내 기타값으로 50불을 제안했다. | 7. 우리는 매일 하나님께 기도드린다. | 8. 그 레스토랑은 나이 많으신 분들에게 할인 쿠폰을 제공한다. | 9. 정부는 학생들에게 장학금을 제공한다. | 10. 당신은 그녀에게 도움을 제공했습니까? | 11. 그는 도둑 맞은 시계에 대해서 보상을 제안한다. | 12. 그 여자는 어린이들에게 재밌는 이야기를 읽어 주겠다고 제안한다. | 13. 그는 그녀를 공원에 데리고 갈 것을 제안했다. | 14. 나의 친구들이 나를 돕겠다고 한다. | 15. 그가 나에게 직장을 제공했다. | 16. 그가 나에게 직장을 제공했다.

- 문장의 4형식을 이루는 수여동사.
- 간접목적어, 직접목적어 둘 다 수동태의 주어가 될 수 있음.
- 타동사의 목적어로 부정사를 취함. 12. 13. 14번.

자동사 청혼하다.

1. Mr. Kim offers to my sister.

---

1. 미스터 김은 나의 누이에게 청혼한다.

Open [óupən] opened - opened   명사 공터, 야외.

타동사 열다. …을 개방하다.

1. Open your eyes, please.
2. She opens the curtains.
3. What time does he open his store?
4. Open the door for me, please.
5. How do I open this umbrella?
6. You can open your presents.
7. Please open your book to page 20.
8. Why did you open his letter?
9. They will open a new restaurant soon.
10. Open your mind.
11. I opened my checking account in this bank.
12. The city opens the park everyday.
13. The airport will be opened right after the storm.
14. Northkorea will be opened to the world soon.

1. 눈을 뜨세요. | 2. 그녀는 커튼을 열어 제친다. | 3. 그는 몇 시에 가게 문을 열지요? | 4. 문 좀 열어 주세요. | 5. 이 우산을 어떻게 펴지요? | 6. 선물을 열어 보셔도 됩니다. | 7. 당신의 책 20페이지를 펴십시요. | 8. 당신은 왜 그의 편지를 뜯어 보셨습니까? | 9. 그들은 곧 새 식당을 개업할 것이다. | 10. 마음의 문을 여세요. | 11. 나는 이 은행에서 예금 계좌를 개설했습니다. | 12. 시는 매일 공원을 개방합니다. | 13. 공항은 폭풍 후 바로 정상 영업을 시작할 것이다. | 14. 북한은 곧 세계에 문호를 개방할 것이다.

자동사 열리다. 시작되다.

1. The museum opens on Sunday.
2. The show opens with songs.
3. What time does the store open?
4. School opens today.
5. When a door closes, another opens.
6. The window doesn't open well.

---

1. 박물관은 일요일에 열립니다. | 2. 그 쇼는 노래와 함께 시작한다. | 3. 그 가게는 몇 시에 열리죠? | 4. 오늘은 학교가 시작됩니다. | 5. 하나의 문이 닫히면 다른 문이 열린다. (기회는 오기 마련) | 6. 이 유리창은 잘 열리지 않는군요.

Order [ɔ́ːrdər] ordered - ordered   명사   명령. 순서. 정리.

타동사   주문하다. 명령하다.

1. I ordered coffee and pie.
2. Why don't you order a steak?
3. They all ordered the same food.
4. Order your books before school starts.
5. Could you order something delicious for me?
6. He orders a watch from the catalogue.
7. My father ordered me a new suit.
8. My father ordered a new suit for me.
9. The police ordered them to step aside.
10. The judge ordered him to pay one hundred dollars for the fine.
11. The city orders the people in the flood area to evacuate.
12. The doctor orders that Mr. Johnson should take a rest.
13. Our coach orders that all players must follow the rules.
14. My father orders that I should read seven books a month.
15. All foreigners will be ordered to leave the country.
16. We were ordered not to speak to anyone about the accident.
17. I am not ready to order yet.

---

1. 나는 커피와 파이를 주문했다. | 2. 스테이크를 주문하지 그러세요? | 3. 그들은 모두 같은 음식을 주문했다. | 4. 학교가 시작되기 전에 책들을 주문하세요. | 5. 맛있는 것좀 나를 위해 주문해 주시지 않겠어요? | 6. 그는 카탈로그에서 시계를 주문한다. | 7. 나의 아버지는 나에게 새 양복을 주문해 주셨다. | 8. 나의 아버지는 나에게 새 양복을 주문해 주셨다. | 9. 경찰은 그들에게 비켜서라고 명령했다. | 10. 판사는 그에게 벌금으로 100불을 지불하라고 명령했다. | 11. 시 당국은 홍수지역 사람들에게 대피하라고 명령한다. | 12. 의사는 존슨 씨에게 휴식을 취하도록 권고한다. | 13. 우리 코치는 모든 선수들이 규칙을 따라야 한다고 명령한다. | 14. 나의 아버지는 한 달에 7권의 책을 읽도록 요구한다. | 15. 모든 외국인들은 나라를 떠나도록 명령 받을 것이다. | 16. 우리는 그 사고에 대해서 누구

에게든지 말하지 않도록 요구받았다. | 17. 나는 아직 주문할 준비가 되어 있지 않습니다. (식당에서)

- 문장의 4형식 7번.
- 불완전타동사 (5형식)의 목적보어로 to부정사를 취함. 9. 10. 11번.
- 타동사의 목적어로 that절을 취함. 12. 13. 14번.

Own [oun] owned - owned

타동사 소유하다. 갖고 있다.

1. She owns two cars.
2. He owns five houses in New Jersey.
3. My father owns a small company.
4. Who owns the tallest building in the world?
5. Do you own a gun?
6. My uncle owns the restaurant.
7. He says that he used to own three cars and six houses.
8. He walks around like he owns the place.
9. The house is owned by Mr. Kim.
10. The restaurant is owned by my uncle.

1. 그녀는 2대의 자동차를 소유하고 있습니다. | 2. 그는 뉴저지에 다섯 채의 집을 소유하고 있습니다. | 3. 나의 아버지는 작은 회사를 가지고 있습니다. | 4. 이 세상에서 가장 높은 빌딩을 누가 소유하고 있습니까? | 5. 당신은 권총을 소유하고 있습니까? | 6. 나의 삼촌은 레스토랑을 소유하고 있습니다. | 7. 그는 3대의 자동차와 6채의 집을 가지고 있었다고 말합니다. | 8. 그는 그가 그 장소를 소유하고 있는 것처럼 주변을 걸어다닌다. | 9. 그 집은 미스터 김이 소유하고 있습니다. | 10. 그 식당은 나의 삼촌이 소유하고 있습니다.

You Can Speak English!

P

서로 다른 언어끼리의 직역은 사실상 불가능 하다. 이책의 한글번역을 참고 하면서 예문들을 그 대로 외우고 이해하면서 미국식 사고를 갖도록 노력한다.

Pass [pæs] passed - passed 명사 통행. 통과.

타동사 지나가다. 합격하다. 합격시키다. (시간을) 보내다.

1. I pass her house everymorning.
2. A big truck passed us.
3. Please, pass me the salt.
4. Please, pass the salt to me.
5. I want to pass the summer hiking around in Canada.
6. I usually pass the time reading books.
7. Did you pass your English test?
8. Yes, I passed it.
9. The examiner passed me.
10. The city council passed the regulation.
11. Would you pass the picture around, so everybody could see it?
12. Can you pass the news on to your family?
13. The regulation was passed.
14. I was passed.

---

1. 나는 매일 아침 그 여자의 집을 지나간다. | 2. 큰 트럭이 우리들을 지나쳤다. | 3. 소금 좀 건네주세요. | 4. 소금 좀 건네주세요. | 5. 나는 캐나다에서 하이킹을 하면서 여름을 보내고 싶다. | 6. 나는 보통 책을 읽으면서 시간을 보낸다. | 7. 당신은 영어시험에 합격했나요? | 8. 예, 합격 했습니다. | 9. 그 시험관이 나를 합격시켰습니다. | 10. 시의회가 그 규제안을 통과시켰습니다. | 11. 모두가 볼 수 있도록 사진을 돌려보시겠어요? | 12. 그 소식을 당신의 가족에게 전해 주시겠습니까? | 13. 그 규제안은 통과되었습니다. | 14. 나는 합격했습니다.

• 문장의 4형식 3번.

자동사 지나가다.

1. The storm will pass soon.
2. Ten years passed before I saw her again.
3. Would you join the party? Sorry, I have to pass this time.
4. We will pass through my hometown on the way back.
5. The highway passes through the big cities.
6. My uncle passed away last year.
7. I pass by her house everymorning.

1. 폭풍우는 곧 지나갈 것입니다. | 2. 나는 10년이 지나서야 그녀를 만날 수 있었다. | 3. 파티에 참석해 주시겠어요? 이번에는 갈 수 없겠군요. | 4. 우리는 돌아오는 길에 고향을 지나갈 것입니다. | 5. 고속도로는 큰 도시들을 지나갑니다. | 6. 나의 삼촌은 작년에 돌아가셨습니다. | 7. 나는 매일 아침 그녀의 집을 지나갑니다.

Pay [pei] paid - paid 　명사 지불. 급료.

타동사 지불하다.

1. I pay the bill.
2. Did you pay the fine?
3. I will pay the rent tomorrow.
4. She paid me $50 for the work.
5. She paid $50 to me for the work.
6. The job pays me $600 a week.
7. The company pays her $10 an hour.
8. How much did you pay for the watch?
9. I paid $30 for the watch.
10. We pay him for his service.
11. I will pay you to wash my car.
12. He paid off all his debts.
13. When will you pay me back?
14. I will pay you back tomorrow.
15. She paid back her loan to the bank last month.
16. The check was paid.
17. I am paid $800.00 a week.

1. 나는 계산서를 치른다. | 2. 당신은 벌금을 내셨습니까? | 3. 나는 내일 집세를 지불 할 것이다. | 4. 그녀는 나에게 그 일에 대해서 50불을 지불했다. | 5. 그녀는 나에게 그 일에 대해서 50불을 지불했다. | 6. 나는 그일을 해서 일주일에 600불을 번다. | 7. 그 회사는 그녀에게 시간당 10불을 지불한다. | 8. 당신은 그 시계값으로 얼마를 지불했습니까? (얼마에 시계를 사셨죠?) | 9. 나는 그 시계의 대금 으로 30불을 지불했습니다. | 10. 우리는 그의 수고에 대해서 돈으로 보상한다. | 11. 나의 차를 세차 하는데 당신에게 돈을 지불 할 것이다. | 12. 그는 그의 모든 빚을 청산했다. | 13. (당신은 나에게)언제 돈을 갚으실건가요? | 14. 내일 갚겠습니다. | 15. 그녀는 지난 달 대출금을 은행에 모두 갚았다. | 16. 그 수표는 결제되었습니다. | 17. 나는 일주일에 800불을 벌고 있습니다.

• 문장의 4형식 4. 6. 7번.

자동사 대금을 치르다.

1. Let me pay for dinner this time.
2. I paid for the book.
3. You can pay by credit card.
4. You get what you pay for.

1. 이번 에는 제가 저녁식사비를 지불하겠습니다. | 2. 나는 그 책값을 지불했습니다. | 3. 신용카드로 계산할 수 있습니다. | 4. 당신이 지불한 만큼 갖는다.

Perform [pərfɔ́:rm] performed - performed

[타동사] 수행하다. 공연하다. (역을) 연기하다.

1. The pastor performs the wedding ceremony.
2. Do your best when you perform your duty.
3. Doctors perform emergency operations.
4. The drama group will perform Hamlet this weekend.
5. He performed Jesus Christ in the play.
6. God performs miracles.
7. The emergency operation was performed last night.
8. The opera has been performed all over the world.
9. Miracles are performed by God.

---

1. 목사님이 결혼식 주례를 서고 계신다. | 2. 당신이 일을 할 때 최선을 다하세요. | 3. 의사선생님들이 응급 수술을 하고 계신다. | 4. 그 연극그룹은 이번 주말에 햄릿을 공연할 것이다. | 5. 그는 그 연극에서 예수님 역할을 했다. | 6. 하나님은 기적을 행하신다. | 7. 그 응급수술은 어젯밤 행해졌다. | 8. 그 연극은 전세계에서 공연되고 있다. | 9. 기적은 하나님이 행하신다.

[자동사] 노래 부르다. 연기하다. 임무를 해내다.

1. The singers will perform at the White House.
2. She is performing in Miss Saigon.
3. Most students perform well after they study hard.
4. This bike performs well on mountain trails.

---

1. 그 가수들은 백악관에서 공연할 것이다. | 2. 그녀는 미스 사이공(브로드웨이 연극)에 출연하고 있습니다. | 3. 대부분의 학생들은 열심히 공부한 후에 좋은 결과를 낸다. | 4. 이 자전거는 산길에서 더 잘 굴러간다.

Pick [pik]   picked - picked   명사 선택, 한번 쪼기.

타동사 고르다. 선택하다. (꽃을) 따다.

1. She picked the white dress for the party.
2. Did you pick the date for the picnic?
3. The teacher picked him to represent our school.
4. We picked him as our captin.
5. They will pick the apples next Sunday.
6. I picked some flowers for my mother.
7. Let me pick a hair off your jacket.
8. Don't pick your nose.
9. Somebody picked my pocket in Rome.
10. I will pick you up at the airport.
11. He came to my office to pick up the papers.
12. Do you want me to pick up something for you at the store?
13. Why don't you pick up the phone?
14. Sales will be picking up around Christmas time.
15. You (had) better pick out a nice gift for your daughter.
16. I could pick out my attacker from a police line up.
17. He was picked to represent our school.
18. The flowers were picked for my mother.

1. 그녀는 파티를 위해서 하얀 드레스를 골랐습니다. | 2. 당신은 소풍 갈 날짜를 정하셨나요? | 3. 선생님은 우리들의 학교를 대표하도록 그를 뽑았습니다. | 4. 우리는 그를 팀장으로 선택했습니다. | 5. 그들은 다음 일요일에 사과를 딸 것입니다. | 6. 나는 어머니를 위해서 꽃을 땄습니다. | 7. 당신의 재킷 위에 있는 머리카락을 떼어내겠습니다. | 8. 콧구멍을 파지 마세요. | 9. 로마에서 누군가가 내 주머니를 소매치기 했습니다. | 10. 제가 공항으로 당신을 모시러 가겠습니다. | 11. 그는 서류를 가지러 내 사무실에 왔습니다. | 12. 당신은 내가 가게에서 당신을 위해서 뭔가 가져오길 원하세요? | 13. 전화 좀 받으시겠어요? | 14. 판매는 크리스마스쯤에 증가될 것입니다. | 15. 당신의 딸을 위해서 좋은 선물을 고르시는 편이 좋겠어요. | 16. 나는 경찰 용의자 중에서 나를 공격한 사람을 지명할 수 있었습니다. | 17. 그는 학교를 대표자로 선택되었습니다. | 18. 어머니를 위해 꽃들을 꺾었습니다.

Place [pleis] placed - placed 　명사 장소. 곳.

타동사 두다. 놓다.

1. He placed the books on the shelf.
2. Where did you place your jacket?
3. I will place the vase in the center of the table.
4. We place importance on personality.
5. My father places trust in me.
6. They placed great hope in their new business.
7. His achievements place him in a high rank.
8. My failure in business placed my family in poverty
9. Don't place the blame for the bad condition of the road.
10. Can I place an order for a pizza?
11. My company placed an order for more computers.
12. I would like to place an overseas call to China, please.
13. He was placed in the hospital.
14. The boy was placed with a foster home.

1. 그는 선반 위에 책을 올려놓았다. | 2. 당신의 재킷을 어디에 두었습니까? | 3. 나는 책상의 한 가운데에 꽃병을 놓을 것이다. | 4. 우리는 개인 성품에 관한 중요성을 강조합니다. | 5. 나의 아버지는 나를 믿으십니다. | 6. 그들은 새 비즈니스에 큰 희망을 걸었다. | 7. 그의 업적으로 그는 높은 위치에서 일한다. | 8. 나의 사업 실패는 나의 가족을 빈곤에 빠뜨렸다. | 9. 길의 나쁜 상태에 대해서 불평하지 마세요. | 10. 피자를 주문 할 수 있습니까? | 11. 우리 회사는 더 많은 컴퓨터를 주문했다. | 12. 중국까지 국제전화를 하고 싶은데요. | 13. 그는 병원에 입원했다. | 14. 그 소년은 foster home에 입양되었다.

• Place an order for… …을 주문하다. 10, 11번.

Plan [plæn] planned - planned 명사 계획.

타동사 계획하다. 마음먹다.

1. She is planning a birthday party for her son.
2. My father plans a summer vacation.
3. I will plan my career change after learning English.
4. Do you plan a trip to China every year?
5. I am planning a reunion for my old friends.
6. You should plan a wedding if you have a girlfriend.
7. My mom plans to work part time.
8. My sister plans to become an English teacher.
9. My family plans to visit America this summer.
10. I was planning to meet you tonight.
11. I plan to make a small garden.
12. The trip has been planned for a long time.
13. The wedding party will be planned by Jennifer.

1. 그녀는 아들을 위해서 생일파티를 계획하고 있습니다. | 2. 나의 아버지는 여름휴가를 계획하고 있습니다. | 3. 나는 영어를 배운 후 직업을 바꿀 계획입니다. | 4. 당신은 매년 중국여행을 계획하고 있습니까? | 5. 나는 옛날 친구들을 위해서 동창회를 계획하고 있습니다. | 6. 만일 당신이 여자친구가 있다면 결혼을 계획해야 할 것입니다. | 7. 나의 어머니는 파트 타임으로 일할 것을 계획하고 있습니다. | 8. 나의 누나는 영어선생이 될 것을 계획하고 있습니다. | 9. 나의 가족은 금년 여름에 미국을 방문할 계획입니다. | 10. 나는 오늘밤 당신을 만날 작정이었습니다. | 11. 나는 작은 정원을 만들 작정입니다. | 12. 그 여행은 오랫동안 계획되어 왔습니다. | 13. 그 결혼 파티는 제니퍼가 준비할 것입니다.

• 타동사의 목적어로 to부정사를 취함. 7. 8. 9. 10. 11번.

자동사 계획을 세우다.

1. You have to plan for your future.
2. He plans on visiting his uncle in Tokyo.
3. How long are you planning on staying here?

---

1. 당신은 당신의 미래를 위해서 준비하지 않으면 안 됩니다. | 2. 그는 동경에 있는 그의 삼촌을 방문할 계획이다. | 3. 당신은 얼마나 오랫동안 여기에 머무를 작정이십니까?

Play [pleì] played - played   명사 놀이, 경기, 연극.

타동사 연주하다. (경기를) 하다.

1. She plays the piano very well.
2. Why don't you play the flute for me?
3. He plays the same CD several times a day.
4. Children play basketball after school.
5. He plays chess every weekend.
6. What do you play tonight?
7. We play 'Gone with the wind' tonight.
8. He played Hamlet in the movie.
9. Don't play the fool.
10. She plays a good wife.
11. The Star Spangled Banner was played.
12. Miss Saigon will be played in N.Y. for Two years.

1. 그녀는 피아노를 매우 잘 칩니다. | 2. 나를 위해서 플룻을 좀 불어보지 그러세요? | 3. 그는 같은 CD를 하루에 몇 차례 틀어 놓는다. | 4. 어린이들이 방과 후 농구를 한다. | 5. 그는 매 주말마다 체스를 즐긴다. | 6. 당신의 극장에서는 오늘밤 무엇을 상영합니까? | 7. 우리는 오늘밤 '바람과 함께 사라지다' 를 상영합니다. | 8. 그는 그 영화에서 햄릿 역을 맡아 연기했다. | 9. 바보짓 좀 하지 마세요. | 10. 그녀는 좋은 부인의 역할을 다한다. | 11. 미국 국가가 연주되었습니다. | 12. 미스 사이공은 뉴욕에서 2년간 공연될 것이다.

자동사 놀다. 상연되다. 방영되다. 연주하다.

1. The girls play with their dolls.
2. The kids play in the backyard.
3. Parents should play with their children.
4. What is playing at the theater?
5. Sound of music is playing at the theater.
6. Where is the movie playing?
7. The movie is playing at L.K. cinema.
8. Giant will play on TV tomorrow.
9. His talk show is playing every night.
10. The band plays at the Rose Club every Saturday night.

1. 그 소녀들은 인형을 가지고 논다. | 2. 아이들이 뒷뜰에서 놀고 있다. | 3. 부모님들은 자녀들과 함께 놀아야 할 것이다. | 4. 그 극장에서 무엇이 상영되고 있습니까? | 5. 그 극장에서 Sound of music이 상영되고 있습니다. | 6. 그 영화는 어디서 상영되고 있습니까? | 7. 그 영화는 L.K. 씨네마에서 상영되고 있습니다. | 8. 자이안트 (영화) 는 내일밤 TV에서 방영될 것입니다. | 9. 그의 토크쇼는 매일 밤 방영되고 있습니다. | 10. 그 밴드는 매주 토요일 밤 장미클럽에서 연주합니다.

Point [pɔint] pointed - pointed 　명사 요점. 요지. 점수. 뾰쪽한 끝.

타동사 지시하다. 지적하다. 겨누다.

1. Could you point me to the station?
2. Would you please point the way to the station?
3. You never point a gun at anyone.
4. The sign points the way to the beach.
5. He got angry when she pointed out his mistakes.
6. I didn't notice the fact until they pointed out the problems.
7. He always points out the errors in the papers.
8. She points out the misprints in the newspapers.
9. Would you point out your office to me when we go by it?
10. Would you point out your office when we go by it?

---

1. 역까지 가는 길을 나에게 가르쳐 주시겠어요? | 2. 역으로 가는 길을 가르쳐 주시겠어요? | 3. 당신은 결코 누구에게든지 총을 겨눠선 안 된다. | 4. 이 표지판은 해변까지의 길을 안내한다. | 5. 그녀가 그의 실수를 지적했을 때 그는 화가 났다. | 6. 나는 그들이 그 문제점을 지적할 때까지 그 사실을 알아채지 못했다. | 7. 그는 항상 서류의 잘못된 점을 지적한다. | 8. 그녀는 신문의 잘못된 글자를 지적한다. | 9. 우리가 지나갈 때 당신의 사무실을 나에게 가리켜 주시겠어요? | 10. 우리가 지나갈 때 당신의 사무실을 가리켜 주시겠어요?

자동사 가리키다.

1. He points at the balloons in the sky.
2. She pointed at the broken window.
3. He points to the spider on the ceiling.
4. The compass points to the East.
5. Our plan seems to point to success.

1. 그는 하늘에 풍선들을 가리킨다. | 2. 그녀는 깨어진 유리창을 가리켰다. | 3. 그는 천장에 있는 거미를 가리킨다. | 4. 그 나침반은 동쪽을 가리킨다. | 5. 우리들의 계획은 성공을 가리키는 것 같습니다.

Prefer [prifə́ːr] preferred - preferred

타동사 …을 더 좋아하다.

1. I prefer coffee to tea.
2. The boys prefer pizza to chicken.
3. Which season do you prefer, spring or winter?
4. She prefers to stay at home.
5. I prefer to do the work alone.
6. You prefer not to talk about it.
7. Would you prefer to go to a restaurant or to eat at home?
8. My brother prefers watching TV to listening to the radio.
9. He prefers studying in the morning.
10. She prefers working out at night.
11. He prefers solving problems at once.
12. I would prefer it if you didn't smoke in the house.
13. I would prefer it if I had more money.

1. 나는 티보다 커피를 좋아합니다. | 2. 소년들은 닭요리보다 피자를 더 좋아합니다. | 3. 어느 계절을 더 좋아하세요? 봄이에요 겨울이에요? | 4. 그녀는 집에 머무는 것을 더 좋아합니다. | 5. 나는 혼자서 일하는것이 더 좋습니다. | 6. 너는 그것에 관해서 말하지 않는것이 더 좋겠다. | 7. 식당에 가시겠어요? 집에서 식사하시겠어요? | 8. 나의 형은 라디오를 듣는 것보다 TV 보는 것을 더 좋아합니다. | 9. 그는 아침에 공부하는 것을 더 좋아한다. | 10. 그녀는 밤에 운동하는 것을 더 좋아한다. | 11. 그는 즉시 문제를 해결하는 것을 더 좋아한다. | 12. 나는 당신이 집안에서 담배를 안 피웠으면 합니다. | 13. 더 많은 돈이 있었으면 좋겠군요.

- 타동사의 목적어로 to부정사를 취함. 4, 5, 6, 7번.
- 타동사의 목적어로 동명사를 취함. 8, 9, 10, 11번.

Prepare [pripɛər] prepared - prepared

타동사 준비하다. 준비시키다.

1. My mother prepares dinner everyday.
2. My sister prepares the milk and cookies for my friends.
3. She prepares the table for her husband.
4. You have to prepare the report for the meeting.
5. We should prepare a plan for buying a house.
6. The farmers prepare the soil before planting the seeds.
7. The school prepares students for getting a job.
8. I will prepare my son for studying in Paris.
9. The boy prepares to take the test.
10. She prepares to play the piano.
11. They prepared to try it one more time.
12. His support prepared me to start my own business.
13. Most parents prepare their children to learn a lot of things.

---

1. 나의 어머니는 매일 저녁식사를 준비하신다. | 2. 나의 누이는 내 친구들을 위해서 우유와 쿠키를 마련한다. | 3. 그녀는 그녀의 남편을 위해서 식사를 준비한다. | 4. 당신은 회의를 위해서 보고서를 준비하지 않으면 안 됩니다. | 5. 우리는 집을 사기 위해서 계획해야 합니다. | 6. 농부는 씨를 뿌리기 전 흙을(고르게) 준비시킨다. | 7. 학교는 학생들이 직업을 갖도록 준비시킨다. | 8. 나는 나의 아들이 파리에서 공부할 수 있도록 준비 시킬것이다. | 9. 그 소년은 시험을 칠 준비를 한다. | 10. 그녀는 피아노 연주할 것을 준비한다. | 11. 그들은 한 번 더 그것을 시도하기 위한 준비를 했다. | 12. 그의 도움으로 나 자신의 사업을 시작할 수 있었다. | 13. 대부분의 부모님들은 자녀들이 많은 것들을 배울 수 있도록 준비시킨다.

- 타동사의 목적어로 to부정사를 취함. 9. 10. 11번.
- 불완전타동사 (5형식)의 목적보어로 to부정사를 취함. 12. 13번.
- 불완전타동사 (5형식)의 문장. 목적어 = 목적보어.

자동사 채비하다. 준비하다.

1. Why don't you prepare for the trip?
2. My teachers are preparing for fun and games.
3. Did you prepare for your job interview?

---

1. 어째서 여행 준비를 하지 않으세요? | 2. 나의 선생님은 오락과 게임을 준비하고 계십니다. | 3. 당신은 직장 인터뷰를 준비했나요?

Present [prizént] presented - presented

타동사 …에게 주다. 제출하다. 소개하다. 상연하다.

1. Did you present the book to him?
2. Did you present him with the book?
3. He presented the prize to her.
4. He presented her with the prize.
5. He will present his theory at the meeting.
6. She presented her passport to the customs officer.
7. Please present the coupons before ordering.
8. May I present my wife, Mr. Kim?
9. They will present a new play this weekend.
10. The prize was presented to her.
11. The award will be presented to him next week.
12. The report was presented to the committee last Tuesday.
13. The team was presented with a trophy.

---

1. 당신은 그에게 책을 주었습니까? | 2. 당신은 그에게 책을 주었습니까? | 3. 그는 그녀에게 상을 주었습니다. | 4. 그는 그녀에게 상을 주었습니다. | 5. 그는 회의에서 그의 학설을 소개할 것이다. | 6. 그녀는 세관원에게 그녀의 여권을 제시했습니다. | 7. 주문하시기 전에 할인 쿠폰을 제시해주세요. | 8. 김 선생님, 제 부인을 소개해도 되겠습니까? | 9. 그들은 이번 주말에 새 연극을 상연 할 것이다. | 10. 그 상은 그녀에게 수여되었다. | 11. 그 상(상품)은 다음 주 그에게 주어질 것이다. | 12. 그 보고서는 지난 화요일 위원회에 제출되어졌다. | 13. 그 팀에게 트로피가 수여 되었다.

- 1번과 2번, 3번과 4번의 문장을 구별해서 외울 것.
- 같은 유형의 단어로는 provide, supply가 있음.

Press [pres] pressed - pressed   명사 누름. 압박.

타동사 누르다. 강조하다. 강요하다.

1. Somebody pressed the doorbell.
2. Which key do I press to print the document?
3. My wife presses my pants everyday.
4. He presses his viewpoints on me all the time.
5. I will press charges against the man.
6. We pressed him for more details.
7. The workers press the boss for better benefits.
8. My father presses me to become a doctor.
9. She presses her husband to make more money.
10. You shouldn't press your daughter to learn the piano.
11. They press him to sign the contract.
12. He is pressed to sign the contract.
13. She was pressed into service for the party.
14. His face was pressed against the window.
15. I am pressed for money and time.

1. 누군가 초인종을 눌렀다. | 2. 이 서류를 프린트하기 위해서 어느 키를 누르죠? (컴퓨터 사용 중에) | 3. 나의 부인은 매일 나의 바지를 다린다. | 4. 그 사람은 항상 나에게 그의 의견을 강조한다. | 5. 나는 그 사람을 고발할 것이다. | 6. 우리는 그에게 더 상세함을 요구했다. | 7. 직원들은 사장에게 더 많은 혜택을 요구한다. | 8. 나의 아버지는 나에게 의사가 되라고 요구하신다. | 9. 그녀는 그녀의 남편에게 더 많은 돈을 벌어 오도록 강요한다. | 10. 당신은 당신의 딸에게 피아노를 배우라고 강요해선 안 된다. | 11. 그들은 계약서에 서명 할 것을 그에게 강요한다 | 12. 그는 그 계약서에 서명하도록 강요된다. | 13. 그녀는 그 파티에 봉사하도록 강요되었다. | 14. 그의 얼굴이 유리창에 눌렸다. | 15. 나는 돈과 시간에 쪼들리고 있습니다.

• 불완전타동사 (5형식)의 목적보어로 to부정사를 취함. 8. 9. 10. 11번.

자동사 압박하다. 밀고 나아가다.

1. Please don't press for an answer.
2. He pressed forward through the crowd.

1. 제발 대답을 강요하지 마세요. | 2. 그는 군중을 밀치고 나아갔다.

Prevent [privént] preventeda - prevented

타동사 막다. 방해하다.

1. She prevents the waste of water.
2. I will try to prevent the accident.
3. Doctors prevent plagues.
4. We will prevent injuries during the game.
5. The heavy rain prevented him *going* out.
6. The heavy rain prevented him from going out.
7. The meeting prevented me *seeing* my old friends.
8. The meeting prevented me from seeing my old friends.
9. The guards prevent the prisoner from escaping.
10. What prevented them from getting married?
11. The accident could have been prevented.
12. The waste of water has to be prevented.

1. 그녀는 물 낭비를 막습니다. | 2. 나는 사고를 막기 위해 노력할 것이다. | 3. 의사들은 전염병을 예방합니다. | 4. 우리는 경기 도중 부상을 예방할 것입니다. | 5. 폭우로 인해서 그는 외출하지 못했습니다. | 6. 폭우가 그를 외출하지 못하게 했습니다. | 7. 회의 때문에 나는 옛 친구들을 만나지 못했습니다. | 8. 회의 때문에 나는 옛 친구들을 만나지 못했습니다. | 9. 교도관들은 죄수들이 탈출하는 것을 예방합니다. | 10. 무엇이 당신들을 결혼하지 못하게 합니까? | 11. 그 사고는 예방될 수 있었습니다. | 12. 물 낭비는 막아져야 한다.

- 불완전타동사 (5형식)의 목적보어로 현재분사를 취함. 5. 7번.
- 6번, 8번의 문형도 가능함.

Produce [prədjúːs] produced - produced 　명사 산출액. 농산물.

타동사 산출하다. 제시하다.

1. We didn't produce much fruit this year.
2. This region produces a lot of corn.
3. My school produced many lawyers.
4. My factory produces 200 cars a month.
5. The bakery produces fine bread.
6. He produces three movies every year.
7. Some drugs can produce side effects.
8. You have to produce your ID when you are asked.
9. He produced the document proving that he is the legal heir.

---

1. 우리는 금년에 많은 과일을 수확하지 못했습니다. | 2. 이 지역은 많은 옥수수를 생산합니다. | 3. 우리 학교는 많은 변호사들을 배출했습니다. | 4. 나의 공장은 한 달에 200대의 차를 생산합니다. | 5. 그 제과점은 아주 좋은 빵을 만듭니다. | 6. 그는 매년 3편의 영화를 제작합니다. | 7. 어떤 약들은 부작용을 일으킬 수 있습니다. | 8. 당신에게 신분증 요구가 있을때에는 신분증을 제시해야 합니다. | 9. 그는 그가 법적인 상속자라는 것을 증명하는 서류를 제시했다.

Promise [prámis] promised - promised 　명사　약속.

타동사　약속하다.

1. I cannot promise anything right now.
2. He promised much help.
3. My father promised me a bike for my birthday.
4. My father promised a bike to me for my birthday.
5. My husband promised to be home early today.
6. He primised to take me to a wonderful restaurant.
7. My boss primised to give us special bonuses.
8. The candidate promised to build more schools in our town.
9. My daughter promises that she will call me every night.
10. My daughter promises me that she will call me every night.
11. I promise that I will never tell it to anybody.
12. I promise you that I will never tell it to anybody.

1. 나는 지금 당장은 어떤 것도 약속할 수 없습니다. | 2. 그는 많은 도움을 약속했습니다. | 3. 나의 아버지는 나에게 생일 선물로 자전거를 약속하셨습니다. | 4. 나의 아버지는 나에게 생일 선물로 자전거를 약속하셨습니다. | 5. 나의 남편은 오늘 집에 일찍 올 것을 약속했습니다. | 6. 그는 나를 훌륭한 식당으로 데리고 가겠다고 약속했습니다. | 7. 나의 사장님은 우리들에게 특별 상여금을 주겠다고 약속했습니다. | 8. 그 후보자는 우리 동네에 더 많은 학교를 짓겠다고 약속했습니다. | 9. 나의 딸은 매일 밤 전화하겠다고 약속한다. | 10. 나의 딸은 나에게 매일 밤 전화하겠다고 약속한다. | 11. 나는 누구에게든지 그것을 결코 말하지 않겠다고 약속한다. | 12. 나는 당신에게 누구에게든지 그것을 결코 말하지 않겠다고 약속한다.

- 문장의 4형식 3번. 문장의 3형식 4번.
- 타동사의 목적어로 to부정사를 취함. 5. 6. 7. 8번.
- 타동사의 목적어로 that절을 취함. 9. 11번.
- 4형식의 직접목적어로 that절을 취함. 10. 12번. 앞의 대명사는 간접목적어.

Protect [prətékt] protected - protected

타동사 보호하다.

1. Who will protect your country if you don't?
2. We should protect nature.
3. He tries to protect his investment.
4. Parents protect their children until the time comes.
5. Sunglasses protect your eyes from the sun.
6. The laws protect civilians from crimes.
7. The Insurance protects my family.
8. The cover protects the fax machine from dust.
9. Your retirement plan will protect you.
10. You will be protected by your retirement plan.
11. My family is protected by the insurance.

1. 당신이 하지 않으면 누가 국가를 보호하겠어요? | 2. 우리는 자연을 보호해야 합니다. | 3. 그는 그의 투자를 보호하기 위해서 노력합니다. | 4. 부모님들은 자녀들이 집을 떠날 때까지 보호해야 합니다. | 5. 선글라스는 태양으로부터 당신의 눈을 보호합니다. | 6. 법은 범죄로부터 시민들을 보호합니다. | 7. 그 보험은 나의 가정을 보호합니다. | 8. 그 덮개는 먼지로부터 팩스머신을 보호 합니다. | 9. 당신의 은퇴 계획이 당신을 보호할 것입니다. | 10. 당신은 은퇴 계획에 의해서 보호될 것입니다. | 11. 나의 가족은 보험에 의해서 보호됩니다.

자동사 보호하다.

1. Painting the wall protects against the rain.

1. 벽에 페인트를 칠하면 비를 막을 수 있다.

Prove [pru:v] proved - proved

타동사 …을 증명하다.

1. I don't have to prove his idea.
2. I will prove myself when I get the job.
3. You have to prove your identity.
4. She proved that her son didn't do anything wrong.
5. Can you prove that he is guilty?
6. I will prove that I could run the marathon.
7. The video proves that he was stealing in the store.
8. The internet proves that the world is getting smaller.

1. 나는 그의 계획을 증명할 필요가 없습니다. | 2. 나는 직장을 갖게 되면 내가 누구란 것을 증명해 보이겠습니다. | 3. 당신은 당신의 신원을 증명하지 않으면 안됩니다. | 4. 그녀는 그녀의 아들이 어떤 잘못도 하지 않았다는것을 증명해 보였습니다. | 5. 당신은 그가 유죄라는 것을 증명 할수 있습니까? | 6. 내가 마라톤시합에 뛸 수 있다는 것을 증명해 보일 것입니다. | 7. 그 비디오는 그가 가게에서 훔치고 있다는 것을 증명합니다. | 8. 인터넷은 세상이 점점 작아지고 있다는 것을 증명합니다.

• 타동사의 목적어로 that절을 취함. 4. 5. 6. 7. 8번.

Provide [prəváid] provided - provided

타동사 공급하다. 제공하다.

1. Can you provide more information?
2. My company provides a lot of benefits.
3. The research provides the dangers of smoking.
4. Police provide protection from crimes.
5. New York City provides shelters to the homeless.
6. We should provide play areas for children.
7. His speech provides hope to women who are in troubles.
8. I provide books for children.
9. I provide children with books.
10. The law provides that all the drivers should keep the speed limit.
11. Our school policy provides that students must not smoke in the school.
12. All the information is provided for the customers.
13. Books are provided for children.
14. Children are provided with books.
15. Food and clothes will be provided for the refugees.
16. The refugees will be provided with food and clothes.

---

1. 더 많은 정보를 제공해주시겠어요? | 2. 나의 회사는 많은 혜택을 제공합니다. | 3. 그 연구서는 흡연의 위험을 알리고 있다. | 4. 경찰은 범죄로부터 보호해준다. | 5. 뉴욕시티는 노숙자에게 보호시설을 제공합니다. | 6. 우리는 어린이들을 위해서 놀 수 있는 장소를 제공해야 합니다. | 7. 그의 연설은 어려움에 처한 여자들에게 희망을 제공한다. | 8. 나는 어린이들에게 책을 제공합니다. | 9. 나는 어린이들에게 책을 제공합니다. | 10. 법은 모든 운전사들이 속도 제한을 지키도록 규정하고 있다. | 11. 우리 학교의 정책은 학교 안에서 학생들이 담배를 피우지 않도록 규정하고 있다. | 12. 모든 정보는 고객들에게 제공된다. | 13. 책들이 어린이들을 위해서 제공된다. | 14. 어린이들에게 책들이 제공됩니다. | 15. 음식과 옷이 난민들에게 제공될 것입니다. | 16. 난민들에게 옷과 음식이 제공될 것입니다.

- 8번과 9번은 present supply와 같은 문형임.
- 사람, 사물 둘 다 수동태의 주어가 가능함. 13. 14. 15. 16번.
- 타동사의 목적어로 that절을 취함. 10. 11번 …을 규정하다로 해석.

[자동사] 준비하다. 대비하다.

1. Everybody has to provide for rainy days.

---

1. 누구든지 어려운 날을 위해서 준비하지 하지 않으면 안 됩니다.

Publish [pʌ́bliʃ] published - published

타동사 출판하다. 공표하다.

1. We publish magazines.
2. The company mainly publishes textbooks.
3. The newspaper publishes the weather daily.
4. I will publish my own book this month.
5. Did they publish your article?
6. The victim's name was not published.
7. His first book was published in 1982.
8. My picture was published in the school paper.
9. Her story was published in The New York Times.
10. Thousands of books are published each year.

1. 우리는 잡지를 출판합니다. | 2. 그 회사는 주로 교과서를 출판합니다. | 3. 그 신문은 매일 날씨를 공표합니다. | 4. 나는 이 달에 나의 책을 출판할 것이다. | 5. 그들이 당신의 논설을 게재했습니까? | 6. 희생자 이름은 공표되지 않았습니다. | 7. 그의 첫 번째 책은 1982년에 출판되었습니다. | 8. 나의 사진이 학교 신문에 실렸습니다. | 9. 그녀의 이야기가 뉴욕타임즈에 게재 되었습니다. | 10. 수천 권의 책이 매년 출판 됩니다.

Pull [pul] pulled - pulled 　명사 잡아당기기.

타동사 당기다.

1. Pull the door, please.
2. She is pulling my hair.
3. Why don't you pull your chair closer to the fire?
4. Horses used to pull wagons.
5. The man might pull the trigger.
6. Are you pulling my leg?
7. Can you pull the blinds?
8. The dentist pulled out my tooth.
9. The baby pulled everything out of the drawer.
10. The war pulled my family apart.
11. Pull the boys who are fighting apart.
12. He pulled a gun on her.

1. 문을 당기세요. | 2. 그녀가 나의 머리를 당기고 있습니다. | 3. 당신의 의자를 불 가까이 당기지 그러세요? | 4. 말들이 수레를 끌곤 했다. | 5. 그 남자가 (권총의) 방아쇠를 당길지도 모른다. | 6. 나를 놀리시는 겁니까? | 7. 덧문 좀 올려주시겠어요? | 8. 치과 의사가 내 이를 뽑았다. | 9. 그 아기가 서랍장에서 모든 것을 끄집어냈다. | 10. 전쟁이 나의 가족을 갈라 놓았다. | 11. 싸우고 있는 저 아이들을 떼어 놓으세요. | 12. 그는 권총을 빼들어 그녀를 겨누었다.

자동사 끌다.

1. This horse is pulling great.
2. They are pulling for the Eagles foot ball team.
3. We pull for his recovery.

1. 이 말은 힘차게 끌고 있습니다. | 2. 그들은 독수리 풋볼 팀을 응원하고 있습니다. | 3. 우리는 그의 쾌유를 응원하고 있습니다. (빌고 있습니다)

- 타동사 pull apart …을 떼어놓다. 10 11번.
- 자동사 pull for …을 후원하다. 응원하다.

Push [puʃ] pushed - pushed

타동사 밀다. 주장하다. …에게 강요하다.

1. Push the door, please.
2. Don't push me.
3. Our teacher pushes us pretty hard.
4. We pushed the car down the street.
5. She pushed me into the pool.
6. You shouldn't push your religion on anyone.
7. Why do you push me for the answers?
8. Please push the green button to start the engine.
9. I push my way to catch the bus sometimes.
10. My parents push me to study harder.
11. The salesperson pushes us to buy the product.
12. He pushes her to accept the offer.
13. My mother pushes me to marry Miss Yang.

---

1. 문을 미세요. | 2. 나를 밀지 마세요. | 3. 우리 선생님은 우리를 몹시 압박한다. (열심히 공부하도록) | 4. 우리는 자동차를 거리 아래로 밀었다. | 5. 그녀는 나를 수영장 안으로 밀어 넣었다. | 6. 당신은 다른 사람에게 당신의 종교를 강요해선 안 됩니다. | 7. 왜 나에게 대답을 강요하세요? | 8. 파란 버튼을 눌러서 엔진을 작동시키세요. | 9. 나는 때때로 버스를 타기 위해 밀고 나아간다. | 10. 나의 부모님은 나에게 더 열심히 공부하도록 강요하신다. | 11. 그 판매원은 우리들에게 그 물건을 사라고 강요한다. | 12. 그는 그 여자에게 그 제안을 받아들이도록 강요한다. | 13. 나의 어머니는 나에게 미스 양과 결혼하도록 강요하신다.

• 불완전타동사 (5형식)의 목적보어로 to부정사를 취함. 10. 11. 12. 13번.

자동사 밀치다.

1. I pushed a little harder because it was not moving.

1. 나는 그것이 움직이지 않았기 때문에 조금 강하게 밀었다.

Put [put] Put - Put

타동사 놓다. 두다.

1. She puts her gloves on the desk.
2. Don't put the newspaper on the couch.
3. Put it down, please.
4. I forget where I put my wallet.
5. He put the key in his pocket.
6. I put the money into my account.
7. What answer did you put for question six?
8. Please put your name and phone number on the check.
9. Did you put the ad in the magazine?
10. Put your thought into words carefully.
11. The music puts me in a good mood.
12. A bad economy puts many stores out of business.
13. I don't put much trust in politics.
14. Put it this way.
15. He will be put in charge of the marketing.
16. Flowers are put around my house.

1. 그녀는 책상 위에 그녀의 장갑을 놓는다. | 2. 소파 위에 신문을 두지 마세요. | 3. 그것을 내려놓으세요. | 4. 내가 지갑을 어디에 두었는지 생각이 나지 않는다. | 5. 그는 그의 주머니 안에 열쇠를 넣었다. | 6. 나는 나의 은행구좌에 돈을 입금한다. | 7. 육 번 질문에 무슨 대답을 하셨습니까? | 8. 당신의 이름과 전화번호를 수표 위에 써주십시오. | 9. 잡지에 광고를 내셨습니까? | 10. 당신의 생각을 말로 주의깊게 표현하십시오. | 11. 음악은 나를 기분 좋게 한다. | 12. 나쁜 경제가 많은 가게들을 실패하게 한다. (망하게 한다) | 13. 나는 정치를 별로 신뢰하지 않는다. | 14. 이렇게 생각해보세요. | 15. 그는 모든 판매부서의 책임자가 될 것이다. | 16. 꽃이 나의 집 주위에 놓여 있습니다.

By the Sea
(바닷가에서)

It is a beauteous evening, calm and free;
The holy time is quiet as a Nun
Breathless with adoration; the broad sun
Is sinking down in its tranquillity;
The gentleness of heaven is on the sea:
Listen! the mighty being is awake,
And doth with his eternal motion make
A sound like thunder-everlastingly.
Dear child! dear girl! that walkest with me here,
If thou appear untouch'd by solemn thought
Thy nature is not therefore less divine:
Thou liest in Abraham's bosom all the year,
And worshipp'st at the Temple's inner shrine,
God being with thee when we know it not.

William wordsworth

You Can Speak English!

R

영어 공부를 어렵게 생각해서는 안 된다.
어떤 언어보다 문법적으로 잘 정리 되어 있는 것이 영어다.
기초가 확립되면 누구든지 상당한 수준까지 구사 할 수 있다.

Raise [reiz] raised - raised 　명사 임금 인상.

타동사 올리다. 기르다. 키우다. (문제점 등을) 제기하다. 모금하다.

1. Please raise your hand if you know the answer.
2. My landlord raised the rent.
3. Don't raise your voice in public places.
4. The two boys raise the American flag every morning.
5. Why don't we raise our glasses to make a toast?
6. The article raised a lot of questions about the trial.
7. They try to raise a scholarship fund.
8. She raises cows on the farm
9. My dad raised us after our mom died.
10. How could you raise your children in this area?
11. The flag is raised every morning.
12. Where were you born and raised?
13. I was born and raised in Miami.

1. 만일 당신이 답을 알면 손을 드세요. | 2. 나의 집주인은 집세를 올렸다. | 3. 공공장소에서는 목소리를 높이지 마세요. | 4. 그 두 소년은 매일 아침 미국 국기를 게양합니다. | 5. 축배를 위해 잔을 들지 않겠습니까? | 6. 그 기사는 그 재판에 관해서 많은 질문들을 제기했다. | 7. 그들은 장학기금을 모금하기 위해 노력했다. | 8. 그녀는 농장에서 소를 키운다. | 9. 나의 아버지는 어머니가 돌아가신 후 우리들을 키우셨다. | 10. 이 지역에서 어떻게 아이들을 키우시겠어요? | 11. 그 국기는 매일 아침 게양된다. | 12. 어디서 태어나시고 자라셨어요? | 13. 나는 마이에미에서 태어나서 자랐습니다.

Reach [ríːtʃ] reached - reached **명사** 팔의 길이.

타동사 …에 도착하다. …에 도달하다. …와 연락이 되다.

1. At last, we have reached the base camp.
2. Did you try to reach her?
3. You have to retire when you reach a certain age.
4. We finally reached the border after seven hours of driving.
5. You can reach me at 212-555-22XX.
6. I can't reach the books on the top shelf.
7. Turn left when you reach the corner.
8. They reached the decision *that* they wanted.
9. The boat reached the shore.
10. TV reaches millions of homes.
11. Her dress reaches the floor.
12. The ladder reaches the roof.

1. 마침내 우리는 base camp에 도착했다. | 2. 그녀와 연락하기 위해 노력했습니까? | 3. 당신은 나이가 들면 은퇴해야 합니다. | 4. 우리는 마침내 7시간 운전후에 국경에 도착했다. | 5. 당신은 212-555-22XX으로 나에게 전화할 수 있습니다. | 6. 맨 꼭대기 선반 위에 있는 책을 내릴 수 없군요. | 7. 코너에 닿으면 왼쪽으로 도세요. | 8. 그들은 그들이 원하는 결정에 도달했다. | 9. 그 보트는 해안에 닿았다. | 10. 수백만의 가정에서 TV를 시청한다. | 11. 그녀의 드레스가 바닥에 끌린다. | 12. 그 사다리는 지붕에 닿는다.

• that (관계대명사) 이하는 형용사절로 선행사 decision 수식. 8번.

자동사 (물건을 잡기 위해) 손을 뻗치다.

1. He reaches for the cup on the table.
2. She reached for the wine.
3. People try to reach for the stars.
4. The man reached into his pocket and pulled out his wallet.
5. I will reach out to him by writing a letter.

1. 그는 책상 위에 있는 컵을 향해 손을 내민다. | 2. 그녀는 포도주를 잡기 위해 손을 내밀었다. | 3. 사람들은 하늘의 별들을 잡기 위해 노력한다. | 4. 그 남자는 주머니에 손을 넣어 지갑을 꺼냈다. | 5. 나는 그에게 편지를 써서 연락을 할 것이다.

Read [riːd] read - read 명사 독서.

타동사 읽다.

1. She reads a lot of books.
2. My sister can read French.
3. He is reading the newspaper.
4. My brother reads Hemingway.
5. Please read the instructions before using it.
6. Read books and gain knowledge.
7. She can't read a word without her glasses on.
8. I can read your mind.
9. Please read the Bible and you will be blessed.
10. What are you reading?
11. Would you read *me a story*, Grandma?
12. Would you read a story to me, Grandma?
13. Sure, I will read a story to you.
14. I read *that* walking is good for the health.
15. We read *that* Dr. Kim won the Nobel Peace Prize this year.

---

1. 그녀는 많은 책을 읽습니다. | 2. 나의 누이는 불어를 읽을 수 있습니다. | 3. 그는 신문을 읽고 있습니다. | 4. 나의 형은 헤밍웨이의 작품을 읽고 있습니다. | 5. 물건을 사용하기 전에 제품 설명서를 읽으십시오. | 6. 책을 읽고 실력을 쌓으세요. | 7. 그녀는 안경이 없이는 글자 하나도 읽을 수 없습니다. | 8. 나는 당신의 마음을 알 수 있어요. | 9. 성경을 읽으세요, 그러면 복 받을 것입니다. | 10. 무엇을 읽고 있으세요? | 11. 할머니 나에게 이야기책 좀 읽어 주시겠어요? | 12. 할머니 나에게 이야기책 좀 읽어 주시겠어요? | 13. 물론, 너에게 이야기책을 읽어주마. | 14. 걷는 것이 건강에 좋다는 것을 들어서 (읽어서) 알고 있습니다. | 15. 우리들은 닥터 김이 금년에 노벨상을 받았다는 것을 (읽어서) 알고 있습니다.

- 문장의 4형식 11번.
- 타동사의 목적어로 that절을 취함. 14. 15번. 읽어서 알게 되다 (배우다)의 뜻으로 해석.

자동사 읽어 주다. 읽어서 알다.

1. Mom reads to us at bedtime.
2. I read about the big storm in Minnesota.
3. She read of his death.

---

1. 어머니는 잠자리에서 우리들에게 책을 읽어 주신다. | 2. 나는 미네소타의 큰 폭풍에 관한 기사를 읽었다. | 3. 그녀는 그의 죽음에 대한 기사를 읽었다.

Realize [ríːəláiz] realized - realized

타동사 깨닫다. 실감하다.

1. I realized my mistakes right away.
2. She never realizes its value.
3. The stupid men never realize the tragedy of the war.
4. Teenagers don't realize the danger of drug.
5. I realized *that* she was very angry.
6. Do you realize *that* you were late again?
7. He never realizes *that* he is rich.
8. We didn't realize *that* the sport was so tough.
9. My boss realizes *that* I don't like the job.
10. I don't realize *who* came here last night.
11. Nobody realizes *why* he was surprised at the news.
12. We should realize *how much* God loves us.
13. You should realize *what* happens to you if you lose your job.

---

1. 나는 즉시 나의 실수를 깨달았다. | 2. 그녀는 그것의 가치를 결코 깨닫지 못한다. | 3. 그 어리석은 사람들은 전쟁의 비극을 결코 실감하지 못한다. | 4. 십대들은 마약의 위험을 깨닫지 못한다. | 5. 나는 그녀가 매우 화가 났다는 것을 알아차렸다. | 6. 당신은 당신이 또 늦었다는 것을 알고 있기나 합니까? | 7. 그는 그가 부자라는 사실을 결코 실감하지 못한다. | 8. 우리는 그 운동이 그렇게 거칠다는 것을 깨닫지 못했다. | 9. 나의 사장님은 내가 직장을 좋아하지 않는다는 것을 알고 있다. | 10. 나는 어젯밤 누가 여기 왔는지 모른다. | 11. 그가 그 뉴스를 듣고 왜 놀랐는지 아무도 모른다. | 12. 우리는 하나님이 얼마나 우리를 사랑하고 있는지 깨달아야 할 것이다. | 13. 당신이 직장을 잃으면 무슨 일이 생기는지 당신이 깨닫고 있어야 할 것이다.

- 타동사의 목적어로 that절을 취함. 5. 6. 7. 8. 9번.
- 타동사의 목적어로 wh절을 취함. 10. 11. 12. 13번.

Receive [risíːv] received – received

타동사 받다. 수령하다.

1. Did you receive his letter?
2. I receive many calls everyday.
3. I used to receive financial aid when I was in college.
4. He received a scholarship this year.
5. The police receive a lot of complaints about the heavy traffic.
6. I received an invitation to her wedding.
7. She received news of her father's death.
8. Hotel guests can't receive visitors after 9 P.M.
9. He receives a lot of support from his family.
10. My son will receive a doctoral degree from Stanford University next year.
11. She receives good treatments for her cancer.
12. Have you ever received a love letter?

---

1. 당신은 그의 편지를 받았습니까? | 2. 나는 매일 많은 전화를 받는다. | 3. 나는 대학 다닐 때 재정 지원을 받곤했다. | 4. 그는 금년에 장학금을 받았다. | 5. 경찰은 심한 교통체증에 관해서 많은 불평을 접수한다. | 6. 나는 그녀의 결혼식 초대장을 받았다. | 7. 그녀는 아버지가 죽었다는 소식을 들었다. | 8. 호텔 투숙객들은 밤 9시 이후로 방문객들을 받아들일 수 없다. | 9. 그는 그의 가족으로부터 많은 도움을 받는다. | 10. 나의 아들은 내년에 스탠포드대학에서 박사학위를 받을 것이다. | 11. 그녀는 암을 퇴치하기 위해서 좋은 치료를 받고 있다. | 12. 당신은 연애편지를 받아 본 적이 있습니까?

Recognize [rékəgnàiz] recognized - recognized

타동사 알아보다. 인정하다.

1. He recognized me.
2. All parents recognize their children right away.
3. She recognized her stolen car.
4. How do doctors recognize abused children?
5. The UN didn't recognize the new government of the country.
6. I recognize that you worked very hard.
7. She recognizes that she has to support her parents.
8. We recognize that stress can affect our health.
9. They recognize that education is very important.
10. We will recognize him as an excellent leader someday.
11. They recognized Kenya as an independent country in 1964.
12. He will be recognized as an excellent leader someday.
13. Kenya was recognized as an independent country in 1964.

---

1. 그는 나를 알아보았다. | 2. 모든 부모님들은 그들의 자녀들을 즉시 알아본다. | 3. 그녀는 그녀의 도둑맞은 자동차를 알아보았다. | 4. 의사들은 어떻게 학대받은 아이들을 알아볼 수 있습니까? | 5. UN은 그 나라의 새 정부를 승인하지 않았다. | 6. 나는 당신이 열심히 일하는 것을 인정합니다. | 7. 그녀는 그녀가 부모임을 부양해야 된다는 것을 알고있다. | 8. 우리는 스트레스가 우리들의 건강에 영향을 준다는 것을 알고 있다. | 9. 그들은 교육이 매우 중요하다는 것을 인정한다. | 10. 우리는 그를 언젠가 훌륭한 지도자로 인정 할 것이다 | 11. 그들은 케냐를 1964년 독립국으로 승인했습니다. | 12. 그는 언젠가 훌륭한 지도자로 인정될 것이다. | 13. 케냐는 1964년 독립국으로 승인되었습니다.

- 타동사의 목적어로 that절을 취함. 6, 7, 8, 9번.
- 불완전타동사의 목적 보어로 as 이하를 취함. 10, 11번.
- 12, 13번은 10, 11번의 수동태.

Record [rikɔ́:rd] recorded - recorded   명사 기록.

타동사 기록하다. 녹음하다. 녹화하다.

1. Did you record his score?
2. He records the change in positions of the stars every night.
3. Texas police recorded a lot of crimes in 2005.
4. She records all her expenses during the trip.
5. I will record his lecture for you.
6. You should record your blood pressure.
7. People record history in books.
8. The singer records his new songs.
9. She records popular songs on tapes.
10. Could you record the boxing match for me tonight?
11. All the events are recorded.
12. History is recorded in books.
13. What happened there was not recorded.
14. How he died was not recorded.

---

1. 당신은 그의 득점을 기록했습니까? | 2. 그는 매일 밤 별들의 위치 변화를 기록한다. | 3. 텍사스 경찰은 2005년도에 많은 범죄를 기록했다. | 4. 그녀는 여행하는 동안 모든 경비를 기록한다. | 5. 내가 당신을 위해서 그의 강의를 녹음하겠습니다. | 6. 당신은 당신의 혈압을 적어 두어야 합니다. | 7. 사람들은 역사를 책에 기록합니다. | 8. 그 가수는 그의 새 노래들을 녹음한다. | 9. 그녀는 테이프에 인기있는 노래들을 녹음한다. | 10. 오늘밤 나를 위해서 권투경기를 녹화해 주시겠어요? | 11. 모든 사건들은 기록된다. | 12. 역사는 책에 기록됩니다. | 13. 거기에 무슨 일이 일어났는지는 기록되지 않았다. | 14. 그가 어떻게 죽었는지는 기록되지 않았습니다.

Reduce [rìdjúːs] reduced - reduced

타동사 줄이다.

1. Please reduce your speed as you drive through the town.
2. Listening to music might reduce stress.
3. Strict traffic laws reduce car accidents.
4. The store reduced the prices of all the items.
5. You have to reduce your spending on clothes.
6. Why don't you reduce the oven temperature before the food burns?
7. You should reduce the amount of coffee you drink
8. I reduced expenses during the trip.
9. Please don't reduce your study time.

1. 시내 중심가에서는 속도를 줄이세요. | 2. 음악을 듣는 것이 스트레스를 줄일지도 모릅니다. | 3. 엄격한 교통법규는 자동차 사고를 줄입니다. | 4. 그 가게는 모든 물건 값을 내렸습니다. | 5. 옷에 쓰는 돈을 줄이지 않으면 안 됩니다. | 6. 음식이 타기 전에 오븐 온도를 줄이지 그러세요? | 7. 당신이 마시는 커피의 양을 줄이셔야 합니다. | 8. 나는 여행 동안 경비를 줄였습니다. | 9. 공부시간을 줄이지 마세요.

Refer [rifə:r] referred - referred

타동사 (사람을) 보내다.

1. My doctor referred me to a specialist.

1. 나의 의사선생님은 나를 전문의에게 보냈다.

자동사 조회하다. 참조하다. 언급하다. 말하다.

1. We should refer to a former employer before hiring someone.
2. Please refer to page 20 for further details.
3. Why don't you refer to the list for children's books?
4. Who is the guy that she is referring to?
5. Did you refer to the special project at the meeting?
6. The principal referred to the school system.

1. 우리는 누군가를 고용하기 전에 이전 고용주에게 문의해야 할 것이다. | 2. 상세한 것들을 위해서 20페이지를 읽으세요. (참조하세요.) | 3. 어린이 도서 목록표를 참고하지 그러세요? | 4. 그녀가 말하고 있는 그 남자는 누굽니까? | 5. 당신은 회의에서 그 특별 사업에 대해서 말했습니까? | 6. 교장선생님은 학교 시스템에 대해서 언급했다.

Reflect [riflékt] reflected - reflected

타동사 반사하다. 나타내다. 생각하다.

1. Something white reflects the heat.
2. The water of the lake reflects the mountain.
3. The window reflects her face.
4. The poll results reflect people's thoughts.
5. Her clothing reflects her lifestyle.
6. Children reflect their parents' behavior.
7. Christians must reflect the character of Jesus Christ.
8. He reflects that living in America is not easy.
9. She reflects that this will be a difficult job.
10. His face reflects how terrible the accident was.
11. The name of the company reflects what it does.
12. Your friends reflect who you are.
13. The mountain is reflected in the water of the lake.
14. Her face is reflected in the window.

---

1. 하얀 물체는 열을 반사한다. | 2. 호수의 물이 산을 반사한다. | 3. 창문이 그녀의 얼굴을 반사합니다. | 4. 투표 결과는 사람들의 생각을 나타냅니다. | 5. 그녀의 옷은 그녀의 라이프 스타일을 나타냅니다. | 6. 어린이들은 부모님의 행동을 반영한다. | 7. 기독교인들은 예수님의 성품을 나타내야 합니다. | 8. 그는 미국에 사는 것이 쉽지 않다고 생각합니다. | 9. 그녀는 이것이 힘든 일이 될 것이라고 생각합니다. | 10. 그의 얼굴은 그 사고가 얼마나 지독했는지를 말해줍니다. | 11. 회사의 이름이 그 회사가 하는 일을 나타냅니다. | 12. 친구들을 보면 그 사람을 알 수 있습니다. | 13. 산은 호숫가의 물에 반사됩니다. | 14. 그녀의 얼굴은 유리창에 반사되어집니다.

- 타동사의 목적어로 that절을 취함. 8, 9번.
- 타동사의 목적어로 wh절을 취함. 10, 11, 12번.

자동사 곰곰히 생각해 보다.

1. Take your time and reflect on my offer.
2. You should reflect on your life.

---

1. 시간을 가지시고 저의 제안을 곰곰히 생각하세요. | 2. 당신은 당신의 인생에 대해서 깊이 생각해야 할 것이다.

Refuse [rifjúːz] refused - refused

타동사 거절하다. 거부하다.

1. She refuses my help all the time.
2. I refused his invitation.
3. He refused her offer.
4. How could you refuse my proposal?
5. She refused *to talk* to me.
6. The man refuses *to answer* my questions.
7. He refuses *to marry* a rich woman.
8. The bank refused *me a loan*.
9. The bank refused a loan to me.
10. The official refused *him a visa*.
11. The official refused a visa to him.
12. I was refused a loan.
13. He was refused a visa.
14. A loan was refused to me by the bank.
15. A visa was refused to him by the official.

1. 그녀는 항상 나의 도움을 거절한다. | 2. 나는 그의 초대를 거절했습니다. | 3. 그는 그녀의 제안을 거절했습니다. | 4. 어떻게 당신이 나의 제안을 거절할 수 있습니까? | 5. 그녀는 나에게 말하는 것을 거절했다. | 6. 그 남자는 나의 질문에 답하는 것을 거절한다. | 7. 그는 돈이 많은 여자와 결혼하는 것을 거절한다. | 8. 은행은 나에게 융자를 해주는 것을 거절했다. | 9. 은행은 나에게 융자를 해주는 것을 거절했다. | 10. 그 공무원은 그에게 비자(체재허가)를 거부했다. | 11. 그 공무원은 그에게 비자(체재허가)를 거부했다. | 12. 나는 융자 받는 것을 거절 당했습니다. | 13. 그는 비자가 거부되었습니다. | 14. 나는 융자 받는 것을 거절 당했습니다. | 15. 그는 비자가 거부되었습니다.

- 타동사의 목적어로 to부정사를 취함. 5. 6. 7번.
- 문장의 4형식 8. 10번. 9. 11번은 3형식 문장임.
- 4형식의 간접목적어, 직접목적어 둘 다 수동태의 주어가 될 수 있음. 12. 13. 14. 15번.

Regard [rigá:rd] regarded - regarded

타동사 존중하다. 주시하다. 주목하다.

1. I regard your opinion very highly.
2. People regard his works highly.
3. She regards me with affection.
4. He regards her with curiosity.
5. We regard our president with love.
6. That man never regards other people's feelings.
7. I regard him as my friend.
8. His works are highly regarded by people.
9. The car is well regarded worldwide.
10. The book is still regarded as one of the best ever written.

---

1. 나는 당신의 의견을 존중합니다. | 2. 사람들은 그의 예술작품을 높이 평가합니다. | 3. 그녀는 호의를 가지고 나를 주시한다. | 4. 그는 그녀를 호기심을 가지고 바라봅니다. | 5. 우리는 애정을 가지고 대통령을 존중합니다. | 6. 그 남자는 다른 사람들의 기분을 전혀 신경 쓰지 않습니다. | 7. 나는 그를 내 친구로 생각합니다. | 8. 그의 작품은 사람들에 의해서 높이 평가됩니다. | 9. 그 자동차는 세계적으로 주목받습니다. | 10. 그 책은 지금까지 씌어진 가장 좋은책 중의 하나로 여겨진다.

- 불완전타동사 (5형식)의 목적보어로 as 이하를 취함. 7번. …로 생각하다로 해석.

Relate [riléit] related - related

타동사 관계시키다. 관련시키다. 말하다.

1. You should not relate his success with his poverty.
2. Most people relate religion with death.
3. This course relates students to better education.
4. She related the secret to her friends.
5. Did you relate the whole story to your father?
6. She is related to my mother.
7. Culture is related to art.
8. Your action is related to your thought.

1. 당신은 그의 성공을 그의 가난과 연결시켜서는 안 됩니다. | 2. 대부분의 사람들은 종교를 죽음과 관련시킵니다. | 3. 이 과정은 더 좋은 교육을 위해서 학생들과 관련이 있습니다. | 4. 그녀는 그녀의 친구들에게 비밀을 말했다. | 5. 당신은 당신의 아버지에게 그 이야기의 전부를 말했습니까? | 6. 그녀는 나의 어머니와 친척관계이다. | 7. 문화는 예술과 관계가 있다. | 8. 당신의 행동은 당신의 사고(생각)와 관계가 있다.

자동사 관계(관련)가 있다. 좋은 관계를 갖다.

1. This job relates to my career goal.
2. I don't understand how the two ideas relate.
3. She relates to all my problems.
4. This graph relates to the sales.
5. The evidence relates to his crime.
6. I always related to my friends.
7. You should relate to your co-workers.

1. 이 일은 나의 직장 경력(목표)과 관련이 있다. | 2. 그 두 개의 아이디어가 어떻게 관계가 있는지 이해되지 않는다. | 3. 그녀는 나의 모든 문제와 관계가 있다. | 4. 이 도표는 판매 실적과 관계가 있다. | 5. 그 증거는 그의 범죄와 관계가 있다. | 6. 나는 나의 친구들과 항상 잘 지낸다. | 7. 당신은 당신의 직장 동료들과 잘 지내야 할 것이다.

Release [rilíːs] released - released   명사 해방. 석방. 면제.

타동사 풀어놓다. 공개하다. 석방하다.

1. She releases fish into the pond.
2. He suddenly released my hand.
3. The police didn't release the names of the victims.
4. You should not release secrets.
5. They will release me from the hospital today.
6. The singer released a new album.
7. Don't release your seatbelt while I drive.
8. Please release me and let me go.
9. Physical exercise releases tension.
10. I will be released from the hospital today.
11. The man was released from the jail last night.
12. She will be released from the contract of employment.
13. The new movie was released yesterday.

1. 그녀는 연못에 물고기를 풀어준다. | 2. 그는 갑자기 나의 손을 풀어주었다. | 3. 경찰은 희생자의 이름을 발표하지 않았다. | 4. 당신은 비밀을 공개해선 안 됩니다. | 5. 그들은 오늘 병원에서 나를 퇴원시킬 것입니다. | 6. 그 가수는 새로운 앨범을 발표했다. | 7. 내가 운전하는 동안 안전밸트를 풀지 마세요. | 8. 제발 나를 놓아주세요. 그리고 가게 해주세요. | 9. 육체운동은 긴장을 완화시킨다. | 10. 나는 오늘 병원에서 퇴원할 것이다. | 11. 그 남자는 어젯밤 감옥에서 석방되었다. | 12. 그 여자는 고용 계약으로부터 해방될 것이다. | 13. 그 새 영화는 어제 개봉되었다.

Remain [riméin] remained - remained 명사 잔존물.

자동사 (여전히) …한 상태이다.

1. He remains *single*.
2. They remain *silent*.
3. She still remains *close* to me.
4. You should remain *standing*.
5. I remained at work after the others left.
6. She remained in Korea after her family went back to America.
7. His question remains to be answered.
8. The plan remains to be approved by committee.
9. The problems remain to be solved.
10. The war remains to be ended.

---

1. 그는 여전히 독신이다. | 2. 그들은 조용한 상태로 있다. | 3. 그녀는 아직도 나에게 가까운 사이다. | 4. 계속 서있으세요. | 5. 나는 다른 사람들이 떠난 후에도 직장에 남아 있었다. | 6. 그녀는 그녀의 가족이 미국에 돌아간 후에도 한국에 남아 있었다. | 7. 그의 질문은 대답되어야 한다. | 8. 그 계획은 위원회에서 승인되어야 한다. | 9. 그 문제는 해결되지 않으면 안 된다. | 10. 전쟁은 종결되어야 한다.

- 불완전자동사는 반드시 주격보어를 필요로 함. 주격보어, 목적보어가 될 수 있는 품사는 명사, 형용사 그 상당어구임.
- 불완전자동사의 주격보어로 형용사를 취함. 1, 2, 3번.
- 불완전자동사의 주격보어로 현재분사를 취함. 4번.
- Remain의 다음에 to부정사가 오면 …되어져야 한다로 해석. 7, 8, 9, 10번의 직역은 …되어지기 위해서 남아 있다.

Remember [rimèmbər] remembered - remembered

타동사 기억하고 있다.

1. We remember Tom and Bob.
2. I remember his phone number.
3. Do you remember your wife's birth date?
4. I remember *that* they used to talk about sports.
5. She suddenly remembered *that* she had an appointment with her dentist.
6. He remembers *how to play* chess.
7. She still remembers *where to begin* the story.
8. He doesn't remember *when* she moved to Canada.
9. Could you remember *who* the man was?
10. Do you still remember *where* you met her?
11. We remember *what* he said to us.
12. I remember my mom *helping* the poor.
13. I remember him *teaching* me the song.
14. She remembers calling him. (She already called him)
15. She remembers to call him. (She will call him)
16. I remember to meet him tonight. (I will meet him tonight)
17. She remembers sending him the card.
18. Please remember to send him the card.
19. We remember him *as* the best golf player.
20. I will remember you in my heart.
21. He is remembered as the best golf player.
22. You will be remembered in my heart.

1. 우리는 Tom과 Bob을 기억하고 있습니다. | 2. 나는 그의 전화번호를 기억하고 있습니다. | 3. 당신은 당신 부인의 생일을 기억하고 있습니까? | 4. 나는 그들이 운동에 관해서 이야기하곤 한 것을 기억한다. | 5. 그녀는 갑자기 치과의사와의 예약이 생각났다. | 6. 그

는 어떻게 체스를 하는지 기억하고 있다. | 7. 그녀는 아직도 그 이야기를 어디서 시작해야 했는지 기억하고 있다. | 8. 그는 그녀가 언제 캐나다로 이사했는지 기억이 나지 않는다. | 9. 그 사람이 누구였는지 기억하시겠어요? | 10. 당신은 아직도 그녀를 어디서 만났는지 기억하고 있습니까? | 11. 우리는 그가 우리에게 말한 것을 기억하고 있다. | 12. 나는 나의 어머니가 가난한 사람들을 도운 것을 기억하고 있다. | 13. 나는 그가 나에게 그 노래를 가르친 것을 기억하고 있다. | 14. 그녀는 그에게 전화한 것을 기억하고 있다. | 15. 그녀는 그에게 전화할 것을 기억하고 있다. | 16. 나는 오늘밤 그를 만날 것을 기억하고 있다. | 17. 그녀는 그에게 카드를 보낸 것을 기억한다. | 18. 그에게 카드를 보낼 것을 기억하세요. | 19. 우리는 그를 최고의 골프선수로 기억하고 있다. | 20. 나는 당신을 나의 가슴에 기억할 것입니다. | 21. 그는 최고의 골프선수로 기억된다. | 22. 당신은 나의 가슴에 남아 있을 것입니다.

- 타동사의 목적어로 that절을 취함. 4, 5번
- 타동사의 목적어로 wh. to do 취함. 6, 7번.
- 타동사의 목적어로 wh절을 취함. 8, 9, 10, 11번.
- 불완전타동사 (5형식)의 목적보어로 현재분사를 취함. 12, 13번.
- 불완전타동사의 목적보어로 as 이하를 취함. 19번.
- remember + ing : 과거의 일을 기억하다.
- remember + to do : 미래의 할 일을 기억하다.
- 21, 22번은 19, 20번의 수동태.

Remove [rimúːv] removed - removed

타동사 …을 옮기다. 제거하다. 버리다. 해고하다.

1. Why don't you remove your books from the desk?
2. Remove the papers on the counter.
3. Can you remove this stain on my coat?
4. We should remove the old paint before we paint the wall.
5. You have to remove your sunglasses when you talk to your elders.
6. She removes garbage from the house everyday.
7. Did you remove all the junk from the barn?
8. The mayor was removed from office.
9. The corruptors must be removed from the government.

1. 당신의 책들을 책상에서 좀 치우지 그러세요? | 2. 카운터 위에 있는 종이들을 치우세요. | 3. 제 코트에 있는 얼룩을 제거할 수 있습니까? | 4. 우리는 벽에 있는 페인트를 벗겨낸후 칠해야 할 것이다. | 5. 나이드신 분과 이야기할 때는 당신의 선글라스를 벗으셔야 합니다. | 6. 그녀는 매일 집 밖으로 쓰레기를 버립니다. | 7. 당신은 헛간 밖으로 모든 쓰레기(잡동사니)를 버리셨습니까? | 8. 시장님은 면직되었습니다. | 9. 부정 공무원들은 정부로부터 해고되어야 합니다. (제거되어야 한다)

Repeat [ripíːt] repeated - repeated   명사 반복.

타동사 반복하다. 전하다.

1. Could you repeat the word?
2. Repeat *what* I say, please.
3. The baby repeats the same song.
4. The boys repeat the poem.
5. He repeats his experiments.
6. You shouldn't repeat the same mistake.
7. He has to repeat the class.
8. She repeats *what* he said to everybody.
9. Please don't repeat any of this to him.
10. I repeat *that* they were wrong.
11. She repeats *that* she is very hungry.
12. The show will be repeated on ABC tonight.
13. The poem is repeated by the boys.

1. 그 단어를 한 번 더 말해 주시겠어요? | 2. 내가 말한 것을 반복하세요. | 3. 그 아기는 같은 노래를 되풀이하고 있다. | 4. 소년들이 그 시를 반복하고 있다. | 5. 그는 그의 실험을 되풀이한다. | 6. 당신은 같은 실수를 반복해선 안 된다. | 7. 그는 그 수업을 다시 이수하지 않으면 안 됩니다. | 8. 그녀는 그가 말한 것을 모든 사람들에게 전하고 다닌다. | 9. 어떤것도 그에게 말하지 마십시요. | 10. 다시 말하지만 그들이 옳지 않았습니다. | 11. 그녀는 매우 배가 고프다고 계속 말한다. | 12. 그 쇼는 오늘밤 ABC방송에서 재방영될 것이다. | 13. 소년들이 그 시를 반복하고 있다.

- 타동사의 목적어로 관계대명사 what을 취함. 2, 8번.
- 타동사의 목적어로 that절을 취함. 10, 11번.

자동사 반복하다.

1. Repeat after me.
2. Please don't repeat. I understand.
3. History repeats itself.

---

1. 나를 따라 반복하세요. | 2. 반복해서 말하지 마세요. 이해합니다. | 3. 역사는 반복된다.

Replace [ripléis] replaced - replaced

타동사 제자리에 놓다. 대체하다. …을 대신하다. …의 후계자가 되다.

1. Would you replace the books on the shelf?
2. He replaced the battery in my watch.
3. Did you replace your old tires with new ones?
4. They replaced full-time workers with part-timers.
5. Who will replace Mr. Kim?
6. President Ford replaced President Nixon.
7. Computer might replace books in the future.
8. Nothing can replace the value of an education.
9. Books might be replaced by computers.
10. The old building was replaced with a beautiful new restaurant.

---

1. 책을 선반 위에 다시 갖다 놓으시겠어요? | 2. 그는 내 시계의 배터리를 교환했다. | 3. 당신의 낡은 타이어를 새 타이어로 바꿨습니까? | 4. 그들은 정규직원들을 시간제 직원으로 바꿨다. | 5. 누가 미스터 김의 후임자가 되지요? | 6. 포드 대통령이 닉슨 대통령의 뒤를 이었다. | 7. 컴퓨터가 미래에는 책을 대신할지도 모른다. | 8. 어떤 것도 교육의 소중함을 대신할 수 없습니다. | 9. 책은 컴퓨터로 대체될지도 모른다. | 10. 그 낡은 빌딩은 아름다운 새 식당으로 바뀌었습니다.

Reply [riplái] replied - replied 　명사 대답. 응답.

타동사 대답하다.

1. He replies that it is impossible.
2. She replies that she never knew it.
3. They reply that loving each other makes the world a better place.
4. I replied that he went to China.
5. Did you reply that you would see her again?

1. 그는 그것이 불가능하다고 대답한다. | 2. 그녀는 결코 그것을 알고 있지 않았다고 말한다. | 3. 그들은 서로를 사랑하는것이 더 좋은 세상을 만든다고 말한다. | 4. 나는 그가 중국에 갔다고 대답했다. | 5. 당신은 그녀를 또 만날 것이라고 대답했습니까?

• 타동사의 목적어로 that절을 취함. 1, 2, 3, 4, 5번.

자동사 대답하다. 응답하다.

1. Did you reply to his invitation?
2. He replies to my letters at once.
3. Many people replied to my ad in the newspaper.
4. How did you reply to the question?
5. You should reply to her question as soon as possible.
6. She never replies to my smile.

1. 당신은 그의 초대장에 응답했습니까? | 2. 그는 나의 편지에 즉시 답한다. | 3. 많은 사람들이 신문에 낸 나의 광고를 보고 연락을 했다. | 4. 당신은 그 질문에 어떻게 대답했습니까? | 5. 당신은 그녀의 질문에 가능한 한 빨리 대답을 해주셔야 합니다. | 6. 그녀는 나의 미소에 결코 응답하지 않는다.

Report [ripɔ́:rt] reported - reported   명사 보고서, 보도.

타동사 …을 보고하다.

1. I want to report a stolen car.
2. Did you report it?
3. He reported the accident to the police.
4. Why don't you report those boys to the principal?
5. The newsman in Iraq reports that people are being killed everyday.
6. They report that the wild fire is still burning in California.
7. The accident was reported on the evening news.
8. The girl was reported missing.
9. Her husband was reported injured in the war.
10. Some crimes are not reported to the police.

---

1. 나는 도난 당한 차를 경찰에 보고하고 싶습니다. | 2. 당신은 그것을 보고했나요? | 3. 그는 그 사고를 경찰에 보고했습니다. | 4. 어째서 저 남자아이들을 교장선생님께 보고하지 않으세요? | 5. 이라크에 있는 그 기자는 사람들이 매일 죽어가고 있다고 보고합니다. | 6. 그들은 산불이 아직도 캘리포니아에서 타고 있다고 말합니다. | 7. 그 사고는 저녁뉴스에 보도되었습니다. | 8. 그 소녀는 행방불명으로 보고되었습니다. | 9. 그녀의 남편은 전쟁에서 부상 당했다고 보고되었습니다. | 10. 어떤 범죄들은 경찰에 보고되지 않습니다.

• 타동사의 목적어로 that절을 취함. 5, 6번.

Represent [rèprizént] represented - represented

타동사 대리하다. 대표하다. 주장하다. 표시하다. 기술하다.

1. I represent Mr. Kim as his lawyer.
2. He represents our town.
3. I will represent my country at the Olympics.
4. As a top agent, she represents seven famous actors.
5. Act decently; you represent our school.
6. The school board represents educational values.
7. The green areas on the map represent mountains.
8. The article represents the war hero as a good family man.
9. The paintings represent religious themes.

1. 나는 변호사로서 미스터 김을 대리합니다. (법정에서) | 2. 그는 우리 타운을 대표한다. (시의원으로서) | 3. 나는 올림픽경기에서 나의 국가를 대표할 것이다. | 4. 최고의 에이전트로서 그녀는 일곱 명의 유명한 배우들을 대리(대표)한다. | 5. 품위 있게 행동하세요, 당신은 우리 학교를 대표하고 있습니다. | 6. 학교 위원회는 교육의 가치를 주장한다. | 7. 지도 상의 초록색 지역은 지도 상에서 산들을 표시한다. | 8. 그 신문기사는 그 전쟁 영웅을 아주 가정적인 남자로 기술하고 있다. | 9. 그 그림들은 종교적인 주제를 나타내고 있다.

• 불완전타동사 (5형식)의 목적보어로 as 이하를 취함. 8번.

Require [rikwáiər] required - required

타동사 필요로 하다. 요구하다.

1. The job requires a college degree.
2. Our class requires three computers.
3. Teaching requires some skill.
4. I required medicine for my cold.
5. Everyone requires six to eight hours of sleep a night.
6. His injury might require surgery.
7. The contract requires that the buyer must pay the commission.
8. The law requires that passengers should wear a seat belt.
9. We require you to answer our questions.
10. School requires students to buy their own textbooks.
11. You are required to answer our questions.
12. Students are required to buy their own textbooks.
13. Lifeguards are required to know how to swim.

---

1. 그 직장은 대학 졸업장을 요구합니다. | 2. 우리 학급은 3대의 컴퓨터를 필요로 합니다. | 3. 가르치는 것은 어떤 기술을 요구합니다. | 4. 나는 감기 때문에 약이 필요했습니다. | 5. 누구든지 하루에 여섯 시간에서 여덟 시간의 수면을 필요로 합니다. | 6. 그의 부상은 수술을 필요로 할지도 모른다. | 7. 그 계약서는 구입자가 수수료를 지불 할 것을 요구하고 있다. | 8. 법은 승객들이 안전벨트를 착용해야 한다고 요구한다. | 9. 우리는 당신이 우리들의 질문에 대답해주길 바랍니다. | 10. 학교는 학생들이 그들 자신의 교과서를 사야 할 것을 요구한다. | 11. 당신은 우리들의 질문에 답해야 합니다. | 12. 학생들은 자신의 교과서를 사야 합니다. | 13. 생명구조대원은 수영하는 방법을 알아야 합니다.

- 타동사의 목적어로 that절을 취함. 7. 8번.
- 불완전타동사 (5형식)의 목적보어로 to부정사를 취함. 9. 10번.

Rest [rest] rested - rested 　명사 휴식. 안정. 나머지. 잔여.

타동사 쉬게 하다. 세워 놓다.

1. She rested her head on my shoulder.
2. Close your eyes and rest them.
3. He rests his servants and cows on Sunday.
4. Don't rest your elbows on the table.
5. A good master rests his horses.
6. Rest yourself if you want to go farther.
7. May God rest his soul!

1. 그녀는 나의 어깨 위에 그녀의 머리를 기대였다. | 2. 눈을 감고 (당신의 눈을) 휴식시키세요. | 3. 그는 일요일에는 그의 하인들과 소들을 쉬게 한다. | 4. 당신의 팔꿈치를 식탁 위에 올려놓지 마세요. | 5. 좋은 주인은 그의 말들을 쉬게 합니다. | 6. 멀리 가고 싶으면 먼저 휴식을 취하세요. | 7. 하나님, 그의 영혼을 쉬게 하소서.

자동사 쉬다. 휴식하다.

1. Why don't you sit down and rest for a while?
2. You should rest for a couple of days.
3. He usually rests for a while after lunch.
4. We (had) better rest at the top of the hill.
5. I will not rest until he comes back.
6. Just rest if you are not feeling well.

1. 잠깐 앉아서 쉬지 그러세요? | 2. 당신은 이삼 일 쉬어야 할 것입니다. | 3. 그는 항상 점심 후에 약간의 휴식을 취합니다. | 4. 우리는 언덕 꼭대기에서 쉬는 편이 좋겠습니다. | 5. 그가 돌아 올 때까지 나는 쉬지 않을 것입니다. | 6. 몸이 불편하시면 조금 쉬십시오.

Result [rizʌ́lt] resulted - resulted   명사 결과, 결말.

자동사 결과로써 일어나다. 끝나다.

1. Orphans and widows resulted from the war.
2. The big damage resulted from the storm.
3. His novels result from his childhood experience.
4. Her injury results from the car accident.
5. The fire resulted in the death of three men.
6. The fine weather resulted in an abundant harvest.
7. Studying hard results in good grades.
8. Walking every morning results in good health.

---

1. 전쟁으로 인해 고아와 과부가 발생했다. | 2. 그 큰 피해는 폭풍으로부터 생긴 결과였다. | 3. 그의 소설은 그의 어린시절 경험으로부터 나온다. | 4. 그녀의 부상은 그 자동차 사고의 결과이다. | 5. 그 화재로 인해 세 사람이 목숨을 잃었다. | 6. 좋은 날씨는 풍요한 수확을 가져온다. | 7. 열심히 공부하는 것은 좋은 성적을 가져온다. | 8. 매일 걷는 것은 건강에 좋다.

Return [ritə́ːrn] returned - returned   명사 반환. 반송. 보답. 답례. 귀가.

타동사 돌려주다. 반환하다.

1. He never returns my bike.
2. Why didn't you return my call?
3. I have to return this jacket because it doesn't fit me.
4. Please return it to me if you find the paper.
5. My company returns its profits to its employees.
6. Did you return those DVDs to Blockbuster?
7. He returned *me the book*.
8. He returned the book to me.
9. The book was returned to me.
10. Everything *that* belongs to you will be returned to you.

---

1. 그는 나의 자전거를 결코 돌려 주지 않는다. | 2. 왜 나에게 다시 전화를 하지 않으셨어요? | 3. 이 재킷이 맞지 않으므로 돌려줘야 합니다. | 4. 만일 당신이 그 서류를 찾으시면 나에게 돌려 주세요. | 5. 우리 회사는 수익을 직원들에게 돌려 줍니다. | 6. 당신은 그 DVD를 블록 버스터에 반환했습니까? | 7. 그는 나에게 책을 돌려주었다. | 8. 그는 나에게 책을 돌려주었다. | 9. 그 책은 나에게 반납되었다. | 10. 너에게 속한 모든것은 너에게 돌아올 것이다.

- 문장의 4형식 7번. 3형식으로 전환하면 8번이 됨.
- that (관계대명사) 이하는 형용사절로 선행사 everything 수식. 10번.

자동사 돌아가다. 돌아오다.

1. He returned to America last year.
2. She returned from America yesterday.
3. Why don't you return after dinner?
4. Stop talking and return to your work.
5. All the soldiers returned home safely.
6. My son returned to school after summer vacation.
7. I will return to your question in a minute.
8. He returned to his normal life after a long journey.
9. If the pain returns, please take this pill.

---

1. 그는 작년에 미국으로 돌아갔다. | 2. 그 여자는 어제 미국에서 돌아왔다. | 3. 저녁식사 후에 돌아가지 그러세요? | 4. 그만 이야기하시고 업무로 돌아가세요. | 5. 모든 병사들은 안전하게 집으로 돌아왔다. | 6. 나의 아들은 여름방학이 끝나고 학교로 돌아갔다. | 7. 잠시 후에 당신의 질문에 답하겠습니다. | 8. 그는 긴 여행 후 정상적인 생활로 돌아갔다. | 9. 만일 다시 아프시면 이 약을 드세요.

Reveal [riví:l] revealed - revealed   명사 폭로.

타동사 누설하다. 드러내다.

1. Why did you reveal our plan to them?
2. You should not reveal your friends' weaknesses.
3. Don't reveal the secrets of our family to anybody.
4. His letter reveals a part of his personality.
5. The rising curtain reveals the ocean view.
6. The sunshine reveals the beauty of flowers.
7. The research reveals that Koreans are very smart.
8. The report reveals that a glass of wine is good for health.
9. He reveals that they will attack soon.
10. Doctors reveal that cancer will be cured in the near future.

---

1. 어째서 당신은 그들에게 우리들의 계획을 누설했습니까? | 2. 당신은 친구들의 약점을 말해서는 안 된다. | 3. 다른 사람들에게 가족의 비밀을 누설하지 마십시요. | 4. 그의 편지는 그의 인간성의 한 부분을 나타낸다. | 5. 커튼을 제치면 바다 풍경이 나타난다. | 6. 햇빛은 꽃의 아름다움을 드러낸다. | 7. 그 연구서는 한국사람들이 매우 영리하다는 것을 나타내고 있다. | 8. 그 보고서는 한잔의 포도주는 건강에 좋다고 말하고 있다. | 9. 그는 그들이 곧 공격해 올 것이라고 말한다. | 10. 의사들은 가까운 장래에 암이 치료될 것이라고 말하고 있다.

• 타동사의 목적어로 that절을 취함. 7. 8. 9. 10번.

Ring [riŋ] rang – rung　명사 울리는 소리. 울림. 반지.

타동사 (종을) 울리다.

1. Somebody rings the doorbell.
2. Please ring the bell when you need help.
3. Does the name ring a bell?
4. Does it ring a bell?
5. I will ring it up for you.

---

1. 누군가가 현관 벨을 울립니다. | 2. 도움이 필요하시면 벨을 울리세요. | 3. 그 이름을 들으니 누군가 생각 나는 사람이 있으세요? | 4. 그것으로 뭔가 생각 나세요? | 5. 계산해 드리겠습니다. (상점에서)

자동사 울리다. 울려 퍼지다. 가득차다.

1. The phone is ringing.
2. They stopped working as soon as the bell rang.
3. Her voice is still ringing in my ears.
4. The church rang with the voices of the choir.
5. The town rang with the rumor.

---

1. 전화벨이 울리고 있습니다. | 2. 그들은 종이 울리자마자 일을 멈췄다. | 3. 그녀의 목소리가 나의 귓가에 아직도 울리고 있다. | 4. 교회는 성가대원들의 목소리로 울려퍼졌다. | 5. 동네가 소문으로 가득찼다.

Rise [raiz] rose - risen   명사 상승. 물가상승.

자동사 떠오르다. 상승하다. 일어서다.

1. The sun rises in the East.
2. The moon is rising over the lake.
3. The prices rose recently.
4. The temperature rises in the summer time.
5. Smoke rose from the chimney.
6. Her voice rose with anger.
7. Their voices rose up in prayer.
8. The divorce rate has been rising since the 1970s.
9. Everybody has to rise when the judge enters the room.
10. He rose from the table.
11. He rose to the position of vice president.
12. The audience rose to their feet to cheer the singer.
13. My company will rise above its financial problems.
14. She rose from poverty to becoming a famous actress.
15. Korea has risen from the ashes of the war.
16. Jesus Christ has risen from the dead.

1. 태양은 동쪽에서 떠오른다. | 2. 달이 호수 위로 떠오르고 있습니다. | 3. 물가가 최근에 올랐다. | 4. 기온은 여름철에 상승한다. | 5. 연기가 굴뚝으로부터 피어오른다. | 6. 그녀의 목소리가 분노로 커졌다. | 7. 그들의 목소리가 기도 중에 커졌다. | 8. 이혼률은 1970년대 이후로 늘어나고 있다. | 9. 판사가 법정에 들어올 때 모두가 일어서지 않으면 안 된다. | 10. 그는 식사를 마친 후 일어섰다. | 11. 그는 부사장의 위치까지 승진했다. | 12. 관객들은 그 가수에게 박수갈채를 보내기 위해 일어섰다. | 13. 나의 회사는 재정적인 어려움으로부터 일어 설 것이다. | 14. 그녀는 가난을 딛고 일어나 유명한 배우가 되었다. | 15. 한국은 전쟁의 잿더미 위에서 부흥했다 . | 16. 예수님은 죽음에서 부활하셨습니다.

Roll [roul] rolled - rolled 　명사 회전. 구르기.

타동사 굴리다. 말아서 접다.

1. My mom rolls the chicken breast in flour.
2. He rolled up the map and gave it to me.
3. The waiter rolled the small cart over to my table.
4. Could you roll down (up) the window?
5. Why don't you roll up your blanket?
6. My sister is rolling out the dough.

1. 나의 어머니는 닭 가슴살을 밀가루에 굴린다. | 2. 그는 지도를 말아서 나에게 주었다. | 3. 그 웨이터는 내 식탁으로 작은 카트를 굴리면서 왔다. | 4. 창문을 내려(올려)주시겠어요? | 5. 담요를 접어 놓지 않으시겠어요? | 6. 나의 누이는 밀가루 반죽을 하고 있습니다.

자동사 뒹굴다. 구르다.

1. The children are rolling in the snow.
2. The ball is rolling down the street.
3. My dog rolls in the mud.
4. The waves roll onto the beach.
5. A tear rolled down her cheek.
6. A couple of eggs rolled off the counter.
7. While the stone rolls, it never gets moss.

1. 어린이들이 눈 위에서 뒹굴고 있습니다. | 2. 공이 거리 아래로 굴러가고 있습니다. | 3. 우리집 개가 진흙에서 뒹굽니다. | 4. 파도가 해변가에 넘실됩니다. | 5. 눈물이 그녀의 뺨을 타고 흘러 내렸습니다. | 6. 달걀 두세개가 판매대 아래로 굴러 떨어졌습니다. | 7. 돌이 구르는 동안 결코 이끼는 끼지 않습니다.

Run [rʌn] ran - run   명사 달리기. 경주.

타동사 운영하다. (시합에) 참가하다. 실험하다. (기계 따위를) 돌리다.

1. His family runs three hotels in Memphis.
2. She will run the New York City Marathon.
3. My son runs errands sometimes.
4. Doctors run medical tests.
5. I don't run the furnace in the summertime.

1. 그의 가족은 멤피스에서 3개의 호텔을 운영하고 있습니다. | 2. 그녀는 뉴욕 마라톤대회에 출전할 것입니다. | 3. 나의 아들은 가끔 심부름을 다닌다. | 4. 의사들은 의료실험(의과적인 실험)을 행한다. | 5. 나는 여름철에는 보일러를 사용하지 않는다.

자동사 달리다. 뛰다. 운행하다. 출마하다.

1. He runs two miles everyday.
2. The boy is runing to the store for milk.
3. Don't run in the hall.
4. If we run, we can catch the bus.
5. How often does the bus run?
6. The bus runs every ten minutes
7. The trains run on time.
8. This bus runs between Los Angeles and San Francisco.
9. He will run for Congress in 2010.
10. A stream runs through the garden.

1. 그는 매일 2마일을 달린다. | 2. 그 소년은 우유를 사러 가게에 뛰어가고 있습니다. | 3. 복도에서는 뛰지 마세요. | 4. 만일 뛰어가면 그 버스를 탈 수 있습니다. | 5. 그 버스는 얼마나 자주 운행합니까? | 6. 그 버스는 매 10분 간격으로 운행됩니다. | 7. 열차들은 정시에 운행합니다. | 8. 이 버스는 로스앤젤레스와 샌프란시스코를 왕복합니다. | 9. 그는 2010년에 국회의원에 출마할 것이다. | 10. 개울은 정원을 통하여 흐른다.

You Can Speak English!

S

문법만 공부해서 회화를 하지 못한다는 불평들을 한다.
문법을 활용 할 수 있는 능력이 있다면 당신도 유창한 영어를 말 할 수 있다.

Save [seiv] saved - saved

타동사 구하다. 절약하다. 저축하다.

1. Dr. Kim saved my life.
2. The new medicine will save people's lives.
3. He saved three children from the fire.
4. I saved $4,000 last year.
5. We should save energy.
6. Please, save this expensive wine for your birthday.
7. Save the last dance for me please.
8. He saves money to buy a house.
9. Why don't you save the brown bags to use later?
10. My sister saves all her old books.
11. The man saved his country.
12. They try to save the school from being closed.
13. Please save the documents before you turn off the computer.
14. We can save ten minutes by taking a taxi.
15. His advice saved us time and money.
16. Please save me a piece of cake.
17. I will save you a seat at the theater.
18. Please save a piece of cake for me.
19. I will save a seat for you at the theater.
20. God saves our soul.

1. 닥터 김이 나의 생명을 구했습니다. | 2. 그 새로운 약은 사람들의 생명을 구할 것이다. | 3. 그는 화재속에서 3명의 어린이들을 구했습니다. | 4. 나는 작년에 4,000불을 저축 했습니다. | 5. 우리는 에너지를 절약해야 합니다. | 6. 당신의 생일을 위해서 이 비싼 포도주를 드시지 마세요. | 7. 마지막 춤을 나와 함께 춰요. | 8. 그는 집을 사기 위해서 돈을 저축합니다. | 9. 나중에 사용할 수 있도록 종이백들을 아껴두지 그러세요? | 10. 나의 누나는 그녀의 오래된 책들을 보관한다. | 11. 그 남자는 나라를 구했습니다. | 12. 그들은 학교가 폐쇄되는 것을 막기 위해 노력한다. | 13. 컴퓨터를 끄기 전에 서류들을 저장하세요. | 14.

우리가 택시를 타면 10분 절약할 수 있습니다. | 15. 그의 충고는 우리들에게 시간과 돈을 절약하게 했다. | 16. 나에게 케익 한 조각만 남겨주세요. | 17. 나는 극장에서 당신의 자리를 맡아두겠다. | 18. 나에게 케익 한 조각만 남겨주세요. | 19. 나는 극장에서 당신의 자리를 맡아두겠다. | 20. 하나님, 우리들의 영혼을 구하옵소서.

• 문장의 4형식 15. 16. 17번.

자동사 저축하다.

1. I am saving for a new bicycle.
2. We are saving for the summer vacation.
3. You can save on expenses if you live with your parents.

1. 나는 새 자전거를 사기 위해 돈을 저축하고 있습니다. | 2. 우리는 여름휴가를 위해서 돈을 저축하고 있습니다. | 3. 만일 당신이 부모님과 함께 사신다면 생활비를 줄일 수 있습니다.

Say [sei] said - said

타동사 …을 말하다. 표현하다.

1. Who said that?
2. He said something to me.
3. Say hello to your brother.
4. What did you say?
5. She says lots of things.
6. She said yes to his invitation.
7. I have nothing to say.
8. I just want to say a few words about that.
9. Why don't you say thanks to him?
10. He says good words about you.
11. How do you say "Thank you" in Spanish?
12. What you wear says who you are.
13. They say that China is getting rich.
14. Did he say that he would come back?
15. People say that the Earth is round.
16. Are you saying that I am wrong?
17. The instruction says that this food has to be cooked for five minutes.
18. Who says that you could stay here?
19. He said how he made it.
20. She never says why she is angry.
21. Could you say what they did to you?
22. The card doesn't say who sent the flowers to me.
23. You have to say what has been bothering you.
24. Pleas say what is on your mind.
25. She is said to be the richest woman in this town.
26. It is said that Mr. Kim will marry the president's daughter.

1. 누가 그것을 말했죠? | 2. 그는 나에게 뭔가 말했다. | 3. 당신의 형에게 안부를 전해 주십시오. | 4. 뭐라고 말씀하셨죠? | 5. 그녀는 많은 것을 말한다. | 6. 그녀는 그의 초대를 승낙했습니다. | 7. 나는 더이상 할 말이 없습니다. | 8. 나는 그것에 관해서 몇 마디 하고 싶습니다. | 9. 어째서 그에게 고맙다고 말하지 않으세요? | 10. 그는 당신에 관해서 칭찬을 합니다. | 11. 감사합니다를 스페인어로 어떻게 말하죠? | 12. 당신의 복장이 당신이 누구인지를 말한다. | 13. 사람들은 중국이 부강해질 것이라고 말한다. | 14. 그는 돌아올 것이라고 말했습니까? | 15. 사람들은 지구가 둥글다고 말합니다. | 16. 당신은 내가 틀렸다고 말하고 있는 겁니까? | 17. 이 음식은 5분 동안 요리되어야 한다고 제품사용법에는 설명되어 있습니다. | 18. 당신이 여기에 머물 수 있다고 누가 말했죠? | 19. 그가 그것을 어떻게 만들었는지 말했다. | 20. 그녀는 왜 화가 났는지 결코 말하지 않는다. | 21. 그들이 당신에게 무엇을 했는지 말해주시겠어요? | 22. 그 카드는 누가 꽃을 내게 보냈는지 말하고 있지 않다. | 23. 무엇이 당신을 괴롭히고 있는지 말씀하세요. | 24. 당신이 무엇을 생각하고 있는지 말씀하세요. | 25. 그녀는 이 타운에서 가장 부유하다고 합니다. | 26. 미스터 김이 대통령의 딸과 결혼할 것이라고 합니다.

- 타동사의 목적어로 that절을 취함. 13. 14. 15. 16. 17. 18번. (that절 = 명사절 = 명사)
- 타동사의 목적어로 wh절을 취함. 19. 20. 21. 22. 23. 24번. (wh절 = 명사절 = 명사)
- 절이라 함은 (주어 + 동사)의 형태를 가지고 하나의 품사의 역할을 하는 것

See [siː] saw - seen

타동사 보다. 이해하다. 알아보다.

1. I cannot see anything without my glasses.
2. Did you see him today?
3. Can I see your ticket, please?
4. I can see the ocean from here.
5. We will see Mr. Kim tomorrow.
6. I came here to see you.
7. Why don't you see a doctor?
8. I want to see the whold world.
9. I have seen tigers in Africa.
10. I will see you tomorrow.
11. Are you still seeing her?
12. Can't you see *that* I am reading a book?
13. She doesn't see *that* he is a great guy.
14. I saw *that* everything was wrong.
15. I could see *that* she was very upset.
16. I saw him *talk (talking)* to my father.
17. He saw the baby *cry (crying)*.
18. Did you see Mr. Kim *leave (leaving)* the office?
19. She saw the man *steal (stealing)* something in the store.
20. I don't see *why* she was angry.
21. Can you see *if* he is there?
22. You will see *who* the man is.
23. I will see *what* I can do for you.
24. Did you see *where* he went?
25. Let me see *whether* I could meet him or not.
26. You (had) better see *how* it works.
27. Wait and see *what* is happening here.

1. 나는 안경이 없으면 아무 것도 볼 수 없습니다. | 2. 당신은 오늘 그를 보았습니까? | 3. 당신의 표를 볼 수 있습니까? | 4. 나는 여기서 바다를 볼 수 있습니다. | 5. 우리는 내일 미스터 김을 만날 것입니다. | 6. 나는 당신을 만나기 위해서 여기 왔습니다. | 7. 의사를 만나보지 그러세요? | 8. 나는 온 세상을 여행하고 싶습니다. | 9. 나는 아프리카에서 호랑이를 본 적이 있습니다. | 10. 내일 뵙겠습니다. | 11. 당신은 아직도 그녀를 만나고 있습니까? | 12. 내가 책을 읽고 있는 것이 안 보이세요? | 13. 그녀는 그가 대단한 사람이란 것을 모른다. | 14. 나는 모든 것이 잘못됐다는 것을 알았다. | 15. 나는 그녀가 기분이 상했다는 것을 알 수 있었다. | 16. 나는 그가 나의 아버지와 이야기하는 것을 보았다. | 17. 그는 아기가 울고 있는 것을 보았다. | 18. 당신은 미스터 김이 사무실을 떠나는 것을 보았습니까? | 19. 그 여자는 그 남자가 가게에서 뭔가 훔치는 것을 보았다. | 20. 나는 왜 그녀가 화가 났는지 모르겠다. | 21. 그가 거기 있는지 없는지 알아봐 주시겠어요? | 22. 당신은 그 사람이 누군지 알게 될 것이다. | 23. 당신을 위해서 제가 무엇을 할 수 있을지 알아보겠습니다. | 24. 그가 어디로 갔는지 알고 계십니까? | 25. 내가 그를 만날 수 있을지 없을지 확인해 보겠습니다. | 26. 당신은 그것이 어떻게 작동되는지 보는 편이 좋겠어요. | 27. 여기서 무슨 일이 일어나는지 좀 더 기다려 봅시다.

- 타동사의 목적어로 that절을 취함. 12, 13, 14, 15번.
- 불완전타동사의 목적보어로 동사의 원형 또는 현재분사를 취함. 16, 17, 18, 19번.
- 타동사의 목적어로 wh절을 취함. 20, 21, 22, 23, 24, 25, 26, 27번.

Seem [siːm] seemed – seemed

자동사 …인 것 같다. …으로 보이다. …로 생각되다.

1. He seems nervous.
2. She seems (to be) happy.
3. The man seems kind to me.
4. They don't seem (to be) friendly.
5. The woman seems surprised at the news.
6. She seems delighted.
7. He seems like a rich guy.
8. This town seems like a safe place.
9. She seems to like her job.
10. He seems to know me.
11. The car seems to go out of control.
12. My brother seems to love Fran.
13. You seem to make a lot of money.
14. I can't seem to relax.
15. It seems like you work very hard.
16. It seems like everything is going well.
17. It seems that he smokes too much.
18. It seems that she got drunk last night.

1. 그는 당황한 것처럼 보인다. | 2. 그녀는 행복한 것 같습니다. | 3. 그 남자는 나에게 친절한 것 같습니다. | 4. 그들은 우호적인 것 같지 않습니다. | 5. 그 여자는 그 소식을 듣고 놀라는 듯 보이는군요. | 6. 그녀는 기뻐하는 것 같습니다. | 7. 그는 부유한 사람인 것 같습니다. | 8. 이 동네는 안전한 것 같습니다. | 9. 그녀는 그녀의 일을 좋아하는 것 같습니다. | 10. 그는 나를 아는 것 같습니다. | 11. 그의 자동차는 통제가 안 되는 것 같군요. | 12. 나의 형은 프렌을 사랑하는 것 같습니다. | 13. 당신은 많은 돈을 버시는 것 같군요. | 14. 나는 못쉴 것 같습니다. | 15. 당신은 매우 열심히 일 하는 것 같군요. | 16. 모든 것이 잘 돼가는것 같습니다. | 17. 그는 담배를 너무 많이 피는 것 같군요. | 18. 그녀는 어젯밤 취했던 것 같습니다.

- 2번 4번의 (to be)는 생략될 수 있음.
- 불완전자동사 (2형식)의 주격보어로 형용사를 취함. 1. 2. 3. 4번.
- 불완전자동사 (2형식)의 주격보어로 과거분사 (형용사 상당어구)를 취함. 5. 6번
- 불완전자동사 (2형식)의 주격보어로 to부정사를 취함. 9. 10. 11. 12. 13. 14번.
- 7. 8번의 like는 전치사.
- 15. 16번의 like는 접속사로 절을 (S + V) 이끌고 있음.
- 불완전자동사의 주격보어로 that절을 취함. 17. 18번.

Sell [sel] sold - sold 명사 판매.

타동사 팔다.

1. I sold it.
2. Did you sell your bike?
3. She sold her piano.
4. The book store sells magazines.
5. He sold it for $60.
6. She sold her old car to her friend.
7. I want to sell my computer to you for $100.
8. I will sell my camera for $30.
9. Would you sell me your old books?
10. Yes, I will sell my old books to you.
11. I sold him my house.
12. I sold my house to him.
13. The company was sold.
14. The concert is almost sold out.
15. The new book will be sold only on-line.
16. The tickets for the play are sold at the box office.
17. The valuable things are being sold at auction.

1. 나는 그것을 팔았습니다. | 2. 당신의 자전거를 팔으셨나요? | 3. 그녀는 피아노를 팔았습니다. | 4. 그 책 가게는 잡지를 팝니다. | 5. 그는 그것을 60불에 팔았습니다. | 6. 그녀는 그녀의 낡은 차를 친구에게 팔았습니다. | 7. 나는 내 컴퓨터를 당신에게 100불에 팔고 싶습니다. | 8. 나는 내 카메라를 30불에 팔 것이다. | 9. 나에게 당신의 오래된 책들을 파시겠어요? | 10. 예, 당신에게 나의 오래된 책들을 팔겠습니다. | 11. 나는 그에게 나의 집을 팔았다. | 12. 나는 그에게 나의 집을 팔았다. | 13. 그 회사는 매각되었습니다. | 14. 음악회 티켓은 거의 다 팔렸습니다. | 15. 새책은 오직 인터넷 상에서만 판매됩니다. | 16. 그 연극티켓은 판매소에서 판매된다. | 17. 귀중한 물건들이 경매장에서 경매되고 있다.

- 타동사 ···을 팔다 / 자동사 ···이 팔리다의 뜻으로 구별되어짐.
- 문장의 4형식 9. 11번.

자동사 팔리다.

1. The apples sell for $1.00 each.
2. Magazines sell at the supermarket.
3. Your house will sell soon.
4. Almost everything sells at the flea market in America.
5. His novels have sold millions of copies.
6. Expensive cars still sell quickly in Korea.
7. The shirts sell like hotcakes.
8. Hot dogs sell well on sunny days.

1. 사과는 한 개당 1불에 판다. | 2. 잡지는 슈퍼마켓에서 판매된다. | 3. 당신의 집은 곧 팔릴 것이다. | 4. 거의 모든 것이 미국의 벼룩시장에서 팔립니다. | 5. 그의 소설은 수백만 부가 팔렸다. | 6. 한국에서는 값 비싼 자동차들이 여전히 빨리 팔립니다. | 7. 그 셔츠는 날개 돋힌 듯이 팔린다. | 8. 핫도그는 화창한 날씨에 잘 팔린다.

Send [send] sent - sent

타동사 (물건을) 보내다. (사람을) 보내다.

1. Who sent you here?
2. He sent the package yesterday.
3. Did you send the money?
4. She sends her love.
5. I will send the letter by mail.
6. He sent his son abroad.
7. The UN sends soldiers to the Middle East.
8. My mom sends my brother to the store for the bread.
9. My father will send me to the camp this summer.
10. I sent a taxi for you.
11. My son sends me a letter every month.
12. My son sends a letter to me every month.
13. Did you send her flowers?
14. Yes, I sent flowers to her.
15. Please send me a postcard when you get there.
16. Will you send it back to me?
17. He sent her over to pick up his lunch.
18. I will send someone to clean the mess.
19. He was sent to jail again.
20. More soldiers will be sent to the Middle East.

1. 누가 당신을 여기에 보냈습니까? | 2. 그는 어제 소포를 보냈습니다. | 3. 돈을 보내셨습니까? | 4. 그녀는 사랑을 보낸다. | 5. 나는 우편으로 편지를 보낼 것이다. | 6. 그는 그의 아들을 외국으로 보냈다. | 7. 유엔은 중동으로 군인들을 보낸다. | 8. 나의 어머니는 빵을 사오도록 동생을 가게에 보낸다. | 9. 나의 아버지는 금년 여름에 나를 캠프에 보낼 것이다. | 10. 나는 당신을 위해서 택시를 보냈습니다. | 11. 나의 아들은 나에게 매달 편지

를 보낸다. | 12. 나의 아들은 나에게 매달 편지를 보낸다. | 13. 당신은 그녀에게 꽃을 보냈습니까? | 14. 예, 나는 그녀에게 꽃을 보냈습니다. | 15. 당신이 거기에 도착하면 나에게 엽서를 보내주세요. | 16. 그것을 다시 나에게 보내 주시겠어요? | 17. 그는 그의 점심을 가져오도록 그녀를 보냈다. | 18. 지저분한 것들을 치우도록 누군가를 보내겠습니다. | 19. 그는 다시 교도소에 수감되었다. | 20. 더 많은 군인들이 중동으로 파병될 것이다.

• 문장의 4형식 11, 13, 15번.

자동사 사람을 보내다.

1. We should send for a doctor.

1. 우리는 의사를 부르러 사람을 보내야 한다.

Separate [sépərèit] separated - separated   **명사** 갈라진 것.

타동사 떼어놓다. 갈라놓다.

1. We have to separate the two boys. I think they talk too much.
2. The police separated the crowd in the street.
3. The Berlin wall separated the city into two parts.
4. The teacher separated the class into four groups.
5. Please separate the laundry into three piles.
6. The fence separates my lawn from my neighbor's.
7. Why don't you separate him from his younger brother?
8. Don't separate the couple; they love each other.
9. I was separated from the group in the fog.
10. Church and state are separated in America.
11. Humans cannot be separated from God.

1. 우리는 그 두 소년을 떼어놔야 합니다. 그들이 너무 많이 떠드는 것 같군요. | 2. 경찰은 거리에서 군중들을 갈라 놓았다. | 3. 베를린 벽은 도시를 두 부분으로 갈라 놓았다. | 4. 선생님은 학급을 네 그룹으로 나누었다. | 5. 세탁물을 세 더미로 나누어 놓으세요. | 6. 그 울타리는 옆집 잔디와 우리집 잔디를 갈라 놓습니다. | 7. 그를 그의 동생과 떼어놓지 그러세요? | 8. 그 두 사람을 갈라놓지 마세요, 그들은 서로 사랑하고 있습니다. | 9. 나는 안개 속에서 그룹과 헤어졌다. | 10. 종교와 정치는 미국에서 분리되어 있습니다. | 11. 인간은 하나님으로부터 떨어질 수 없습니다.

자동사 분리하다. 독립하다. 별거하다.

1. She separated from her husband three months ago.
2. Korea separated from Japan in 1945.
3. The satellite separates from the rocket in space.
4. Two scouts separated from the main group.

1. 그녀는 3개월 전에 그녀의 남편과 별거했다. | 2. 한국은 1945년에 일본으로부터 독립했습니다. | 3. 인공위성은 우주에서 로켓으로부터 분리됩니다. | 4. 두명의 정찰대원이 main group으로부터 갈라졌다.

Serve [sə:rv] served - served

타동사 봉사하다. 접대하다. 복역하다.

1. We should serve our country.
2. The waiter serves guests well.
3. The PTA members serve a three year term.
4. The airline serves twenty cities.
5. He is serving a life sentence for murder.
6. I will be serving the pie after dinner.
7. This large chicken can serve four people.
8. She serves us coffee.
9. She serves coffee to us.
10. Let us serve our Lord.
11. Dinner will be served at 7 P.M.
12. Snacks will be served after the meeting.

---

1. 우리는 조국을 위해 봉사해야 할 것이다. | 2. 그 웨이터는 손님들을 잘 접대한다. | 3. PTA멤버는 3년 임기로 봉사한다. | 4. 그 비행기회사는 20개의 도시에 취항한다. | 5. 그는 살인죄로 무기징역을 살고 있다. | 6. 저녁식사 후 파이를 가져다 드리겠습니다. | 7. 이 치킨은 4명이 먹을 수 있을 정도로 크다. | 8. 그녀는 우리들에게 커피를 갖다준다. | 9. 그녀는 우리들에게 커피를 갖다준다. | 10. 우리가 하나님을 위해 봉사할 수 있게 해주십시요. | 11. 저녁은 오후 7시에 제공됩니다. | 12. 간단한 음료와 과자가 회의 후에 제공될 것이다.

• 문장의 4형식 8번.

자동사 복무하다. 봉사하다. 근무하다. 사용되다.

1. He served in the Army for many years.
2. She used to serve in Peace Corps during the 1960s.
3. He served on the Board of Education for six years.
4. My uncle serves as a sheriff for the county.
5. I will serve as class president next year.
6. Your passport serves as evidence of your identity.
7. The couch can also serve as a bed.

---

1. 그는 오랫동안 군에서 복무했다. | 2. 그녀는 1960년대에 평화봉사단원으로 봉사했다. | 3. 그는 6년 동안 교육국에서 근무했다. | 4. 나의 아저씨는 주에서 보안관으로 일하신다. | 5. 나는 내년에 반장으로 봉사할 것이다. | 6. 당신의 여권은 신분 확인 증거로 사용되어 진다. | 7. 소파는 침대로 사용될 수 있다.

- 불완전자동사 (2형식)의 주격보어로 as 이하를 취함. 자동사 4. 5. 6. 7번.

Set [set] set – set   **명사** 일몰, 한벌.

타동사 놓다. 결심하다. (날짜 등을) 정하다.

1. He set the books on the shelf.
2. She set down a vase on the desk.
3. Could you set the table for dinner?
4. He set his mind on the seat of congressman.
5. The judge sets a date for the trial.
6. Did you set the date for the wedding?
7. Parents should set an example for their children.
8. I set my alarm for 5:30 A.M.
9. She set a world record in the 100 meter dash.
10. Police set a trap for the criminals.
11. The gang set fire to the truck.
12. We will set sail at sunrise.
13. He set me to work on his farm.
14. I used to set birds free.
15. My brother will set up his own business.
16. She set up an appointment with Dr. Lee for me.
17. My friend set up the modem on my computer.

1. 그는 책장 위에 책을 놓았다. | 2. 그녀는 책상 위에 꽃병을 내려놓았다. | 3. 저녁식사를 위해서 식탁을 정리해 주시겠어요? | 4. 그는 국회의원 자리에 마음을 굳혔다. (국회의원이 될 결심을 했다.) | 5. 판사는 재판 날짜를 정한다. | 6. 당신은 결혼 날짜를 정하셨어요? | 7. 부모는 어린이들의 본보기가 되어야 한다. | 8. 나는 아침 5시 30분에 자명종 시계를 맞춰 놓는다. | 9. 그녀는 100m경주에 세계 기록을 세웠다. | 10. 경찰은 범죄자들을 잡기 위해서 함정을 놓는다. | 11. 깡패들이 트럭에 불을 질렀다. | 12. 우리는 해가 뜰때 출항할 것이다. | 13. 그는 나를 그의 농장에서 일하게 했다. | 14. 나는 새들을 놓아주곤 했다. | 15. 나의 형은 사업을 시작할 것이다. | 16. 그녀는 나를 위해서 이 박사와 예약시간을 정해 놓았다. | 17. 내 친구는 내 컴퓨터에 모뎀을 설치했다.

- 불완전타동사 (5형식)의 목적보어로 to부정사를 취함. 13번.
- 불완전타동사 (5형식)의 목적보어로 형용사를 취함. 14번.
- 자동사 3번의 set to …을 시작하다의 뜻.
- Set는 여러가지 뜻을 가진 동사이므로 예문을 통해서 익힐 것.

자동사 (해 따위가) 지다. 굳어지다.

1. The sun sets in the west.
2. The concrete sets within an hour.
3. He set to work on his new novel.

1. 태양은 서쪽으로 넘어간다. | 2. 콘크리트는 한 시간 이내에 굳는다. | 3. 그는 새로운 소설을 집필하기 시작했다.

Settle [sétl] settled - settled

타동사 자리잡게 하다. 해결 하다. …에 이주하다.

1. My brother settled me in Denver.
2. My uncle settled my family in the food business.
3. Let me settle the problem.
4. The judge settled the case.
5. We have to settle the details for our trip.
6. The drug might settle your nerves.
7. The soft music settles me down.
8. They never settle their differences.
9. My company settles all the accounts at the end of the year.
10. A lot of people have settled America since 1492.
11. My friend will settle New Zealand next month.
12. The first Koreans were settled in Hawaii.
13. Nothing is settled yet.

---

1. 나의 형은 나를 댄버에 자리잡게 했다. | 2. 나의 삼촌은 나의 가족을 음식사업에 뛰어들게 했다. | 3. 내가 그 문제를 처리하겠습니다. | 4. 그 판사는 사건을 판결했다. | 5. 우리는 여행을 위해서 세부사항을 결정하지 않으면 안 된다. | 6. 그 약은 당신의 신경을 안정시킬지도 모른다. | 7. 부드러운 음악은 나를 진정시킨다. | 8. 그들은 결코 의견 차이를 좁히지 않는다. | 9. 나의 회사는 연말에 채무관계를 청산한다. | 10. 많은 사람들이 1492년 이후로 미국에 이주했다. | 11. 나의 친구는 다음 달 뉴질랜드로 이주할 것이다. | 12. 최초의 한국인들은 하와이에 정착되었다. | 13. 아직 어떤 것도 결정되지 않았습니다.

자동사 자리잡다. 동의하다.

1. She finally settled in L.A.
2. Most immigrants settle in New York or L.A.
3. We all settled on the new project.
4. The birds settled on the branch near my window.
5. He settled with his partner for the benefit of the business.
6. The company settled with the employees after the strike.
7. He settled back and turned on the TV.
8. Most people settle down after they get married.
9. Kids, please settle down for a minute.

1. 그녀는 마침내 LA에 정착했다. | 2. 대부분의 이민자들은 뉴욕 또는 로스엔젤레스에 정착한다. | 3. 우리는 모두 새로운 사업계획에 동의했다. | 4. 새들이 나의 유리창 가까이 있는 나뭇가지에 자리잡았다. | 5. 그는 사업의 수익을 위해서 그의 파트너와 동의했다. | 6. 그 회사는 파업 후에 고용인들과 타협을 보았다. | 7. 그는 편히 앉아서 TV를 켰다. | 8. 대부분의 사람들은 결혼 후 안정 된다. | 9. 애들아, 잠깐만 조용히 해라.

- 타동사 settle은 …에 이주하다 …에 정착하다의 뜻이 있음. 10. 11번.
- (사람을) 이주시키다의 뜻도 있음. 12번은 수동태.
- 자동사로서 전치사와 결합하여 여러가지 뜻을 만들어 내기도 함.

Shake [seik]　shook - shaken　　**명사** 동요. 흔들림.

타동사 흔들다. …마음을 동요시키다.

1. The earthquake shook the houses.
2. Please shake the bottle before opening it.
3. If he shakes his head, that means 'no'.
4. She shook me by the shoulder when I fell asleep.
5. I shake hands with my friends.
6. The news of his death shook the world.
7. The outcome of the boxing match shook the entire audience.
8. His speech shook my belief.
9. Her smile shakes my heart.

1. 지진이 집들을 흔들어 놓았다. | 2. 병을 열기 전에 흔드세요. | 3. 그가 머리를 흔들면 그것은 아니오를 의미합니다. | 4. 그녀는 내가 잠들었을 때 나의 어깨를 흔들었다. | 5. 나는 친구들과 악수한다. | 6. 그가 죽었다는 소식은 온 세상을 뒤흔들었다. | 7. 권투경기 결과가 전 관객의 마음을 동요시켰다. | 8. 그의 연설이 나의 신념을 흔들었다. | 9. 그녀의 미소는 나의 마음을 뒤흔든다.

자동사 (흥분, 추위 등으로) 떨다.

1. I was shaking with excitement when I won the contest.
2. They are shaking because of the cold.
3. Her hands were shaking as she opened the letter.
4. Her voice is shaking with emotion.
5. His voice shakes when he is angry.

1. 내가 시합에서 이겼을 때 나는 흥분으로 떨고 있었다. | 2. 그들은 추위로 떨고 있습니다. | 3. 그녀의 손이 편지를 뜯는 동안 떨리고 있었습니다. | 4. 그녀의 목소리는 감정으로 떨리고 있습니다. | 5. 그는 화가 나면 목소리가 떨립니다.

Share [ʃɛər] shared - shared 명사 몫. 할당. 부담.

타동사 공유하다. 함께 나누다.

1. Did you share the food?
2. I share a room with my cousin.
3. You have to share your toys with your little brother.
4. She shares her joys and sorrows with her family.
5. Parents share their love with their children.
6. My uncle and I share an interest in fishing.
7. I will share your concerns about this matter.
8. We share the expenses for the house.
9. They shared the cost of gas for the ride.
10. We should share the blame for the accident.
11. She shared a very sad story with us.
12. You should share some things fairly and equally with everyone.

1. 그 음식을 함께 나누어 먹었습니까? | 2. 나는 사촌과 방을 함께 쓴다. | 3. 너는 동생과 장난감을 함께 가지고 놀아야 한다. | 4. 그녀는 기쁨과 슬픔을 가족과 함께 나눈다. | 5. 부모님들은 그들의 자녀들과 함께 사랑을 나눠야 한다. | 6. 삼촌과 나는 낚시에 같은 취미를 가지고 있다. | 7. 나는 이 문제에 대해서 당신과 뜻을 함께 할 것이다. | 8. 우리는 그 집에 대한 경비를 공동 부담한다. | 9. 그들은 출근을 위해서 기름 값을 공동 부담한다. | 10. 우리는 그 사고에 대해서 비난을 함께 받아야 한다. | 11. 그녀는 우리들과 슬픈 이야기를 나눴다. | 12. 당신은 어떤 것들은 공평하고 평등하게 다른 사람들과 공유해야 할 것이다.

자동사 함께 나누다.

1. There is only one book; therefore we have to share.
2. She brought a lot of food, so I shared with everybody.

1. 책이 한 권밖에 없습니다. 그러므로 함께 사용해야 합니다. | 2. 그녀가 많은 음식을 가져와서 함께 나누어 먹었습니다.

Shoot [ʃuːt] shot - shot 　명사 사격. 발사.

타동사 쏘다. 쏴 죽이다. 촬영하다.

1. He shot the woman.
2. Someone shot him in the arm.
3. Police may shoot a suspect when something dangerous happens.
4. They can shoot a intruder.
5. My father taught me how to shoot a rifle.
6. You might fall in love, when Cupid shoots his arrow.
7. She shot herself with her husband's gun.
8. Don't shoot any animal.
9. The woman shot her husband to death.
10. He is shooting a short film for the soldiers.
11. He was shot in the arm.
12. The man was shot dead (to death).
13. The movie was shot in Rome.

1. 그는 그 여자를 쏘았다. | 2. 누군가가 그의 팔을 쏘았다. | 3. 경찰은 위험한 일이 발생하면 혐의자를 쏠지도 모른다. | 4. 그들은 침입자를 쏠 수 있습니다. | 5. 나의 아버지는 나에게 총을 쏘는 법을 가르쳐 주었다. | 6. 사랑의 신이 화살을 쏠 때 당신은 사랑에 빠질지 모릅니다. | 7. 그녀는 남편의 권총으로 그녀 자신을 쏘았다. (자살했다) | 8. 어떤 동물도 쏘지 마세요. | 9. 그 여자는 그녀의 남편을 쏘아 죽였다. | 10. 그는 병사들을 위해서 단편영화를 만들고 있습니다. | 11. 그는 팔에 총을 맞았다. | 12. 그 남자는 사살되었다. | 13. 그 영화는 로마에서 촬영되었다.

자동사 사격하다. 쏘다.

1. He is shooting at the target.
2. The crazy guy started shooting at the people.

1.그는 목표를 향해서 사격을 하고 있습니다. | 2. 그 미친 사내가 사람들을 향해서 총질을 시작했다.

Shout [ʃaut] shouted - shouted   명사 외침. 환호. 환성.

타동사 외치다.

1. He shouted my name.
2. The coach shouted something.
3. There was a man who shouted the good news.

1. 그는 나의 이름을 외쳤다. | 2. 코치가 무언가를 외쳤다. | 3. 복음을 외치는 사람이 있었다.

자동사 큰소리 치다.

1. My brother sometimes shouts at me.
2. You must not shout at the children.
3. The police shouted at the men to stop.
4. If you shout at the animals, they might attack you.
5. They shouted for help.
6. He shouted with excitement.
7. Don't shout, please. We have ladies here.

1. 나의 형은 때때로 나에게 소리 지른다. | 2. 당신은 어린이들에게 소리 질러서는 안 됩니다. | 3. 경찰은 그 남자에게 멈추라고 외쳤다. | 4. 만일 당신이 동물들을 보고 소리치면 그들이 당신을 공격할지도 모른다. | 5. 그들은 도와달라고 외쳤다. | 6. 그는 흥분하여 소리 질렀다. | 7. 큰소리로 말하지 마세요, 숙녀들이 여기 계십니다.

Show [ʃou] showed - shown 　명사 보이기, 나타내기.

타동사 보이다, 제시하다.

1. Please show your ticket at the entrance.
2. He showed his police badge.
3. The man never shows his feelings.
4. She showed great courage.
5. The theater will show the movie at eight o'clock.
6. The white tiles show the dirt.
7. She showed us around the house.
8. I will show you the kitchen and bedrooms.
9. The lady showed us her engagement ring.
10. Did she show the letter to you?
11. He showed me his photo album.
12. He showed his photo album to me.
13. He showed that his story was true.
14. The test result showed that he had cancer.
15. She showed him how to make coffee.
16. Would you show me where to park my car?
17. I will show you what he wants.
18. She showed me where she worked.
19. He showed us how hard he worked.
20. The report shows what they committed during the war.
21. They never show how it works.
22. He shows off his expensive car.
23. She shows off her children.
24. The movie will be shown on HBO tonight.
25. I was shown his photo album by him.
26. His photo album was shown to me by him.

1. 입구에서 당신의 표를 보여주십시요. | 2. 그는 그의 경찰 빼지를 보여주었다. | 3. 그 남자는 결코 그의 감정을 나타내지 않는다. | 4. 그녀는 큰 용기를 보여주었다. | 5. 그 극장은 8시에 영화를 상영할 것이다. | 6. 흰 타일은 쉽게 더러워진다. | 7. 그녀는 집의 구석구석을 우리들에게 보여주었다. | 8. 당신에게 부엌과 침실을 보여드리겠습니다. | 9. 그 여자는 우리에게 그녀의 약혼반지를 보여주었다. | 10. 그녀가 당신에게 편지를 보여 주었습니까? | 11. 그는 나에게 그의 사진첩을 보여주었다. | 12. 그는 나에게 그의 사진첩을 보여주었다. | 13. 그는 그의 이야기가 사실이란 것을 보여주었다. | 14. 검사 결과는 그가 암에 걸렸다는 것을 알려주었다. | 15. 그녀는 그에게 커피 만드는 방법을 보여주었다. | 16. 내 차를 어디에 주차할지 알려 주시겠어요? | 17. 그가 무엇을 원하는지 당신에게 알려드리겠습니다. | 18. 그녀는 나에게 그녀가 어디서 일하는지 보여주었다. | 19. 그는 그가 얼마나 열심히 일했는지 우리에게 보여주었다. | 20. 그 보고서는 전쟁이 일어났던 동안 그들이 무엇을 했는지 보여준다. | 21. 그들은 그것이 어떻게 작동되는지 결코 보여주지 않는다. | 22. 그는 그의 비싼 자동차를 자랑한다. | 23. 그녀는 자신의 자녀들을 자랑한다. | 24. 그 영화는 오늘밤 HBO에서 방영될 것이다. | 25. 그는 앨범을 나에게 보여주었다. | 26. 그는 앨범을 나에게 보여주었다.

- 문장의 4형식 8. 9. 11번.
- 타동사의 목적어로 that절을 취함. 13. 14번.
- 4형식의 직접목적어로 wh. to do를 취함. 15. 16번. 앞의 대명사는 간접목적어.
- 4형식의 직접목적어로 wh.절을 취함. 17. 18. 19번. 앞의 대명사는 간접목적어.
- 타동사의 목적어로 wh.절을 취함. 20. 21번.
- 간접목적어, 직접목적어 둘 다 수동태의 주어가 될 수 있음. 25. 26번.

자동사 나타나다. 상영되다.

1. Her anger shows on her face.
2. He shows at the restaurant everyday.
3. She will show up at the party.
4. The movie is showing at the theater.

1. 그녀의 분노가 얼굴에 나타나 있다. | 2. 그는 매일 그 식당에 나타난다. | 3. 그녀는 파티에 나타날 것이다. | 4. 그 영화가 극장에서 상영되고 있습니다.

Shut [ʃʌt] shut - shut　명사 닫음. 폐쇄.

타동사 닫다. 일시 폐쇄하다.

1. They shut the theater without notice.
2. Did you shut the window?
3. She shut the door in my face during an argument.
4. You (had) better shut your store before it snows.
5. Why don't you shut your eyes and relax?
6. We must not shut our ears to the voices of suffering people.
7. Shut your mouth, please.
8. The company will shut off gas service for the time being.

1. 그들은 예고 없이 극장을 폐쇄했다. | 2. 당신은 창문을 닫았습니까? | 3. 그녀는 말다툼하는 동안 내 면전에서 문을 닫았다. | 4. 눈이 오기 전에 가게문을 닫는 편이 좋겠어요. | 5. 눈을 감고 잠깐 쉬지 그러세요? | 6. 우리는 고통받는 사람들의 목소리를 외면해선 안 된다. (귀를 닫아선 안 된다) | 7. 조용히 좀 하세요. | 8. 그 회사는 당분간 가스 공급을 중단 할 것이다.

자동사 닫히다.

1. The store shuts at 6:00 PM everyday.
2. This door shuts easily.
3. Shut up!

1. 그 가게는 매일 오후 6시에 닫는다. | 2. 이 문은 쉽게 닫힌다. | 3. 조용히 하세요. (명령문)

Sing [siŋ] sang - sung

타동사 노래하다.

1. She is singing the beautiful America.
2. The band sang five songs.
3. My brother sings a song.
4. The children sing songs about peace.
5. She sings her baby to sleep.
6. She sings audience songs.
7. She sings songs for audience.

1. 그녀는 아름다운 미국을 부르고 있습니다. | 2. 그 밴드는 다섯 곡의 노래를 연주했다. | 3. 나의 동생이 노래한다. | 4. 어린이들이 평화에 관한 노래를 합니다. | 5. 그녀는 아기를 재우기 위해서 노래한다. | 6. 그녀는 관객들을 향해 노래를 합니다. | 7. 그녀는 관객들을 향해 노래를 합니다.

• 문장의 4형식 6번.

자동사 노래하다.

1. She sings with her family every night.
2. They are singing with the piano.
3. Birds sing in the sky.
4. She sings in the church choir.
5. Miss Kim sings like a canary.
6. He sings softly as he walks.
7. She was singing along to the radio.
8. Everybody, sing along with me.
9. I sing when I feel sad.
10. He sings all the time.

1. 그녀는 매일 밤 그녀의 가족과 함께 노래를 합니다. | 2. 그들은 피아노에 맞춰서 노래를 하고 있습니다. | 3. 새들이 공중에서 노래합니다. | 4. 그녀는 교회 찬양대에서 찬양합니다. | 5. 미스 김은 카나리아처럼 노래한다. (미스 김은 노래를 매우 잘한다) | 6. 그는 걸으면서 부드럽게 노래한다. | 7. 그녀는 라디오에 맞춰서 노래를 하고 있었습니다. | 8. 여러분, 함께 노래해요. | 9. 나는 우울할 때 노래한다. | 10. 그는 항상 노래한다.

Sit [sit] sat - sat

타동사 앉히다.

1. She sits the baby at the table.
2. Why don't you sit the guests?
3. The theater sits 200 people.
4. Please sit elders first.

1. 그녀는 식탁에 아기를 앉힌다. | 2. 손님들을 착석시키지 그러세요? | 3. 그 극장은 200명을 수용합니다. | 4. 연장자부터 먼저 착석시키십시오.

자동사 앉다. 앉아 있다.

1. He sits at his table writing a letter.
2. The children sit around her on the floor.
3. Birds are sitting on the branches.
4. Please sit down.
5. Don't sit on a chair for too long.
6. She was sitting in her rocking chair.
7. He sat listening to the radio for a while.
8. Who sits next to you in class?
9. Just sit tight, I will be there in a minute.
10. Sit back and relax.

1. 그는 책상에 앉아서 편지를 쓰고 있습니다. | 2. 어린이들이 마루 위에서 그 여자의 주위에 앉아 있습니다. | 3. 새들이 나뭇가지 위에 앉아 있습니다. | 4. 앉으세요. | 5. 너무 오랫동안 의자에 앉아 있지 마세요. | 6. 그녀는 흔들의자에 앉아 있었습니다. | 7. 그는 잠시동안 라디오를 들으면서 앉아 있었습니다. | 8. 교실에서 당신 옆에 누가 앉지요? | 9. 거기에 그대로 계세요, 내가 곧 거기로 가겠습니다. | 10. 느긋하게 앉아 편히 쉬세요.

Sleep [sli:p] slept - slept   명사 잠. 수면.

타동사 잠자다.

1. The baby sleeps sound sleep every night.

1. 그 아기는 매일 밤 깊은 잠을 잔다.

• Sleep 타동사로서 동족목적어를 수반 1번.

자동사 잠자다.

1. Did you sleep well last night?
2. The infant is sleeping in the cradle.
3. He often sleeps on the couch.
4. You may sleep late tomorrow morning.
5. She slept like a log.
6. All the animals sleep at night.
7. While you were sleeping, he was working.
8. The city bank never sleeps.
9. Seoul is the city that never sleeps.

1. 지난 밤 잘 주무셨습니까 ? | 2. 그 갓난아기가 요람에서 자고 있습니다. | 3. 그는 종종 소파 위에서 잠니다. | 4. 당신은 내일 아침 늦게까지 자도 좋습니다. | 5. 그녀는 통나무처럼 잠을 잤다. (정신 없이 잠을 잤다) | 6. 모든 동물들은 밤에 수면을 취한다. | 7. 당신이 자고 있는 동안 그는 일을 했다. | 8. 시티은행는 결코 잠들지 않는다. (중단 없이 고객에게 봉사) | 9. 서울은 결코 잠들지 않는 도시이다.

Smile [smail] smiled - smiled 명사 미소.

자동사 미소 짓다.

1. The baby smiles at her mother.
2. She smiles at me every time I see her.
3. The man smiles at her with flowers in his hands.
4. If you smile at people, they will smile back.
5. The world smiles at you when you smile.
6. I feel like God smiles on me all the time.
7. Everybody, smile for the camera.

1. 아기가 엄마를 보고 미소 짓는다. | 2. 내가 그녀를 볼 때마다 그녀는 미소 짓는다. | 3. 그 남자는 손에 꽃을 들고 그녀를 보며 미소 짓습니다. | 4. 만일 당신이 사람들을 보고 웃으시면 그들도 웃을 것입니다. | 5. 당신이 웃을 때 세상도 당신을 향해 웃습니다. | 6. 하나님이 항상 나를 보고 웃는 것처럼 느껴집니다. | 7. 여러분, 카메라를 보고 웃으세요.

Sort [sɔːrt] sorted - sorted   명사 종류. 부류.

타동사 분류하여 정리하다. 구분하다.

1. Please sort out all the mail you received today.
2. Did you sort out the secret papers?
3. I sorted out the clothes that I would take for the trip.
4. He tries to sort out his personal life.
5. The teacher sorts the students into three teams.
6. The company sorts all the applicants into four categories.
7. The apples are sorted out by sizes.
8. Freshness of fish could be sorted out by its smell.

1. 오늘 받은 우편물들을 정리하세요. ǀ 2. 당신은 비밀 문건들을 구분하여 정리해 놓았습니까? ǀ 3. 나는 여행에 가지고 갈 옷들을 정리해 놓았다. ǀ 4. 그는 그의 사생활을 정리하기 위해서 (절도 있는 생활을 위해) 노력한다. ǀ 5. 선생님은 학생들을 세 팀으로 갈라놓는다. ǀ 6. 회사는 모든 지원자들을 네 부류로 구분한다. ǀ 7. 사과는 크기에 따라 분류된다. ǀ 8. 생선의 신선도는 냄새로 분류된다.

• that (관계대명사) 이하는 형용사절로 선행사 clothes 수식. 3번.

Sound [s*au*nd] sounded - sounded   명사 소리, 음향.

타동사 …을 소리나게 하다.

1. Please don't sound the bell.

1. 제발 종을 울리지 마세요.

자동사 …하게 들리다. …하게 생각되다.

1. The flute sounds wonderful
2. His voice sounds strange
3. That sounds good to me.
4. The song sounds familiar
5. The game sounds exciting
6. She sounds tired
7. He sounds energetic
8. He sounds happy all the time.
9. She sounds like a nice woman.
10. He sounds like a foreigner.
11. The man sounds like a cop.
12. He sounds like he has a cold.
13. She sounds like she needs money.
14. The boy sounded like he cried.
15. It sounds like you are wrong.
16. It sounds like she likes you.
17. It sounds like you need help.

1. 풀룻은 아름답게 들린다. I 2. 그의 목소리가 이상하게 들린다. I 3. 그것은 나에게 좋게 생각된다. I 4. 그 노래는 들어본 듯하다. I 5. 그 경기는 흥미진진한 것 같다. I 6. 그녀는 피곤한 것 같습니다. I 7. 그는 원기가 왕성한 것 같다. I 8. 그는 항상 행복한 것 같다. I 9.

그녀는 좋은 여자인 것 같습니다. | 10. 그는 외국인 같습니다. | 11. 그 남자는 경찰 같습니다. | 12. 그는 감기에 걸린 것 같다. | 13. 그녀는 돈이 필요한 것 같다. | 14. 그 소년은 울었던 것 같았다. | 15. 당신이 잘못된 것 같군요. | 16. 그녀가 당신을 좋아하는 것 같군요. | 17. 당신은 도움이 필요한 것 같군요.

- 불완전자동사 (2형식)의 주격보어로 형용사를 취함. 1. 2. 3. 4. 7. 8번.
- 불완전자동사 (2형식)의 주격보어로 현재분사를 취함. 5번.
- 불완전자동사 (2형식)의 주격보어로 과거분사를 취함. 6번.
- 9. 10. 11번의 like는 전치사.
- 12. 13. 14. 15. 16. 17번의 Like는 접속사로 절을 (S+V)을 이끔.

Speak [spiːk] spoke - spoken

타동사 …말하다.

1. She can speak English and French.
2. Did he speak his own opinion?
3. You should speak the truth.
4. Why don't you speak your mind?
5. What language do you speak?
6. Nobody spoke a word to me.
7. His look speaks his terrible feeling.
8. What you wear speaks who you are.
9. English is spoken all over the world.
10. The truth must be spoken.

1. 그녀는 영어와 불어를 말할 수 있습니다. | 2. 그가 그자신의 의견을 말했습니까? | 3. 당신은 진실을 말해야 합니다. | 4. 어째서 당신의 마음을 말하지 않으세요? | 5. 당신은 무슨 언어를 사용하세요? | 6. 아무도 나에게 말 한마디 건네지 않았다. | 7. 그의 표정은 참담한 기분을 말하고 있다. | 8. 당신이 입고 있는 옷이 당신이 누군지를 말한다. | 9. 영어는 전 세계에서 사용됩니다. | 10. 진실은 밝혀져야 한다. (말하여져야 한다)

자동사 말하다.

1. Can I speak to you for a minute?
2. He speaks to the people about the politics.
3. We speak with friends at dinner parties.
4. Don't speak about money, please.
5. We have to speak with one voice.
6. She speaks well of you.
7. They speak against abortion.
8. Would you please speak clearly and slowly?
9. Would you speak up? I can't hear you.
10. I didn't speak to them for a long time.
11. If you have any objection, you should speak out.
12. The internet speaks to the whole world.

1. 제가 잠깐 당신과 몇 마디 할 수 있을까요? | 2. 그는 정치에 관해서 사람들과 말한다. | 3. 우리는 디너파티에서 친구들과 담소를 나눈다. | 4. 제발 돈에 관해서는 말하지 마세요. | 5. 우리는 한목소리로 말하지 않으면 안 됩니다. | 6. 그녀는 당신에 대해서 칭찬을 합니다. | 7. 그들은 낙태에 반대합니다. | 8. 천천히 그리고 분명하게 말해주시겠어요? | 9. 조금 크게 말해주시겠어요? 당신 말을 들을 수가 없군요. | 10. 나는 그들과 오랫동안 얘기하지 않았다. | 11. 만일 당신이 반대 의사를 가지고 있다면 의사표시를 분명히 하십시요. | 12. 인터넷은 전 세계에서 통한다.

Stand [stænd] stood - stood 　명사 서있음. 노점. 판매대.

타동사 …에 견디다. 세워놓다.

1. She can't stand the pain.
2. I won't stand his rudeness anymore.
3. Miss Lee can't stand garlic on bread.
4. He can't stand listening to her complaints.
5. The paint stands all kinds of weather.
6. He stands the ladder to paint the ceiling.
7. He stood the bookcase against the wall.
8. They stood me to sing a song.
9. She stood me up.

---

1. 그녀는 고통을 견딜 수가 없습니다. | 2. 나는 더이상 그의 무례함을 참지 않을 것이다. | 3. 미스 리는 빵에서 나는 마늘 냄새를 견디지 못한다. | 4. 그는 그녀의 불평을 듣는 것에 견딜 수가 없다. | 5. 그 페인트는 모든 날씨에 견딘다. | 6. 그는 천장을 칠하기 위해 사다리를 세워 놓는다. | 7. 그는 벽에 책장을 세워두었다. | 8. 그들은 노래를 시키려고 나를 일어나게 했다. | 9. 그녀가 나를 바람 맞췄군요.

자동사 서있다. 서다.

1. People stand around the monument.
2. She stands up and puts on her coat.
3. Don't stand on the box. It breaks easily.
4. She stands behind me.
5. Everyone stands as the judge enters the court room.
6. He stands alone on the beach.
7. I am so tired that I could hardly stand.
8. I will stand outside and wait for you.
9. I stood in the line for forty minutes.
10. America stands united.
11. Stand firm with faith and God will bless you.
12. The building has stood there for a long time.
13. What does J.C. stand for?
14. J.C. stands for Jesus Christ.

1. 사람들이 기념비 주위에 서있다. | 2. 그녀는 일어서서 코트를 입는다. | 3. 박스 위에 서지 마세요, 부서질 것입니다. | 4. 그녀는 나의 뒤에 서있다. | 5. 판사가 법정에 들어서면 모두가 일어선다. | 6. 그는 해변가에 홀로 서있다. | 7. 너무 피곤해서 서있을 수가 없군요. | 8. 밖에서 당신을 기다리고 있겠습니다. | 9. 나는 그 줄에서 40분 동안 기다렸었다. | 10. 미국민들은 단결한다. | 11. 믿음을 가지고 굳게 지키세요, 하나님께서 축복하실 것 입니다. | 12. 그 빌딩은 전부터 거기에 있었다. | 13. J.C.는 무엇의 약자입니까? | 14. J.C.는 Jesus Christ의 약자입니다.

- 불완전자동사의 주격보어로 형용사를 취함. 11번.
- 불완전자동사 (2형식)의 주격보어로 과거분사를 취함. 10번.
- 현재분사, 과거분사는 형용사 상당어구로 보어가 될 수 있음.

Start [stɑːrt] started - started   명사 출발. 착수.

타동사 시작하다. …하기 시작하다. 시작하게 하다.

1. We will start an investment club.
2. I never start a fight.
3. You should start the job now.
4. I start my day with prayer.
5. Most Korean immigrants start their own businesses in America.
6. The baby starts to cry.
7. When did you start to work there?
8. She started to cook.
9. It starts to rain.
10. Did you start writing the essay?
11. He started reading the newspaper.
12. She starts talking to me every time she sees me.
13. He started his adult life as a cook.
14. My uncle started me in business.
15. She will start her son on painting.

1. 우리는 투자클럽을 시작할 것이다. | 2. 나는 결코 싸움을 시작하지 않는다. | 3. 당신은 지금 그 일을 시작해야 합니다. | 4. 나는 기도로 하루를 시작합니다. | 5. 대부분의 한국인 이민자들은 미국에서 자영업을 시작합니다. | 6. 그 아기가 울기 시작한다. | 7. 언제 당신은 거기서 일하기 시작했습니까? | 8. 그녀는 요리하기 시작했다. | 9. 비가 오기 시작하는군요. | 10. 수필을 쓰기 시작하셨나요? | 11. 그는 신문을 읽기 시작했다. | 12. 그녀는 나를 볼 때마다 말을 건네온다. | 13. 그는 요리사로서 그의 인생을 시작했다. | 14. 나의 삼촌은 내가 사업을 시작하게 했다. | 15. 그녀는 그녀의 아들을 화가로서 출발하게 할 것이다.

- Start 부정사, 동명사 둘 다 목적어로 취할 수 있는 동사.
- 타동사의 목적어로 to부정사를 취함. 6. 7. 8. 9번.
- 타동사의 목적어로 동명사를 취함. 10. 11. 12번.

자동사 출발하다. 떠나다. 시작되다.

1. He starts tomorrow morning.
2. You have to start early to get there by noon.
3. What time does the movie start?
4. The show will start with fireworks.
5. The tickets start from six dollars.
6. The hotel starts at $199 in the summertime.
7. The river starts in Baltimore.
8. She wants to start anew after her divorce.
9. You should start young if you want to be a great musician.

1. 그는 내일 아침 출발합니다. | 2. 당신은 정오까지 도착하려면 일찍 출발하지 않으면 안됩니다. | 3. 그 영화는 몇시에 시작되지요? | 4. 그 쇼는 불꽃놀이와 함께 시작됩니다. | 5. 입장권은 6달러에서 시작됩니다. | 6. 그 호텔은 여름에는 199불에 시작합니다. | 7. 그 강은 볼티모어에서 시작됩니다. | 8. 그녀는 이혼 후 새 출발을 원합니다. | 9. 만일 당신이 훌륭한 음악가가 되고 싶으면 젊어서 시작하셔야 합니다.

State [steit] stated - stated `명사` 상태. 형편. 국가.

`타동사` 말하다. 진술하다.

1. Please state your name and address.
2. Did you state the accident for the record?
3. Why don't you state your own views of the situation?
4. He states that he has never seen the lady.
5. The mayor states that the city has tax problems.
6. She states that the man abused the child.
7. I stated that I didn't do anything wrong.
8. The weatherman states that we should stay inside because of the heavy snow.
9. The receipt states that customers can return the items within two weeks.
10. The contract states that the seller is responsible for the damages.

---

1. 당신의 이름과 주소를 말씀하십시오. | 2. 당신은 기록을 위해서 그 사고를 진술했습니까? | 3. 그 상황에 대해서 당신 자신의 의견을 왜 말하지 않으세요? | 4. 그는 그 여자를 결코 본 적이 없다고 말한다. | 5. 시장은 도시에 세금 문제가 있다고 말한다. | 6. 그녀는 그 남자가 그 어린이를 학대했다고 말한다. | 7. 나는 어떤 것도 잘못한 것이 없다고 말했다. | 8. 일기예보자는 우리가 폭설 때문에 실내에 있어야 한다고 말한다. | 9. 고객은 이 주 이내에 물건을 반품할 수 있다고 영수증에 씌여있다. | 10. 판매자에게 그 손상에 대한 책임이 있다고 계약서는 명시하고 있다.

- 타동사의 목적어로 that절을 취함. 4. 5. 6. 7. 8. 9. 10번.

Stay [stei] stayed - stayed 　명사 체재. 체류.

자동사 체재하다. 머무르다.

1. Where are you staying while you are in New York?
2. I am staying at Grand Hotel.
3. How long are you going to stay here in Seoul?
4. I will stay here for about three month.
5. Why don't you stay a little longer for dinner, please?
6. I have to stay late at work tonight.
7. The weather will stay beautiful for the time being.
8. Some countries in Central America have stayed the same for centuries.
9. You (had) better stay away from my sister.
10. I will stay in and watch TV.
11. He stayed out until midnight.
12. Stay put, I will be there in a minute.

1. 당신은 뉴욕에 있는 동안 어디에 머무르세요? | 2. 나는 그랜드호텔에 머무릅니다. | 3. 얼마나 오랫동안 서울에 계실 계획이세요? | 4. 약 3개월 이곳에 있을 계획입니다. | 5. 저녁 식사를 위해서 좀 더 계시지 그러세요? | 6. 나는 오늘 밤 직장에서 늦게까지 일하지 않으면 안 됩니다. | 7. 날씨는 당분간 화창할 것 입니다. | 8. 중미의 일부 국가들은 오랫동안 같은 상태입니다. | 9. 당신은 내 여동생에게 가까이 하지 마세요. | 10. 집에서 TV나 보겠습니다. | 11. 그는 자정까지 밖에 있었다. | 12. 그대로 있으세요, 내가 거기로 곧 가겠습니다.

- 불완전자동사 (2형식)의 주격보어로 형용사를 취함. 7. 8번
- 불완전자동사의 주격보어로 과거분사를 취함. 12번

Stick [stik] stuck - stuck

타동사 붙이다. 찌르다. 들러붙다.

1. I stuck a note on the refrigerator for my son.
2. Did you stick a stamp on the envelope?
3. The nurse stuck a needle in my arm.
4. Babies try to stick anything in their mouths.
5. She sticks her finger into the food to taste it.
6. Don't stick the fork into your steak; slice it with your knife.
7. You shouldn't stick your head out of the car window.
8. The papers were all stuck together.
9. The door is stuck.
10. I am stuck on this math problem.

1. 나는 아들을 위해서 냉장고에 쪽지를 붙여 놓았다. | 2. 당신은 봉투에 우표를 붙였습니까? | 3. 간호원이 나의 팔에 주사바늘을 꽂았다. | 4. 아기들은 그들의 입에 무엇이든지 집어넣으려고 애쓴다. | 5. 그녀는 음식 맛을 보기위해 손가락을 음식에 찌른다. | 6. 포크를 고기에 찌르지 마세요, 칼로 얇게 써세요. | 7. 창밖으로 머리를 내놓지 마세요. | 8. 종이가 모두 함께 들러붙었군요. | 9. 문이 열리지 않습니다. | 10. 나는 이 수학문제를 못 풀고 있습니다.

자동사 달라붙다.

1. My shirt is sticking to my back because of the hot weather.
2. Fish sticks easily on the pan.
3. Her hair sticks to her face.
4. He always sticks to his word.
5. All the designers are sticking to red this spring.
6. The story always sticks in my mind.
7. The words stuck in my throat.
8. You (had) better stick with your original plan.
9. They have stuck with the team for twenty years.
10. Please stick around. He will come back.
11. We have to stick together until the job is done.
12. The back door sticks all the time.

1. 나의 셔츠가 더운 날씨 때문에 등에 달라붙어 있습니다. | 2. 생선은 쉽게 후라이팬에 들러붙습니다. | 3. 그녀의 머리가 그녀의 얼굴에 달라붙어 있습니다. | 4. 그는 항상 그의 말(약속)을 지킵니다. | 5. 모든 디자이너들이 금년 봄에 붉은색을 고집합니다. | 6. 그의 이야기는 항상 나의 마음에 남아있다. | 7. 말이 나의 목구멍에 걸려 나오지 않았다. (감정에 복받쳐서 나오지 않음) | 8. 처음 계획을 고수하는 편이 좋겠어요. | 9. 그들은 20년 동안 그 팀을 응원했다. | 10. 조금만 기다려보세요, 그가 곧 돌아올 것입니다. | 11. 우리들은 그 일이 끝날 때까지 서로 협조하지 않으면 안 됩니다. | 12. 그 뒷문은 항상 잘 열리지 않습니다.

Stop [stap] stopped - stopped   명사 멈춤. 정지. 중지.

타동사 …을 멈추다. …을 정지 시키다.

1. Would you stop the car ? I want to get out.
2. Somebody stopped me in the street and asked for directions.
3. He stopped our conversation.
4. Who is going to stop the rain?
5. He stopped smoking.
6. My sister never stops talking.
7. She never stops smiling everytime she sees me.
8. The girls have to stop teasing my younger brother.
9. He will stop working soon.
10. I couldn't stop laughing.
11. You should stop the boys from fighting.
12. They try to stop the fire from spreading.
13. Could you stop by my office this afternoon?
14. He was stopped for speeding by the police.
15. You will be stopped by the police unless you drive safely.

1. 차를 멈춰 주시겠어요? 내리고 싶어요. | 2. 누군가가 길에서 나를 세우고 길을 물어보았다. | 3. 그가 우리들의 대화를 중단시켰다. | 4. 누가 비를 멈추게 할 작정입니까? | 5. 그는 담배를 끊었다. | 6. 나의 누이는 결코 떠드는 것을 멈추지 않는다. | 7. 그녀는 나를 볼때마다 웃음을 멈추지 않는다. | 8. 그 여자애들은 내 동생을 놀리는 것을 그만 두어야한다. | 9. 그는 곧 일하는 것을 멈출것이다. | 10. 나는 웃음을 억제 할 수 없었다. | 11. 당신은 아이들이 싸우는 것을 중단시켜야 합니다. | 12. 그들은 불이 번지는 것을 막기위해서 노력합니다. | 13. 오늘 오후에 제 사무실에 들려주시겠어요? | 14. 그는 속도위반 때문에 경찰에 의해서 정지되었다. | 15. 만일 당신이 안전하게 운전하지 않으면 경찰이 운전을 정지할 것이다.

• 타동사의 목적어로 동명사를 취함. 5. 6. 7. 8. 9. 10번. (동명사만을 목적어로 취함)

자동사 멈추다.

1. The music stopped.
2. The rain will stop soon.
3. He stopped to smoke.
4. She stopped to buy a cup of coffee.
5. Why don't you stop for a while?
6. We have to stop for gas.

---

1. 음악이 멈췄다. | 2. 비가 곧 멈출 것이다. | 3. 그는 담배를 피우기 위해서 멈췄다. | 4. 그녀는 커피를 사기 위해서 멈췄다. | 5. 잠깐 쉬지 그러세요? | 6. 우리는 (자동차에 기름을 넣기 위해서) 멈추지 않으면 안 된다.

Study [stʌ́di] studied - studied   명사 공부. 연구. 학문.

타동사 배우다. (면밀히) 연구하다. 검토하다.

1. We study English in high school.
2. He studies medicine.
3. My son studies law in college.
4. The government studies problems of the cities.
5. They will study why the earthquake happened.
6. Doctors study how water affects the human body.
7. My school studies how to help the poor students.
8. My company is studying what to do for foreign markets.

---

1. 우리는 고등학교에서 영어를 배웁니다. | 2. 그는 약학을 공부합니다. | 3. 나의 아들은 대학에서 법을 공부합니다. | 4. 정부는 도시가 가지고 있는 문제점들을 연구합니다. | 5. 그들은 왜 지진이 일어났는지 연구할 것이다. | 6. 의사들은 물이 어떻게 인간의 몸에 영향을 미치는지 연구하고 있습니다. | 7. 나의 학교는 가난한 학생들을 돕기 위한 방법을 연구하고 있습니다. | 8. 나의 회사는 외국시장 개척을 위해서 무엇을 할 것인지 연구하고 있습니다.

- 타동사의 목적어로서 wh절을 취함. 5. 6번.
- 타동사의 목적어로서 wh. to do (명사구)을 취함. 7. 8번.

자동사 공부하다.

1. She studies at Harvard University.
2. He is studying for the exam.
3. I study three hours a day.
4. My son is studying for the church.
5. He studies to be a lawyer.
6. Boys and girls, study hard.

---

1. 그녀는 하버드대학에서 공부하고 있습니다. | 2. 그는 시험에 대비해서 공부하고 있습니다. | 3. 나는 하루에 3시간 공부합니다. | 4. 나의 아들은 목사가 되기 위하여 공부하고 있습니다. | 5. 그는 변호사가 되기 위하여 공부하고 있습니다. | 6. 소년, 소녀 여러분! 열심히 공부하세요.

Succeed [səksíːd] succeeded - succeeded

타동사 …의 뒤를 잇다.

1. He succeeded his father as the boss of the company.
2. The prince succeeds the king as ruler.
3. CD's succeed records in popularity.

1. 그는 아버지의 뒤를 이어서 회사의 사장님이 되었다. | 2. 왕자는 통치자로서 왕의 뒤를 잇는다. | 3. CD는 인기리에 음반의 뒤를 잇는다.

• 불완전타동사 (5형식)의 목적보어로 as 이하를 취함. 1. 2번.

자동사 성공하다.

1. Most Koreans succeed in America
2. He succeeded in business.
3. She succeeded in getting a job.
4. Did you succeed in solving the problem?
5. You will succeed in exploring Africa.
6. How could he succeed in passing the exam?
7. Our ad succeeded in selling more merchandise.
8. My daughter succeeded as an artist.
9. You will succeed only when you do your best.

1. 대부분의 한국인들은 미국에서 성공합니다. | 2. 그는 사업에 성공했다. | 3. 그녀는 직장을 갖는 데 성공했습니다. | 4. 당신은 그 문제를 푸는 데 성공했습니까? | 5. 당신은 아프리카를 탐험하는 데 성공할 것입니다. | 6. 어떻게 그가 그 시험에 합격할 수 있었습니까? | 7. 우리가 찍은 광고가 물건을 많이 파는 데 성공했습니다. | 8. 나의 딸은 예술가로서 성공했습니다. | 9. 당신이 최선을 다할 때에 성공 할 것입니다.

Suffer [sʌ́fər] suffered - suffered

타동사 경험하다.

1. My uncle suffered a heart attack last month.
2. The boy suffered burns to his body.
3. They suffered minor injuries in the accident.
4. Did you ever suffer insults from your friends?
5. Republican suffered a defeat in the polls.
6. The town suffered damage from the storm.

1. 나의 삼촌은 지난 달 심장마비를 일으켰다. | 2. 그 소년은 몸에 화상을 입었다. | 3. 그들은 그 사고로 가벼운 부상을 입었다. | 4. 당신은 친구들로부터 모욕을 당한 적이 있습니까? | 5. 공화당은 투표에서 큰 참패를 경험했다. | 6. 그 동네는 폭풍으로부터 큰 피해를 입었다.

자동사 괴로워하다. 고생하다.

1. She is suffering from a headache.
2. He suffers from shyness.
3. He often suffers for his critical views.
4. People would suffer without water.
5. Small businesses suffer during recessions.

1. 그녀는 두통 때문에 괴로워하고 있습니다. | 2. 그는 부끄럼 때문에 괴로워 합니다. | 3. 그는 종종 그의 비판적인 견해 때문에 난관에 부딪친다. (고생한다) | 4. 사람들은 물이 없으면 고생을 할 것이다. | 5. 소매업은 불경기 동안 고통을 겪습니다.

Suggest [səgdʒést] suggested - suggested

타동사 제안하다. 말하다.

1. I suggested an idea to them.
2. Who suggested this restaurant?
3. Did you suggest another plan to him?
4. I suggest that you should meet him right away.
5. I suggest that you should be quiet in the library.
6. My wife suggests that we go to Europe this summer.
7. He didn't suggest that you were stupid.
8. Doctors suggest that people should exercise everyday.
9. I suggest discussing it with your parents before you decide.
10. She suggests moving to Florida.
11. He suggests leaving early.
12. Could you suggest which one to buy?
13. May I suggest where to go?
14. My wife never suggests what I wear.
15. He suggested where we should meet next.
16. She suggests when I leave.
17. Her name was suggested for the job.
18. The plan is suggested to help the poor country.

---

1. 나는 그들에게 아이디어 하나를 제안했다. | 2. 누가 이 레스토랑을 권했죠? | 3. 당신은 그에게 또 다른 계획을 제안했습니까? | 4. 나는 당신이 그를 즉시 만날 것을 권합니다. | 5. 당신들이 도서관에서는 조용히 할 것을 권합니다. | 6. 나의 부인은 금년에 유럽에 갈 것을 제안한다. | 7. 그는 당신이 바보라고 말하지 않았습니다. | 8. 의사선생님들은 매일 운동을 해야 된다고 말합니다. | 9. 나는 당신이 결정하기 전에 당신의 부모와 그것을 의논하기를 권합니다. | 10. 그녀는 플로리다로 이사갈 것을 권합니다. | 11. 그는 일찍 출발할 것을 권합니다. | 12. 어느 것을 구입할지 말해 주시겠어요? | 13. 어디로 갈지 제가 말씀드려도 되겠습니까? | 14. 나의 부인은 나에게 무엇을 입으라고 결코 제안하지 않는다. | 15. 그는 우리가 다음에 만나야 할 장소를 제안했다. | 16. 그녀는 내가 언제 떠나야 하는

지를 말한다. | 17. 그녀의 이름이 그 일을 위해서 추천되었다. | 18. 그 계획은 가난한 나라를 돕기위해서 제안되었다.

- 타동사의 목적어로 that절을 취함. 4. 5. 6. 7. 8번.
- 타동사의 목적어로 동명사를 취함. 9. 10. 11번.
- 타동사의 목적어로 wh. to do (명사구)를 취함. 12. 13번.
- 타동사의 목적어로 wh절을 취함. 14. 15. 16번.

Suit [suːt] suited - suited   명사 소송. 고소. (옷) 한 벌.

타동사 …에게 어울리다.

1. Pink suits you very well.
2. This jacket really suits me I think.
3. Long hair suits her.
4. I found a college that suits my son.
5. This tie suits him fine.
6. Suit yourself.
7. She is suited for the job.
8. The elderly are suited to warm weather.
9. The woman is suited to be a nurse.

---

1. 핑크색이 당신에게 매우 잘 어울리는 군요. | 2. 이 재킷은 정말로 나에게 잘 어울린다고 생각된다. | 3. 긴 머리가 그녀에게 잘 어울린다. | 4. 나는 나의 아들에게 적합한 대학을 찾아냈다. | 5. 이 타이는 그에게 아주 잘 어울린다. | 6. 편할 대로 하세요. | 7. 그녀는 그 직업에 잘 어울립니다. | 8. 노인들은 따뜻한 기후에 적합합니다. | 9. 그 여자는 간호원이 되기에 적합합니다.

- that (관계대명사) 이하는 형용사절로 선행사 college 수식. 4번.

Supply [səplái] supplied - supplied   명사 공급. 지급. 배급.

타동사 제공하다. 공급하다.

1. You should supply food and clothes for refugees.
2. My mom supplies snacks to my friends.
3. Could you supply the children with milk?
4. Could you supply milk for the children?
5. They supply old people with reading glasses.
6. They supply reading glasses for old people.
7. My company supplies special bonuses twice a year.
8. The Middle East supplies oil to most of the world.
9. You must supply all the information that you know to the police.
10. The well supplies cold water all the time.
11. Our school supplies scholarship to qualified students.
12. Each of us was supplied with a laptop.
13. Soldiers will be supplied with the uniforms and weapons.
14. Milk is supplied for the children.
15. Reading glasses are supplied for old people.
16. The children are supplied with milk.
17. Old people are supplied with reading glasses.

1. 당신은 난민들에게 음식과 옷을 제공해야 합니다. | 2. 나의 어머니는 친구들에게 간단한 다과를 줍니다. | 3. 아이들에게 우유를 갖다 주시겠어요? | 4. 아이들에게 우유를 갖다 주시겠어요? | 5. 그들은 노인들에게 돋보기 안경을 공급합니다. | 6. 그들은 노인들에게 돋보기 안경을 공급합니다. | 7. 나의 회사는 일 년에 두 번 특별 보너스를 지급합니다. | 8. 중동은 전 세계에 석유를 공급합니다. | 9. 당신은 당신이 알고 있는 모든 정보를 경찰에게 말해야 합니다. | 10. 우물은 항상 차가운 물을 공급합니다. | 11. 우리들의 학교는 자격있는 학생들에게 장학금을 제공합니다. | 12. 우리들 각각에게 노트북이 제공되었습니다. | 13. 병사들에게 군복과 무기가 제공될 것입니다. | 14. 우유는 어린이들을 위해서 공급됩니다. | 15. 돋보기 안경은 나이든 사람들에게 공급됩니다. | 16. 어린이들에게 우유가 공급되어집니다. | 17. 노인들에게 돋보기 안경이 제공됩니다.

- that (관계대명사) 이하는 형용사절로 선행사 information 수식. 9번.
- 3번과 5번의 문장은 4번과 6번으로 바꾸어질 수 있음.
- supply a person with something. / supply something for (to) a person.
- 영어의 독특한 문형이므로 구별해서 외울 수 밖에 없음. 같은 류의 동사로는 provide, present 가 있음.
- 사람, 사물 모두 수동태의 주어가 될 수 있음. 14. 15. 16. 17번.

Support [səpɔ́ːrt] supported - supported   명사 원조. 후원.

타동사 지지하다. 후원하다. (재정적으로) 돕다.

1. My brother supports my family.
2. He does not work. How is he going to support his children?
3. Most voters support our president.
4. I never support Republican.
5. We all support his theory.
6. Four pillars support the ceiling.
7. We should support our children in their goals.
8. I supported her getting a doctoral degree.
9. My wife supported me during my studies.
10. My father used to support the boys scouts by buying their equipment.
11. I have a family to support.
12. My family is supported by my brother.
13. His theory is supported by us.
14. The bridge is supported by four big columns.

1. 나의 형은 나의 가족을 돌봅니다. | 2. 그는 일하지 않습니다. 어떻게 그의 가족을 돌볼 수 있습니까? | 3. 대부분의 투표권자들은 대통령을 지지합니다. | 4. 나는 결코 공화당을 지지하지 않습니다. | 5. 우리는 모두 그의 학설을 지지합니다. | 6. 네개의 기둥이 천장을 버티고 있습니다. | 7. 우리는 어린이들이 꿈을 갖도록 후원해야 합니다. | 8. 나는 그녀가 박사 학위를 받도록 후원했다. | 9. 나의 부인은 내가 공부하는 동안 나를 도와주었습니다. | 10. 나의 아버지는 보이 스카우트의 장비를 사줌으로써 후원하곤 했습니다. | 11. 나는 부양해야 할 가족이 있습니다. | 12. 나의 가족은 나의 형이 부양합니다. | 13. 그의 학설은 우리들이 지지하고 있습니다. | 14. 그 다리는 네 개의 큰 기둥이 버티고 있습니다.

Suppose [səpóuz] supposed - supposed

타동사 생각하다.

1. I suppose (that) he is a boxer.
2. She supposes (that) it will rain tomorrow.
3. They suppose (that) I should help Miss. Kim.
4. I don't suppose (that) you know his phone number.
5. She doesn't suppose (that) he will come back.
6. Do you suppose (that) Tom will grow up to be a singer?
7. Who do you suppose I met at the park?
8. People suppose (that) God might have created the whole world.
9. They suppose (that) I know the president.
10. You are not supposed to smoke inside the house.
11. He is supposed to take me to the park every day.
12. What time are you supposed to leave?
13. The package was supposed to arrive here yesterday.
14. This is supposed to be the best hair salon in this town.

---

1. 나는 그가 권투선수라고 생각한다. | 2. 그녀는 내일 비가 올 거라고 생각한다. | 3. 그들은 내가 미스 김을 당연히 도와야 한다고 생각한다. | 4. 나는 당신이 그의 전화번호를 알고 있다고 생각하지 않습니다. | 5. 그녀는 그가 돌아오리라고는 생각하지 않는다. | 6. 당신은 Tom이 자라서 가수가 될 것이라고 생각합니까? | 7. 내가 공원에서 누구를 만났다고 생각하세요? | 8. 사람들은 하나님이 세상을 창조했을지도 모른다고 생각한다. | 9. 그들은 내가 대통령을 알고 있다고 생각한다. | 10. 집안에서는 담배를 펴서는 안 됩니다. | 11. 그는 매일 나를 공원에 데려가기로 되어있다. | 12. 몇 시에 떠날 작정이세요? | 13. 그 소포는 어제 여기에 도착하기로 되어 있었다. | 14. 이 미용실이 타운에서 가장 좋습니다.

- 타동사의 목적어로 that절을 취함. 1, 2, 3, 4, 5, 6, 8, 9번
- 접속사 that는 생략 할 수 있음.
- be supposed to (do)는 …하기로 되어 있다, …으로 기대된다. 구어에서 많이 쓰이는 표현임.

Survive [sərváiv] survived - survived

타동사 ···후 까지 살아남다. ···보다 오래 살다.

1. All the passengers survived the plane crash.
2. Some of my books survived the fire.
3. No businesses survived the Depression.
4. She survived her son.
5. God listened to her prayer and her husband survived the war.
6. He survived cancer.
7. Women survive men.
8. She is survived by two sons and five grandchildren.

1. 모든 승객들이 비행기 사고에서 살아남았다. | 2. 내 책의 일부는 불에 타지 않았다. | 3. 어떤 사업도 불경기를 이겨내지 못했다. | 4. 그녀는 아들보다 오래 살았다. | 5. 하나님은 그녀의 기도를 들어주셨고, 그녀의 남편은 전쟁에서 살아남았다. | 6. 그는 암을 이겨냈다. | 7. 여자는 남자보다 오래 산다. | 8. 그녀는 유족으로 두 아들과 다섯 명의 손자들이 있다.

자동사 살아남다.

1. Strong animals survive.
2. How do you survive on your low salary?
3. She will survive as a single parent.

1. 강한 동물만이 살아남는다. | 2. 그렇게 적은 월급으로 어떻게 살아가지요? | 3. 그녀는 남편 없이 (꿋꿋하게) 살아갈 것이다.

You Can Speak English!

T

문법의 각 부분들은 서로 상호 보완 관계를 가지면서 그 기능과 역할을 수행한다. 이 책의 문법 편을 하나의 원형 안에서 통째로 이해하고 무의식 속에 각인 될 때까지 반복한다.

Take [teik] took - taken

타동사 갖다. (물건을) 가지고 가다. (사람을) 데리고 가다. (탈것에) 타다. (시간이) 걸리다.

1. Did you take the job?
2. They take the test tomorrow.
3. Do you take credit card here?
4. Would you take a picture for us?
5. Could you take these old clothes to the Salvation Army?
6. The whole process takes three hours.
7. What took you so long?
8. Take an umbrella with you. It is raining out there.
9. I will take you to the concert.
10. Do you take sugar in your coffee?
11. This case takes a lot of courage.
12. My father takes us to the park every Sunday.
13. The ambulance took my grandfather to the hospital.
14. He takes some of the work home.
15. I will try to take her out.
16. I am sorry I can't take your advice.
17. Can I take your message for him?
18. She takes the bus to go to work.
19. You can take some more candy if you want.
20. Take main Street at the next traffic light.
21. He takes French and Spanish at school.
22. You should take action right now.
23. My family will take a picnic this coming Sunday.
24. Why don't you take a walk?
25. It takes me two hours to finish the job.
26. It takes two hours for me to finish the job.
27. He was taken to the jail.

28. All the students will be taken to the museum tomorrow.

1. 당신은 그 직장을 가졌습니까? | 2. 그들은 내일 시험을 치른다. | 3. 당신은 신용카드를 받습니까? (가게에서) | 4. 우리들을 위해서 사진 한장 찍어주시겠어요? | 5. 이 낡은 옷들을 구세군 자선단체에 가져다 주시겠어요? | 6. 모든 진행 과정은 3시간이 걸린다. | 7. 왜 이렇게 늦으셨죠? | 8. 우산을 가지고 가세요, 비가 오고 있습니다. | 9. 나는 당신을 음악회에 데리고 가겠습니다. | 10. 커피에 설탕을 넣으세요? | 11. 이 사건은 많은 용기를 필요로 한다. | 12. 나의 아버지는 매주 일요일 우리들을 공원에 데리고 가신다. | 13. 앰불런스가 나의 할아버지를 병원으로 데리고 갔다. | 14. 그는 일거리를 집으로 가져온다. | 15. 나는 그녀를 데리고 나가기 위해 노력할 것이다. (식사 초대. 데이트 등을 위해서) | 16. 미안하지만 당신의 충고를 받아들일 수 없군요. | 17. 제가 그에게 메시지를 전해드릴까요? (전화해서) | 18. 그녀는 직장에 버스로 출근한다. | 19. 원한다면 더 많은 사탕을 가져가도 좋습니다. | 20. 다음 신호 등에서 메인스트리트로 가세요. | 21. 그는 학교에서 프랑스어와 스페인어를 수강한다. | 22. 당신은 지금 행동을 취하셔야 합니다. | 23. 우리 가족은 이번 일요일 날 소풍을 갈 것이다. | 24. 산책 좀 하지 그러세요? | 25. 내가 그 일을 끝내는 데 두 시간 걸린다. | 26. 내가 그 일을 끝내는데 두 시간 걸린다. | 27. 그는 감옥에 수감되었다. | 28. 모든 학생들은 내일 박물관에 갈 것이다.

- take + 명사 (어떤 행동을) 하다, 행하다.
  take a walk, take a trip, take action, take a rest, take a look at 등.
- take + 교통수단 …에 타다.
  take a taxi, take a bus, take train, take plane, take ship, take the subway 등.

Talk [tɔːk] talked - talked   명사 이야기. 담화.

타동사 논하다. 말하다.

1. Those guys talk sports all day long.
2. I never talk politics.
3. I don't want to talk business right now.
4. Don't talk nonsense. It is a waste of time.

1. 저 사람들은 하루종일 운동에 관하여 이야기하고 있습니다. | 2. 나는 결코 정치를 논하지 않는다. | 3. 나는 지금 사업을 논하고 싶지 않군요. | 4. 쓸데없는 소리 마세요, 시간 낭비예요.

자동사 말하다.

1. She always talks about men.
2. Everybody talks about the weather but nobody knows about the weather.
3. They talk about money and love.
4. He talks to his friends about his girlfriend.
5. Can I talk to you for a minute?
6. She wants to talk with you in private.
7. Don't talk in class.
8. Let me talk to you first.
9. You should not talk back to your father.
10. Why don't you talk to him about it?
11. She talks on the phone for two hours.

1. 그녀는 항상 남자에 관해서 이야기한다. | 2. 모두가 날씨에 관해서 이야기하지만 아무도 날씨에 대해서 모른다. | 3. 그들은 사랑과 돈에 대해서 이야기하고 있습니다. | 4. 그는 그의 여자친구에 관해서 친구들에게 이야기 하고 있습니다. | 5. 잠깐 이야기 좀 할까요? |

6. 그녀는 개인적으로 당신과 이야기하기를 원합니다. | 7. 수업 중에는 이야기하지 마세요. | 8. 내가 먼저 당신에게 이야기하겠습니다. | 9. 당신은 당신의 아버지에게 말대꾸를 해선 안 됩니다. | 10. 그것에 관해서 그 사람에게 이야기해보지 그러세요? | 11. 그녀는 두 시간 동안 전화를 하고 있다.

Teach [tiːtʃ] taught - taught

타동사 가르치다.

1. I teach teenagers.
2. He teaches history.
3. She teaches third grade.
4. What do you teach, sir?
5. My son teaches math at high school.
6. He teaches picturing to the children.
7. They teach students about the danger of drugs.
8. Camp teaches young men about nature.
9. Nobody taught her how to dance.
10. I will teach you how to swim.
11. My brother taught me how to drive a car
12. My mother teaches me how to play the piano.
13. She teaches the children how to read books.
14. My uncle is teaching us how to play chess.
15. Can you teach me one of your card tricks?
16. That will teach you a lesson.
17. She teaches us English.
18. She teaches English to us.
19. We are taught English by her.
20. English is taught to us by her.

1. 나는 십대들을 가르친다. | 2. 그는 역사를 가르친다. | 3. 그녀는 3학년들을 가르칩니다. | 4. 선생님, 무엇을 가르치세요? | 5. 나의 아들은 고등학교에서 수학을 가르칩니다. | 6. 그는 어린이들에게 그림을 가르칩니다. | 7. 그들은 학생들에게 마약의 위험성에 대해서 가르친다. | 8. 야영생활은 젊은이들에게 자연에 관한 것을 가르친다. | 9. 아무도 그녀에게 춤추는 법을 가르치지 않았다. | 10. 나는 너에게 어떻게 수영하는지 가르칠 것이다. | 11. 나의 형은 나에게 운전하는 방법을 가르쳐주었다. | 12. 나의 어머니는 나에게

피아노를 가르쳐주신다. | 13. 그 여자는 어린이들에게 책을 읽는 것을 가르쳐준다. | 14. 나의 삼촌은 우리들에게 체스를 가르쳐주고 있습니다. | 15. 나에게 카드 트릭을 하나 가르쳐 주시지 않겠어요? | 16. 그것은 당신에게 교훈이 될 것이다.(실수를 통해 뭔가를 배웠을 때) | 17. 그녀는 우리들에게 영어를 가르친다. | 18. 그녀는 우리들에게 영어를 가르친다. | 19. 그녀는 우리들에게 영어를 가르친다. | 20.그녀는 우리들에게 영어를 가르친다.

- 4형식의 문장 (간접목적과 직접목적을 필요로 함)의 직접목적어로 how to do를 취함. 9. 10. 11. 12. 13. 14번. 앞의 명사, 대명사는 간접목적어.
- Teach는 give, tell, deny 등과 함께 간접목적어, 직접목적어 둘 다 수동태의 주어가 될 수 있음. 19. 20번.
- 문장의 4형식 15. 17번.

자동사 가르치다.

1. My father teaches for a living.

---

1. 나의 아버지는 교사로 생활하신다.

Tell [tel] told - told

타동사 말하다, 구별하다

1. Did you tell it?
2. You should tell the truth.
3. Boys, don't tell lies.
4. Could you tell the difference?
5. He tells us about his family.
6. Did you tell the police about the accident?
7. My mother tells me *to finish* my homework.
8. I told him *to wait*.
9. The man told us *to step* aside.
10. The red light tells us *to stop* the car.
11. He can tell right from wrong.
12. Can you tell real things from fakes?
13. My boss tells me *that* the meeting will be canceled.
14. He tells me *that* his father has been sick.
15. Could you tell her *that* I love her?
16. He tells me *that* Tom will marry Ann.
17. I can tell *that* he is from the South.
18. Would you tell me *when to start* the work?
19. He told me *how to get* to the station.
20. Don't tell her *what to do* or what not to do anymore.
21. She never tells me *why* she got divorced.
22. He tells us *what* they did to him.
23. Would you please tell me *who* she is?
24. I can't tell *where* he went.
25. Nobody tells *what* happened here.
26. Tell *me your phone number*, please.
27. She tells *us the story*.

28. She tells the story to us.
29. We are told the story by her.
30. The story is told to us by her.
31. He was told that he had to leave the country at once.
32. We were told that Mr. Kim became the chairman of the company.

---

1. 그것을 말했습니까? | 2. 당신은 진실을 말해야 할 것이다. | 3. 애들아, 거짓말을 해선 안 된다. | 4. 그 차이를 분간하시겠어요? | 5. 그는 우리들에게 그의 가족에 관해서 말한다. | 6. 당신은 경찰에게 그 사건에 대해서 말했습니까? | 7. 나의 어머니는 나에게 숙제를 끝내라고 말씀하신다. | 8. 나는 그에게 기다리라고 말했다. | 9. 그 남자는 우리들에게 옆으로 비켜서라고 말했다. | 10. 빨간 신호등에는 차를 멈춰야 한다. | 11. 그는 선과 악을 구별할 수 있다. | 12. 당신은 진품과 가짜를 구별할 수 있습니까? | 13. 나의 사장님은 회의가 취소될 것이라고 말씀하신다. | 14. 그는 그의 아버지가 아프다고 나에게 말한다. | 15. 내가 그녀를 사랑한다고 그녀에게 말해주시겠어요. | 16. 그는 톰이 앤과 결혼할 것이라고 말한다. | 17. 그가 남부지방 출신인지 알겠습니다. | 18. 언제 일을 시작할지 말해주시겠어요? | 19. 그는 나에게 역에 어떻게 가는지(방향)를 말해주었다. | 20. 더 이상 그녀에게 무엇을 이래라 저래라 명령하지 마세요. | 21. 그녀는 왜 이혼했는지 나에게 결코 말하지 않습니다. | 22. 그는 그들이 그에게 무엇을 행했는지 우리에게 말한다. | 23. 그녀가 누군지 말해주시겠어요? | 24. 그가 어디로 갔는지 말할 수 없다. | 25. 여기에 무슨 일이 있었는지 아무도 말하지 않는다. | 26. 당신의 전화번호 좀 알려주십시오. | 27. 그녀는 우리들에게 이야기를 해준다. | 28. 그녀는 우리들에게 이야기를 해준다. | 29. 우리는 그녀에 의해서 이야기를 듣는다. | 30. 그녀에 의해서 이야기는 우리에게 말해진다. | 31. 그는 즉시 나라를 떠나도록 명령 받았다. | 32. 우리는 미스터 김이 회사의 회장님이 되었다고 들었다.

- 불완전타동사 (5형식)의 목적보어로 to부정사를 취함. 7. 8. 9. 10번.
- 4형식의 직접목적어로 that절을 취함. 13. 14. 15. 16번. 앞의 대명사는 간접목적어.
- 4형식의 직접목적어로 wh. to do를 취함. 18. 19. 20번. 앞의 대명사는 간접목적어.
- 4형식의 직접목적어로 wh절을 취함. 21. 22. 23번. 앞의 대명사는 간접목적어.
- 타동사의 목적어로 wh절을 취함. 24. 25번.
- 타동사의 목적어로 that절을 취함. 17번.
- 간접목적어, 직접목적어 둘 다 수동태의 주어가 될 수 있음. 29. 30번.
- 26. 27번은 4형식의 문장.

자동사 말하다.

1. He used to tell of his mother's kindness.
2. She tells about her sons sometimes.

---

1. 그는 그의 어머니의 친절함에 대해서 말하곤 했다. | 2. 그녀는 때때로 그녀의 아들들에 관해서 말한다.

Tend [tend] tended - tended

타동사   …을 돌보다. (식물을) 기르다. (가축을) 지키다.

1. Doctors tend patients
2. My mother tends flowers in the garden.
3. David the king of Israel, he used to tend sheep.
4. She tends her mother all the time.

---

1. 의사들은 환자들을 돌본다. | 2. 나의 어머니는 정원에서 꽃들을 기르신다. | 3. 이스라엘의 왕인 데이비드는 양들을 보살피곤 했다. | 4. 그녀는 항상 그녀의 어머니를 보살핀다.

자동사   …하는 경향이 있다. 돌보다.

1. He tends *to talk* too much when he feels good.
2. Young people tend *to spend* more money than old people.
3. She tends *to get* angry easily.
4. My brother tends *to hurry* on everything.
5. People tend *to flatter* rich men.
6. Milk tends *to spoil* more quickly in the summer.
7. She tends *to eat* something when she gets angry.
8. It tends *to rain* a lot this time of every year.

---

1. 그는 기분이 좋으면 떠드는 경향이 있다. | 2. 젊은 사람들은 나이든 사람보다 더 많은 돈을 쓰는 경향이 있다. | 3. 그녀는 쉽게 화를 내는 경향이 있다. | 4. 나의 형은 모든 일에 서두르는 경향이 있다. | 5. 사람들은 부자들에게 아첨하는 경향이 있다. | 6. 우유는 여름에 더 쉽게 상하는 경향이 있다. | 7. 그녀는 화가 나면 뭔가를 먹는 경향이 있다. | 8. 매년 이맘때쯤에는 비가 많이 오는 경향이 있다.

• 불완전자동사 (2형식)의 주격보어로 to부정사를 취함. 1. 2. 3. 4. 5. 6. 7. 8번.

Test [test] tested - tested   명사 테스트. 시험.

타동사 검사하다. 시험하다.

1. I don't want to test you.
2. They will test your leadership.
3. Did you test the machine?
4. Please don't test my patience.
5. I will test the new car.
6. The doctor tested her for diabetes.
7. The teachers will test the students on all the subjects.
8. Can I test you on chapter two?
9. This part will test your English skills.
10. You will be tested on English.
11. He was tested for HIV.
12. The drinking water must be tested for bacteria.

---

1. 나는 당신을 시험해보고 싶지 않습니다. | 2. 그들은 당신의 리더쉽을 시험해볼 것이다. | 3. 그 기계를 시험해보셨나요? | 4. 제발 나의 인내심을 시험하지 마세요. | 5. 내가 그 새 자동차를 시험해보겠습니다. | 6. 의사가 그녀의 당뇨를 검사했습니다. | 7. 선생님들이 모든 과목에 관해서 학생들을 시험할 것이다. | 8. 제가 제 2장에 대해서 당신을 테스트 할 수 있습니까? | 9. 이 부분은 당신의 영어능력을 평가 할 것입니다. | 10. 당신은 영어시험을 보게 될 것입니다. | 11. 그는 AIDS 바이러스에 감염 여부를 위해 진찰을 받았습니다. | 12. 식용수는 박테리아 검사를 받아야 합니다 .

자동사 시험을 치르다.

1. I didn't test well.

---

1. 나는 시험을 잘 치르지 못했다.

Thank [θæŋk] thanked - thanked

타동사 ⋯에게 감사하다.

1. Thank you, sir.
2. We all thank you.
3. I thanked him for helping me.
4. We want to thank everyone for coming here.
5. She thanked me for my advice.
6. I thank you for your help.
7. Did you thank her for the present?
8. You will thank me for this someday.
9. I will thank you to close the window.
10. I will thank you to leave me alone.
11. Thank you very much!
12. Thanks a lot.

1. 선생님, 감사합니다. | 2. 우리 모두 당신에게 감사합니다. | 3. 나는 나를 도와준 것에 대해서 그에게 감사했다. | 4. 와주신 분들 모두에게 감사드립니다. | 5. 그녀는 나의 충고에 대해서 고마워했다. | 6. 도와주셔서 감사합니다. | 7. 당신은 그 선물에 대해서 그녀에게 감사의 뜻을 전했습니까? | 8. 언젠가 당신은 이것에 대해서 나에게 고마워할 것입니다. | 9. 창문을 닫아 주시면 고맙겠습니다. | 10. 저를 혼자 두시면 좋겠습니다. | 11. 대단히 감사합니다. | 12. 대단히 감사합니다.

Think [θíŋk] thought - thought

타동사 …라고 생각하다. 상상하다. 생각하다.

1. I think that she is right.
2. I think that he is a good man.
3. We think that you like her.
4. I think that studying hard is very important.
5. The man thinks her (to be) a beautiful lady.
6. Everybody thinks Mr. Kim (to be) an excellent teacher.
7. I can't think why she said that.
8. She can't think when they left.
9. He can't think who broke the window.
10. Why do you think she likes you?
11. What do you think happened there?
12. What do you think we should do?
13. How old do you think he is?
14. Let me think what to do next.
15. He was thinking how to handle the problems.
16. You just think it over.

---

1. 나는 그녀가 옳다고 생각한다. | 2. 나는 그가 좋은 사람이라고 생각한다. | 3. 우리는 당신이 그녀를 좋아한다고 생각한다. | 4. 나는 열심히 공부하는 것은 매우 중요하다고 생각한다. | 5. 그 남자는 그녀가 아름다운 여자라고 생각한다. | 6. 모두가 미스터 김은 훌륭한 선생님이라고 생각한다. | 7. 어째서 그녀가 그것을 말했는지 알 수가 없군요. | 8. 그녀는 그들이 언제 떠났는지 알 수가 없다. | 9. 그는 누가 유리창을 깨뜨렸는지 생각해낼 수가 없다. | 10. 어째서 당신은 그녀가 당신을 좋아한다고 생각하세요? | 11. 당신은 거기에서 무슨 일이 일어났다고 생각하세요? | 12. 우리가 무엇을 해야 한다고 생각하십니까? (평가한다.) | 13. 당신은 그가 몇 살이라고 생각하세요? | 14. 다음에 무엇을 할지 잠깐 생각하게 해주세요. | 15. 그는 어떻게 그 문제들을 처리할까 생각하고 있었다. | 16. 그것을 깊이 생각 해보세요.

- 타동사의 목적어로 that절을 취함. 1. 2. 3. 4번.
- 불완전타동사의 목적보어로 명사를 취함. 5. 6번.
- 타동사의 목적어로 wh.절을 취함. 7. 8. 9번.
- 타동사의 목적어로 wh. to do를 취함. 14. 15번.

자동사 생각하다. 숙고하다.

1. We think about moving to Florida.
2. He is thinking about hiring her.
3. Don't think about it.
4. You really should think twice before you answer.
5. I can't think of her name.
6. She always thinks of the poor.
7. What do you think of my new tie?
8. I think highly of his writing ability.

---

1. 우리는 플로리다로 이사가는 것에 대해서 생각하고 있습니다. | 2. 그는 그녀를 고용할 것인지 생각하고 있습니다. | 3. 그것에 대해서 생각하지 마세요. | 4. 당신은 대답하기전에 두번 생각하십시오. | 5. 나는 그녀의 이름을 생각해 낼수없다. | 6. 그녀는 항상 가난한 사람들에 대해서 신경쓴다. | 7. 제 새 넥타이를 어떻게 생각하세요? | 8. 나는 그의 글쓰는 능력을 높이 생각한다.

Throw [θrou] threw - thrown　**명사** 던짐. 던지기.

타동사 던지다. 내던지다. (파티를) 열다.

1. The kids throw stones at the dog.
2. He threw the ball to me.
3. She threw her coat on the bed.
4. Don't throw your socks on the floor.
5. The cops threw the man to the ground.
6. I throw out the garbage.
7. Please throw out the things you don't need.
8. Can I throw away these old magazines?
9. Please be careful not to throw away anything useful.
10. They are throwing a party this Saturday night

1. 그 어린이들은 개를 향해서 돌을 던진다. | 2. 그는 나에게 공을 던졌다. | 3. 그녀는 그녀의 코트를 침대에 내던졌다. | 4. 당신의 양말을 마루 위에 던지지 마세요. | 5. 경찰들은 그 남자를 땅바닥에 쓰러뜨렸다. | 6. 나는 쓰레기를 버린다. | 7. 필요 없는 것들은 버리세요. | 8. 제가 이 오래된 잡지들을 버려도 괜찮습니까? | 9. 쓸 수 있는 물건들을 버리지 않도록 조심하세요. | 10. 그들은 이번 토요일 밤 파티를 열 것입니다.

Touch [tʌtʃ] touched - touched 명사 접촉. 만지기.

타동사 …을 만지다. …에 닿다. (마음을) 감동시키다.

1. Please don't touch the pictures.
2. You should wash your hands after you touch something dirty.
3. I don't like anybody to touch my golf clubs.
4. You shouldn't touch the keyboard.
5. His head almost touched the ceiling.
6. The long pole doesn't touch the bottom of the well.
7. He touched her hand gently.
8. She didn't even touch her breakfast.
9. I never touch the stuff.
10. Everything that Midas touched turned to gold.
11. The movie touched us.
12. His speech touched everybody.
13. We were touched by the movie.
14. Everybody was touched by his speech.
15. I was touched by her devotion.

1. 이 그림을 만지지 마세요. | 2. 더러운 것을 만진 후에는 손을 씻어야 합니다. | 3. 나는 누구든지 내 골프 클럽에 손대는 것을 좋아하지 않는다. | 4. 키보드를 만져서는 안 됩니다. | 5. 그의 머리가 거의 천장에 닿았다. | 6. 그 긴 막대기가 우물의 바닥에 닿지 않는다. | 7. 그는 그녀의 손을 부드럽게 만졌다. | 8. 그녀는 아침식사에 손도 대지 않았다. | 9. 나는 결코 술 마약에 손대지 않는다. | 10. 마이다스가 만지는 모든 것이 금으로 변했다. | 11. 그 영화가 우리들을 감동시켰다. | 12. 그의 연설이 모두를 감동시켰다. | 13. 우리는 그 영화에 의해서 감동 받았다. | 14. 모두가 그의 연설에 감동 받았다. | 15. 나는 그녀의 헌신에 감동 받았다.

- 9번의 stuff은 마약, 술 등을 말함.
- 관계대명사 that가 이끄는 절이 선행사 everything을 수식. 10번.
- 11, 12번의 수동태형은 13. 14번임.
- 관계대명사나 관계부사에 이끌리는 종속절은 형용사절 (형용사 구실로 선행사 (관계대명사, 관계부사 앞의 명사, 대명사)를 수식함.

Train [trein] trained - trained 　명사 열차

타동사 가르치다. 훈련하다.

1. Parents should train their children.
2. The drill instructor trains soldiers.
3. He trains horses.
4. We train young people with strict rules.
5. We trained the applicants for the special task.
6. I train them *as* teachers.
7. Our school trains students *to be* doctors.
8. Did you train her *to sort* out the mail?
9. He trained me *to file* all the documents.
10. She trains her dog *to obey*.
11. My company trains all the employees *how to use* the computer.
12. The drill instructor trains soldiers *how to attack* and defend.
13. She trains the maids *what to do* and what not to do.
14. They are trained as teachers.
15. I want to be trained as an astronaut.
16. Police are trained to arrest criminals.

1. 부모님들은 그들의 자녀들에게 예절교육을 (예의범절) 시켜야 합니다. | 2. 그 훈련 교관은 병사들을 훈련시킨다. | 3. 그는 말들을 길들인다. (훈련시킨다) | 4. 우리는 엄격한 규칙과 함께 젊은이들을 훈련시킨다. | 5. 우리는 특별 임무를 위한 지원자들을 훈련시켰다. | 6. 나는 그들이 선생님이 되도록 교육시킨다. | 7. 우리 학교는 의사가 되도록 학생들을 양성한다. | 8. 당신은 그녀가 우편물을 분류할 수 있도록 교육시켰습니까? | 9. 그는 내가 모든 서류들을 잘 정리할 수 있도록 가르쳤다. | 10. 그녀는 그녀의 개가 말을 잘 듣도록 가르친다. | 11. 나의 회사는 모든 직원들에게 컴퓨터 사용법을 가르친다. | 12. 그 훈련 교관은 병사들에게 공격과 방어하는 법을 가르친다. | 13. 그녀는 가정부들에게 해야 할 것과 하면 안될 것을 가르친다. | 14. 그들은 선생님이 되도록 교육받는다. | 15. 나는 우주 비행사가 되도록 훈련 받고 싶다. | 16. 경찰은 범법자들을 체포하도록 훈련 받는다.

- 불완전타동사 (5형식)의 목적보어로 as 이하를 취함. 6번.
- 불완전타동사 (5형식)의 목적보어로 to부정사를 취함. 7. 8. 9. 10번.
- 4형식의 직접목적어로 wh. to do (명사구)를 취함. 11. 12. 13번. 앞의 명사는 간접목적어.

자동사 교육 (훈련)을 받다.

1. He is training to be a lawyer.
2. She trains as a nurse.
3. I train for the Olympics.
4. They will train as scientists.

1. 그는 변호사가 되기 위해서 교육을 받고 있다. | 2. 그녀는 간호사로서 (장차 간호사가 되기 위해) 훈련을 받고 있다. | 3. 나는 올림픽경기를 위해서 훈련을 받고 있다. | 4. 그들은 과학자로서 (과학자가 되기 위해) 교육을 받을 것이다.

Travel [trǽvəl] traveled - traveled

타동사 …을 여행하다.

1. He has traveled the whole world.

1. 그는 전세계를 여행했다.

자동사 (멀리) 여행하다.

1. I will travel to Africa someday.
2. She traveled all over Europe three years ago.
3. Many people travel abroad.
4. We will travel by bus in France.
5. I traveled around Canada for three months.
6. He used to travel to Germany on business.
7. He is traveling through America with just a backpack.
8. She travels twenty kilometers to work every day.
9. News travels fast.
10. Light travels faster than sound.
11. This train travels at a high speed.
12. The car is traveling downtown very slowly.

1. 나는 언젠가 아프리카를 여행할 것이다. ㅣ 2. 그녀는 삼 년 전에 유럽 전역을 여행했다. 3. 많은 사람들이 해외로 여행을 간다. ㅣ 4. 우리는 프랑스에서 버스로 여행할 것이다. ㅣ 5. 나는 삼 개월 동안 캐나다 여기저기를 여행했습니다. ㅣ 6. 그는 사업일로 독일을 여행하곤 했습니다. ㅣ 7. 그는 가방 하나를 가지고 미국 여기저기를 여행하고 있습니다. ㅣ 8. 그녀는 매일 직장까지 20km를 다닙니다. ㅣ 9. 소문은 빨리 퍼집니다. ㅣ 10. 빛은 소리보다 빠릅니다. ㅣ 11. 이 기차는 빠른 속도로 달립니다. ㅣ 12. 그 자동차가 아주 천천히 시내 중심가를 지나고 있습니다.

Treat [triːt] treated - treated 　명사　한턱. 한턱냄.

타동사 대우하다. 대접하다. 치료하다.

1. He treats his wife very well.
2. Why do you treat me like a baby?
3. My boss treats everybody with respect.
4. Please treat everybody equally.
5. They treat my word as a joke.
6. Let me treat all of you.
7. I treated my parents to dinner for their wedding anniversary.
8. The doctor treated her for the injury.
9. Doctors treat patients with new medicines.
10. He is treated as a member of my family.
11. The guests were treated to wine and pasta.
12. Your headache will be treated with this pill.

1. 그는 그의 부인에게 매우 잘해준다. | 2. 왜 당신은 나를 어린애 취급하세요? | 3. 나의 사장님은 모든 사람을 잘 대우합니다. | 4. 모든 사람을 동등하게 대우하세요. | 5. 그들은 내 말을 농담으로 받아들인다. | 6. 내가 당신들 모두를 대접하겠습니다. | 7. 나는 부모님의 결혼기념일을 위해서 부모님께 식사를 대접했다. | 8. 그 의사선생님은 그녀의 부상을 치료했다. | 9. 의사들은 새로운 의약품을 가지고 환자들을 치료한다. | 10. 그는 우리 가족의 한사람으로 대접 받는다. | 11. 손님들은 포도주와 파스타를 대접 받았다. | 12. 당신의 두통은 이 약이 치료해줄 것이다.

자동사 교섭하다.

1. Japan still treats with Russia about the small island.

1. 일본은 아직도 그 섬에 관해서 러시아와 교섭 중이다.

Try [trai] tried - tried 　명사 시도. 노력.

타동사 해보다. 시도하다. 검사하다. 재판하다.

1. I will try his idea.
2. Did you try Korean food?
3. Doctors always try new drugs.
4. You should try your best.
5. I tried six stores to buy the book.
6. You have to try the brakes before you buy the old car.
7. He tries something new all the time.
8. Why don't you try him for the job?
9. Let me try if it works.
10. She tried calling him three times last night.
11. Did you try persuading him?
12. I tried cooking Bulgogi.
13. They are trying two men for the murder.
14. Two men are tried for the murder.
15. The case will be tried next week.

1. 나는 그의 의견을 시도해볼 것이다. | 2. 당신은 한국음식을 먹어봤습니까? | 3. 의사들은 항상 새 의약품을 시험해본다. | 4. 당신은 최선을 다해야할 것이다. | 5. 나는 그 책을 사기 위해서 여 섯개의 가게를 방문하였다. | 6. 당신은 중고차를 사기 전에 브레이크를 점검해야 합니다. | 7. 그는 항상 새로운 뭔가를 시도해본다. | 8. 그 업무에 그를 써보지 그러세요? | 9. 그것이 작동이 되는지 제가 시험해보지요. | 10. 그녀는 어젯밤 그에게 세 번 전화를 했다. (실제로 전화를 했음) | 11. 당신은 그를 설득해보셨습니까? | 12. 나는 불고기를 요리해보았다. | 13. 그들은 살인죄로 두 사람을 재판하고 있습니다. | 14. 두 사람이 살인죄로 재판받고 있습니다. | 15. 그 사건은 다음주에 재판에 회부될 것이다.

자동사 …하도록 노력하다.

1. She tries to study hard.
2. He tries to forget about the past.
3. My sister tries to write poems.
4. She tries not to laugh at his joke.
5. I will try to call him.
6. You should try for a scholarship.
7. Did you try on the jacket?

---

1. 그녀는 열심히 공부하기 위해서 노력한다. | 2. 그는 과거에 관해서 잊으려고 한다. | 3. 나의 누이는 시를 쓰기 위해서 노력한다. | 4. 그녀는 그의 농담에 웃지 않으려고 노력한다. | 5. 나는 그에게 전화해볼 것이다. | 6. 당신은 장학금을 받기 위해서 노력을 해야 할 것이다 | 7. 그 재킷을 입어 보셨어요

- try to do (자동사) …하려고 노력하다. 시도하다.
- try doing (타동사) …을 실제로 시도해 보았음.

Turn [tə:rn] turned - turned 　명사 회전, 방향 전환.

타동사 돌리다. 뒤엎다. …으로 변화시키다.

1. Did you turn it?
2. Turn the key to the left, please.
3. As soon as you turn the corner, you will see a tall building.
4. My dad turned the car around and we went home.
5. My mother will turn 62 in September.
6. Please turn your book to page 34.
7. He turns his attention toward me.
8. She turned my hair blond
9. Too much thinking turns your hair gray
10. She turned the house upside down looking for her wedding ring.
11. He turns the mattress over.
12. He turns our conversation to another direction.
13. He turned the garage into an office for his business.
14. Businessmen turn their attention to opportunities abroad.
15. Don't try to turn my sister against me.
16. They turned down my loan application.
17. You should not turn your back on your friends.
18. Warm weather turns the milk.
19. Turn on the light. Turn off the light.

---

1. 그것을 돌렸습니까? | 2. 열쇠를 왼쪽으로 돌리세요. | 3. 당신이 모퉁이를 돌자마자 큰 빌딩을 볼 것입니다. | 4. 나의 아버지는 차를 돌려서 집으로 갔다. | 5. 나의 어머니는 9월에 62세가 되십니다. | 6. 당신의 책 34페이지를 펴세요. | 7. 그는 나를 주목한다. (관심을 나에게로 돌린다.) | 8. 그녀는 나의 머리를 금발로 염색했다. | 9. 너무 많이 생각하면 머리가 희어진다. | 10. 그녀는 결혼반지를 찾기 위해서 온 집안을 뒤졌다. | 11. 그는 매트리스를 뒤집는다. | 12. 그는 화제를 다른 것으로 돌린다. | 13. 그는 차고를 그의 사업을 위해서 사무실로 바꿨다. | 14. 사업가들은 기회를 위해서 해외에 관심을 돌린다. | 15. 내

누이가 나에게 반대하도록 꼬드기지 말라. | 16. 그들은 나의 융자신청서를 거절했다. | 17. 당신은 결코 친구를 배반해서는 안 된다. | 18. 따뜻한 날씨는 우유를 상하게 한다 | 19. 등을 켜세요. 등을 끄세요.

> • 불완전타동사의 목적보어로 형용사를 취함. 8, 9번.

자동사 돌다. 회전하다. …으로 되다.

1. She turns to me and starts to talk.
2. He turns happy at the news.
3. The faucet turns easily.
4. My hair is turning gray.
5. Turn to the right, please.
6. Turn left at the next light.
7. The weather turns colder.
8. Please turn to page 43.
9. The road turns sharply at the top of the hill.
10. The wheels turn slowly.
11. The leaves turn yellow.
12. The rain turned to sleet.
13. I turn to God whenever I have problems.
14. The boys sometimes turn violent.
15. Why don't you turn around and show me the back of the dress?
16. He tossed and turned all night.
17. All faces turned to the beautiful lady.
18. Love can turn to hate.

1. 그녀는 나를 돌아보고 이야기하기 시작한다. | 2. 그는 그 뉴스를 듣고 기뻐한다. | 3. 그 수도꼭지는 쉽게 돌아간다. | 4. 흰머리가 점점 생기고 있습니다. | 5. 오른쪽으로 도세요. | 6. 다음 신호등에서 왼쪽으로 도세요. | 7. 날씨가 더 추워집니다. | 8. 43페이지를

펴세요. | 9. 길이 언덕 꼭대기에서 급경사합니다. | 10. 바퀴가 천천히 움직인다. | 11. 나뭇잎들이 노랗게 변합니다. | 12. 비가 진눈깨비로 변했습니다. | 13. 나는 어려움이 있을 때마다 하나님을 찾습니다. | 14. 소년들은 때때로 폭력적이 됩니다. | 15. 돌아서서 드레스의 뒤를 보여주시지 않겠습니까? | 16. 그는 밤새도록 몸을 뒤척거렸다. | 17. 모두가 그 아름다운 여자에게 눈길을 돌렸다. | 18. 사랑은 미움으로 바뀔 수 있다.

- 불완전자동사의 주격보어로 형용사를 취함. 2, 4, 7, 11, 14번.

You Can Speak English!

U

이 책을 공부하신 여러분들의
다음 단계는 한글 번역 이 없는 미국 중학생 수준의 책들을 다독하기 바란다.

Understand [ʌ́ndərstǽnd] understood - understood

타동사 …을 들어서 알고있다. 이해하다.

1. He understands my situation.
2. Everybody understands English in America.
3. Many people still don't understand computers.
4. She never understands baseball games.
5. She understands his anger.
6. I don't understand this book.
7. I understand politics.
8. Let me see if you understand the problem correctly.
9. I understand why you left her.
10. She never understands why her daughter lives alone.
11. Can you understand what the problem is?
12. We still don't understand what he was saying.
13. Do you understand how this works?
14. They understand how she feels.
15. I understand that she will visit my house tomorrow.
16. I understand that you recommended Mr. Kim.
17. We understand that he comes back from France.
18. I couldn't understand him behaving like this.
19. Nobody understands her divorcing the rich man.

1. 그는 내 입장을 이해합니다. | 2. 미국에서는 모두가 영어를 알아 듣습니다. | 3. 많은 사람들이 아직도 컴퓨터를 사용하지 못합니다. | 4. 그녀는 결코 야구경기를 이해하지 못합니다. | 5. 그녀는 그의 분노를 이해합니다. | 6. 나는 이 책을 이해하지 못하겠군요. | 7. 나는 정치를 이해합니다. | 8. 당신이 그 문제를 정확하게 이해하고 있는지 잠깐 확인하지요. | 9. 왜 당신이 그녀를 떠났는지 이해하겠군요. | 10. 그녀는 그녀의 딸이 왜 혼자사는지 결코 이해하지 못한다. | 11. 그 문제가 무엇인지 이해하시겠어요? | 12. 우리는 그가 무엇을 말하는지 여전히 이해가 되지 않는다. | 13. 당신은 이게 어떻게 작동되는지 이해합니까? | 14. 그들은 그녀가 어떤 기분인지 이해한다. | 15. 나는 그녀가 내일 우리집을

방문 할 것이라고 들어서 알고있다. | 16. 당신이 미스터 김을 추천하였다는 것을 들어서 알고 있습니다. | 17. 우리는 그가 프랑스에서 돌아온다는 것을 알고 있습니다. | 18. 나는 그가 그렇게 행동하는 것을 이해 할 수가 없군요. | 19. 아무도 그녀가 그 부잣집 남자와 이혼한 것을 이해하지 못한다.

- 타동사의 목적어로 wh절을 취함. 8. 9. 10. 11. 12. 13. 14번.
- 타동사의 목적어로 that절을 취함. 15. 16. 17번. …을 들어서 알게되다로 해석.
- 불완전타동사 (5형식)의 목적 보어로 현재분사를 취함. 18. 19번

Use [juːs] used - used 명사 사용. 이용.

타동사 사용하다. 이용하다.

1. Can I use your phone?
2. You can use my pen.
3. He uses my dictionary all the time.
4. What brand of skin lotion are you using?
5. How do I use this mobile phone?
6. Don't use the car too often because the car is using too much oil.
7. You should not use bad words around children.
8. Don't you see she is using John?
9. They use my kindness to their advantage.
10. We use the dining table as a desk sometimes.
11. She uses her good judgment in selecting her boyfriend.
12. He used his political influence to get the contract.
13. Don't use an ax to cut pies.
14. They use a ladder to pick the apples.
15. We use shovels to clear the snow.

1. 전화 좀 써도 될까요? | 2. 제 펜을 사용하셔도 됩니다. | 3. 그는 항상 나의 사전을 사용한다. | 4. 어떤 종류의 스킨로션을 쓰고 계세요? | 5. 어떻게 이 휴대폰을 사용하지요? | 6. 자동차를 너무 자주 사용하지 마세요, 왜냐하면 자동차는 너무 많은 기름을 사용하니까요. | 7. 어린이들 있는곳에서는 나쁜 말들을 사용해선 안됩니다. | 8. 그녀가 존을 이용하고 있는 것을 모르시겠어요? | 9. 그들은 그들의 이익을 위해서 나의 친절을 악용한다. | 10. 우리는 때때로 식탁을 책상으로 사용한다. | 11. 그녀는 남자친구를 고르는 데 그녀의 좋은 판단력을 사용한다. | 12. 그는 그 계약을 따내기 위해서 그의 정치적 영향력을 이용했다. | 13. 파이를 자르기 위해서 도끼를 사용하지 마세요. | 14. 그들은 사과를 따기 위해서 사다리를 이용한다. | 15. 우리는 눈을 치우기 위해서 삽을 사용한다.

You Can Speak English!

V

당신은 이미 영어를 말 하고 있다.
(You already speak English.)

Visit [vízit] visited – visited 　명사 방문. 구경.

타동사 방문하다.

1. We will visit Paris next week.
2. Why don't you visit her tomorrow?
3. You could visit me anytime.
4. She visits her parents once a month.
5. I often visit museums.
6. Which cities did you visit in Germany?
7. I am visiting my uncle for the holidays.
8. Over 5,000 people visit my English site everyday.
9. You should visit a dentist twice a year.

1. 우리는 다음주 파리를 방문할 것이다. | 2. 내일 그녀를 방문하지 그러세요? | 3. 당신은 언제든지 나를 방문할 수 있습니다. | 4. 그녀는 한 달에 한 번 부모님을 방문합니다. | 5. 나는 가끔 박물관을 방문합니다. | 6. 독일에서 어느 도시를 방문했나요? | 7. 나는 휴가 동안에 아저씨 댁을 방문 할 것입니다. | 8. 5,000명 이상의 사람들이 나의 영어사이트를 매일 방문합니다. | 9. 당신은 일 년에 두 번 치과의사를 방문해야 합니다.

자동사 방문하다. 잡담하다.

1. She visits in Miami from time to time.
2. My mother visits with her friends at home.

1. 그녀는 종종 마이애미를 방문합니다. | 2. 나의 어머니는 집에서 친구들과 이야기(잡담)를 하고 계신다.

• 구어에서 현재 진행형은 가까운 미래를 나타냄. 7번.

Vote [vout] voted - voted 명사 투표, 표결.

타동사 투표하다. 투표로 결정하다.

1. My father always votes Democrat.
2. They voted to accept the offer.
3. We should vote to establish two more schools in this town.
4. The committee voted to spend the budget on the project.
5. I vote that we visit his house tomorrow.
6. She votes that we should try Mexican food tonight.
7. He was voted the best actor of the year.
8. Giant was voted the best movie of the year.

---

1. 나의 아버지는 항상 민주당에 투표를 합니다. | 2. 그들은 그 제안을 받아들이기로 (투표로) 결정했다. | 3. 우리는 이 타운에 두 개의 학교를 더 설립할 것을 투표로 결정해야 한다. | 4. 그 위원회는 그 사업에 예산을 쓰기로 결정했다. | 5. 나는 우리가 내일 그의 집에 방문 할 것을 제안합니다. | 6. 그녀는 오늘밤 우리에게 멕시칸 음식을 먹어보자고 제안한다. | 7. 그는 금년 최고의 배우로 선정되었다. (투표에 의해서) | 8. 자이언트는 금년 최고의 영화로 선정되었다. (투표에 의해서)

- 타동사의 목적어로 to부정사를 취함. 2. 3. 4번.
- 타동사의 목적어로 that절을 취함. 5. 6번 …을 제안 한다로 해석.

자동사 투표하다.

1. Who did you vote for?
2. I voted for Mr. Handerson.
3. Only Mr. Kim voted against the proposal.
4. Why did you vote against him?
5. You have to vote if you can't agree.
6. They should vote on it.

1. 당신은 누구에게 투표했습니까? | 2. 나는 핸더슨 씨를 위해서 투표했습니다. | 3. 오직 미스터 김만이 그 제안에 반대표를 던졌습니다. | 4. 당신은 왜 그에게 반대표를 던지셨습니까? | 5. 만일 당신들이 동의할 수 없다면 투표로 결정해야 합니다. | 6. 그들은 그것에 대해서 투표로 결정해야 합니다.

• 자동사로서 vote for …에 찬성 하다. vote against …에 반대하다.

You Can Speak English!

W

여기까지 오신 여러분들의 수고에 진심으로 박수갈채를 보낸다.
계속 정진 하는 가운데 여러분의 꿈이 실현되기를 바란다.

Wait [weit] waited - waited 　명사　기다리기.

타동사　기다리다. 시중들다.

    1. Please wait your turn.
    2. She waits tables at the restaurant.

---

1. 제발 당신의 순서를 기다리세요. | 2. 그녀는 식당에서 테이블 시중을 든다. (웨이트레스로 일하고 있다.)

자동사　기다리다.

    1. Mr. Kim waits for a phone call.
    2. He waits for the test results.
    3. She has been waiting for thirty minutes.
    4. Would you wait here until I come back?
    5. Are you waiting to use the phone?
    6. They wait for *the bus* to come.
    7. I just wait for *him* to come back.
    8. We wait for *our father* to bring gifts.
    9. Everybody waits for *the price* to go down.
    10. They wait for *the snow* to stop.
    11. I can't wait to meet her.
    12. She can't wait to hear from him.
    13. He just waited to see who would come.
    14. We can't wait for our vacation.
    15. That can wait.
    16. Wait a second.
    17. I will wait and see.

1. 미스터 김은 전화를 기다리고 있다. | 2. 그는 시험 결과를 기다리고 있습니다. | 3. 그녀는 삼십분 동안 기다리고 있다. | 4. 내가 돌아올때까지 여기서 기다려 주시겠어요? | 5. 전화를 사용하기 위해서 기다리고 있는 겁니까? | 6. 그들은 버스가 오기를 기다리고 있다. | 7. 나는 그저 그가 돌아오기를 기다린다. | 8. 우리는 아버지가 선물을 가져오시기를 기다린다. | 9. 모두가 가격이 내려가기를 기다리고 있다. | 10. 그들은 눈이 멈추기를 기다린다. | 11. 나는 그녀를 만나는 것을 기다릴 수가 없어요. (보고 싶어 견딜 수가 없다) | 12. 그녀는 그로부터 소식을 기다릴 수 없다. (그녀는 그의 소식을 몹시 듣고 싶어한다) | 13. 그는 누가 오는지 보기 위해서 기다렸다. | 14. 휴가가 빨리왔으면 좋겠습니다. | 15. 그것은 늦쳐질 수 있습니다. | 16. 잠깐만요. | 17. 기다려보겠습니다. (관망하고 있겠습니다)

- 전치사 뒤에 있는 명사, 대명사 (전치사의 목적어)가 to부정사의 의미상의 주어가 됨. 6. 7. 8. 9. 10번.

Walk [wɔːk] walked - walked   명사 걷기. 산책.

타동사 …을 걷게 하다. …을 바래다주다. …을 걸어서 돌아다니다.

1. I walk my dog three times a day.
2. Parents must walk their children to school.
3. Let me walk you to the station.
4. My boyfriend walked me home last night.
5. He walked her to her car.
6. I walk three blocks to my office every morning.
7. Please don't walk New York city at night.

1. 나는 하루에 세 번 나의 개를 걷게 한다. | 2. 부모님들은 학교까지 그들의 자녀들을 데리고 가지 않으면 안 된다. (동행한다.) | 3. 제가 역까지 바래다드리겠습니다. | 4. 내 남자친구가 어젯밤 나를 집까지 바래다주었다. | 5. 그는 그녀를 그녀의 자동차까지 바래다주었다. | 6. 나는 매일 아침 사무실까지 세 블럭을 걷는다. | 7. 밤에 뉴욕시를 걸어서 돌아다니지 마세요.

자동사 걷다. 걸어가다.

1. My sister walks to school every day.
2. Be careful when you walk on the wet floor.
3. The man is walking across the street.
4. I walk for exercise.
5. She is walking along the beach with her husband.
6. Tourists are walking around the downtown area.
7. I used to walk with friends.
8. You just walk away if you don't like the deal.
9. Walk, don't run by the pool.
10. The baby finally starts to walk.

1. 나의 누이는 매일 학교까지 걸어간다. | 2. 젖은 마루 위를 걸을 때는 조심하세요. | 3. 그 남자는 길을 건너 가고 있습니다. | 4. 나는 운동을 위해서 걷는다. | 5. 그녀는 남편과 함께 해변가를 걷고 있습니다. | 6. 관광객들이 도심가 여기저기를 걷고 있습니다. | 7. 나는 친구들과 걷곤 했다. | 8. 만일 당신이 그 거래가 맘에 들지 않으면 그냥 떠나세요. | 9. 수영장 옆에서는 뛰지 말고 걸으세요. | 10. 아기가 마침내 걷기 시작한다.

• 예문을 충분히 읽으시고 자동사와 타동사의 뜻을 잘 구별해서 사용해야 함.

Want [wɔ(ː)nt] wanted - wanted 　명사 필요. 욕구.

타동사 원하다.

1. I want a new car.
2. They want a big house.
3. She wants three dolls for her birthday.
4. He wants to read books.
5. I want to see her.
6. He wants to join the army.
7. Who wants to listen to your story?
8. My mom wants me to study harder.
9. I want my son to be a doctor.
10. I don't want you to smoke.
11. We want her to succeed in business.
12. I want you to help him.
13. My boss wants us working hard.
14. I don't want women talking too much.
15. We want the prisoners treated properly.
16. They want the job finished today.
17. I want it done as soon as possible.
18. He wants his watch fixed.
19. I want my book published.
20. I want everything ready by Saturday.
21. She wants her house clean all the time.
22. What do you want from me?

1. 나는 새 자동차를 원한다. | 2. 그들은 큰 집을 원합니다. | 3. 그녀는 그녀의 생일선물로 인형 세 개를 원한다. | 4. 그는 책읽기를 원한다. | 5. 나는 그녀가 보고 싶다. | 6. 그는 입대하기를 바란다. | 7. 누가 당신의 이야기를 듣고 싶어 하지요? | 8. 나의 어머니는 내가 더 열심히 공부하기를 바란다. | 9. 나는 나의 아들이 의사가 되기를 원한다. | 10. 나는

네가 담배를 피우지 않기를 바란다. | 11. 우리는 그녀가 사업에 성공하기를 바란다. | 12. 나는 당신이 그를 도와줬으면 한다. | 13. 우리 사장님은 우리가 열심히 일하기를 바란다. | 14. 나는 여자들이 너무 떠들지 않았으면 좋겠다. | 15. 우리는 죄수들이 공정하게 처우 받기를 원한다. | 16. 그들은 오늘 그 일이 끝났으면 한다. | 17. 나는 그것이 가능한 한 빨리 끝났으면 한다. | 18. 그는 그의 시계가 수리 되기를 원하다. | 19. 나는 나의 책이 출판 되기를 원한다. | 20. 나는 모든 것이 토요일까지 준비되었으면 한다. | 21. 그녀는 항상 그녀의 집이 청결하기를 바란다. | 22. 나에게서 무엇을 원하세요?

- 타동사의 목적어로 to부정사를 취함. 4, 5, 6, 7번.
- 불완전타동사 (5형식)의 목적보어로 to부정사를 취함. 8, 9, 10, 11, 12번.
- 불완전타동사의 목적보어로 현재분사를 취함. 13, 14번.
- 불완전타동사의 목적보어로 과거분사를 취함. 15, 16, 17, 18, 19번.
- 불완전타동사의 목적보어로 형용사를 취함. 20, 21번.

Warn [wɔ:rn] warned - warned

타동사 경고하다.

1. Why didn't you warn me?
2. The police warned the careless driver.
3. She warned me about him.
4. Somebody warned us of his plot.
5. Did you warn them of the icy roads?
6. We warned her to work harder.
7. You should warn him to finish the job by tomorrow.
8. Why don't you warn her to be quiet?
9. I warn you not to go there alone.
10. She warned me not to meet him.
11. Doctors warn the pregnant woman not to smoke.
12. Teachers warn the children not to talk to strangers.
13. We were warned of his plot.
14. I was warned not to meet him.

1. 어째서 나에게 경고하지 않았어요? | 2. 경찰은 부주의한 운전자에게 경고했다. | 3. 그녀는 나에게 그 사람에 대해서 경고했다. | 4. 누군가가 우리들에게 그의 음모에 대해서 경고했다. | 5. 당신은 그들에게 미끄러운 길에 대해서 경고했습니까? | 6. 우리는 그 여자에게 더 열심히 일하라고 경고했다. | 7. 당신은 그에게 내일까지 그 일을 끝내도록 경고해야 할 것이다. | 8. 어째서 그 여자에게 조용히 하라고 경고하지 않으세요 ? | 9. 나는 당신에게 거기에 혼자 가지 않도록 경고합니다. | 10. 그녀는 나에게 그를 만나지 말라고 경고했다. | 11. 의사들은 임산부에게 담배를 피우지 말라고 경고한다. | 12. 선생님들은 어린이들에게 낯선 사람에게 말하지 말도록 경고한다. | 13. 우리는 그의 음모에 대해서 경고를 들었다. | 14. 나는 그를 만나지 않도록 경고 받았다.

- 불완전타동사 (5형식)의 목적보어로 to부정사를 취함. 6, 7, 8, 9, 10, 11, 12번.
- 부정사의 부정은 부정사 앞에 not을 둔다. 9, 10, 11, 12번.

자동사 경고하다.

1. The sign warns of the presence of snakes around here.
2. The police warned of the icy roads.

---

1. 이 표지는 이 근처에 뱀이 있다는 것을 경고합니다. | 2. 경찰은 길이 미끄럽다고 경고했다.

Wash [wɑʃ] washed - washed 　명사 세탁.

타동사 씻다. 세탁하다.

1. Tom, wash your face before going to bed.
2. You should wash your hands before every meal.
3. My sister washes the dirty clothes.
4. She is washing her baby.
5. The man washes his car everyday.
6. She washes the dishes clean after dinner.
7. Did you wash all the windows clean?
8. You (had) better wash the mud off the truck.
9. The flood washed away the houses.
10. Prayer will wash away your sins.

1. 톰, 자기 전에 세수를 해야돼요. | 2. 항상 식사 전에는 손을 닦으세요. | 3. 나의 누이는 더러운 옷을 빨고 있습니다. | 4. 그녀는 그녀의 아기를 목욕시키고 있습니다. | 5. 그 남자는 매일 그의 차를 닦습니다. | 6. 그녀는 식사 후 접시를 깨끗히 닦습니다. | 7. 당신은 모든 유리창을 깨끗히 닦았습니까? | 8. 트럭에 묻은 진흙을 닦으면 좋겠군요. | 9. 홍수가 집을 휩쓸어 갔다. | 10. 기도를 통해 당신의 죄는 씻어질 것이다.

• 불완전타동사 (5형식)의 목적 보어로 형용사를 취함. 6, 7번.

자동사 세탁되다.

1. This fabric does not wash well.

1. 이 천은 세탁이 잘 않되는군요.

Watch [watʃ]   watched - watched   명사 조심. 경계. 손목시계.

타동사 지켜보다. (TV)를 보다. 감시하다.

1. You watch television too much.
2. Somebody is watching me.
3. You should watch your weight.
4. Can you watch my bags for a couple of minutes?
5. Watch your head; the door is low.
6. Children watch the pigeons at the park.
7. Did you watch the football game on the TV last night?
8. Would you please watch the kids for me on Sunday night?
9. Watch your mouth; we have ladies here.
10. I watched the boys fight (fighting) in the street.
11. My boss watches us work (working).
12. Why don't you watch them play (playing) soccer in the park?
13. She watches the sun go (going) down.
14. Watch where you are going! You almost hit me.
15. Did you watch what they were doing yesterday?
16. She watches how it works.
17. I will watch what is happening now.
18. You should watch what the children are doing.

---

1. 당신은 텔레비전을 너무 많이 보는군요. | 2. 누군가가 나를 주시하고 있습니다. | 3. 체중에 신경을 쓰셔야 합니다. | 4. 잠깐 제 가방 좀 봐주시겠어요? | 5. 문이 낮군요, 머리를 조심하세요. | 6. 어린이들이 공원에서 비둘기를 바라보고 있습니다. | 7. 어젯 밤 텔레비전에서 미식축구를 보셨나요? | 8. 일요일 밤 나를 위해서 애들 좀 봐주시겠습니까? | 9. 말조심하세요, 숙녀들이 주위에 계십니다. | 10. 나는 길거리에서 소년들이 싸우는 것을 보았다. | 11. 나의 사장님은 우리들이 일하는 것을 주시한다. | 12. 그들이 공원에서 축구경기를 하는 것을 보지 않으시겠어요? | 13. 그녀는 해가 지는 것을 바라보고 있다. | 14. 앞을 똑바로 보세요, 당신은 나를 거의 칠 뻔했습니다. | 15. 당신은 어제 그들이 무엇을 하고 있었는지 지켜보셨습니까? | 16. 그녀는 그것이 어떻게 작동되는지 지켜본다. | 17.

지금 무슨 일이 일어나는지 지켜보겠습니다. | 18. 당신은 어린이들이 무엇을 하는지 잘 지켜보셔야 합니다.

- 불완전타동사 (5형식)의 목적보어로 동사의 원형 또는 현재분사를 취함. 둘다 구별없이 쓰임. 10. 11. 12. 13번.
- 타동사의 목적어로 wh절을 취함. 14. 15. 16. 17. 18번.

자동사 주의하여 보다. 경계하다.

1. You watch for a signal when you cross the street.
2. He was watching for an attack from the enemy.
3. Watch out!

1. 길을 건널 때는 신호등을 보세요. | 2. 그는 적으로부터의 공격을 감시하고 있었다. (경계하고 있었다.) | 3. 조심해요!

Wear [wɛər] wore - worn 　명사 착용. 입기.

타동사 입고 있다. (안경을) 쓰다. (수염을) 기르다.

1. She is wearing a red jacket.
2. He wears a brown suit today.
3. I seldom wear dark colors.
4. Can I wear these shoes with this dress?
5. What should I wear to the party?
6. Why don't you wear your sunglasses?
7. You should wear a seatbelt.
8. She wears a smile all the time.
9. Most men wear mustaches in South America.
10. Are you going to wear a beard?

1. 그녀는 붉은색의 재킷을 입고 있습니다. | 2. 그는 오늘 갈색 양복을 입고 있습니다. | 3. 나는 좀처럼 어두운 색깔의 옷을 입지 않습니다. | 4. 제가 이 드레스에 맞춰서 이 구두를 신어도 괜찮을까요? | 5. 파티에 무엇을 입고 가죠? | 6. 선글라스를 쓰지 그러세요? | 7. 안전벨트를 착용하십시요. | 8. 그녀는 항상 미소를 띄웁니다. | 9. 남미에서 대부분의 남자들은 콧수염을 기릅니다. | 10. 턱수염을 기를 작정이세요?

자동사 낡아지다.

1. Expensive fabrics don't wear well.
2. Your blue pants have worn terribly.

1. 비싼 천은 잘 헤지지 않습니다. | 2. 당신의 감색 바지가 무척 낡았군요.

Win [win] won - wona

타동사 이기다. 손에 넣다.

1. We have to win this game.
2. The youngest boy won the race.
3. Mr. Kennedy won the election.
4. She won first prize.
5. He won a TV in the game.
6. Who won the prize?
7. How much money did you win?
8. I hope that my country wins ten gold medals in the next Olympics.
9. He won her respect with hard work.
10. Try to win the trust of your friends.

1. 우리는 이 경기에 이기지 않으면 안 된다. | 2. 가장 나이 어린 소년이 달리기에서 이겼다. | 3. 미스터 케네디가 선거에서 이겼다. | 4. 그녀가 일등상을 받았다. | 5. 그는 게임에서 TV를 상으로 받았다. | 6. 누가 그 상품을 받았나요? | 7. 당신은 얼마(상품으로)를 받았습니까? | 8. 나는 우리나라가 다음 올림픽에서 금메달 10개를 획득하길 희망한다. | 9. 그는 열심히 일해서 그녀의 존경심을 얻었다. | 10. 친구들의 신뢰를 얻도록 노력하세요.

자동사 이기다.

1. Which team is winning?
2. He won at chess again.
3. I never win at tennis.

1. 어느 팀이 이기고 있습니까? | 2. 그는 체스경기에서 또 이겼다. | 3. 나는 결코 테니스 경기에서 이기지 못한다.

Wish [wiʃ] wished - wished 　명사 소원, 소망.

타동사　바라다. 원하다.

1. What do you wish?
2. I wish your help.
3. He wishes to master English.
4. She wishes to go to America.
5. The man wishes to marry my sister.
6. I wish (that) I could sing songs like her.
7. I wish (that) I could remember his name.
8. He wishes (that) she would disappear from the world.
9. I wish (that) my father was rich.
10. He wished (that) he had not met her.
11. He wishes me good luck.
12. I wish you success.

---

1. 무엇을 바라세요? | 2. 나는 당신의 도움을 바랍니다. | 3. 그는 영어에 능숙하기를 바랍니다. | 4. 그녀는 미국에 가기를 원합니다. | 5. 그 남자는 나의 여동생과 결혼하기를 원합니다. | 6. 내가 그 여자처럼 노래를 부를 수 있으면 좋으련만. | 7. 내가 그의 이름을 기억할 수 있으면 좋을 텐데. | 8. 그는 그녀가 지구에서 사라졌으면 한다. | 9. 나는 나의 아버지가 부자였으면 좋겠다고 생각한다. | 10. 그는 그녀를 만나지 않았더라면 좋았을 텐데라고 생각했다. | 11. 그는 나에게 행운을 빌어준다. | 12. 당신의 성공을 빕니다.

- 타동사의 목적어로 to부정사를 취함. 3. 4. 5번
- 타동사의 목적어로 that절을 취함. 6. 7. 8. 9. 10번. (that)은 생략 가능.
- 문장의 4형식 11. 12번.

자동사 바라다.

1. He used to wish for an older brother.
2. She wishes for a new car.
3. Everybody wishes for money, power and fame.

1. 그는 형이 있었으면 좋겠다고 생각했다. | 2. 그녀는 새 자동차를 원한다. | 3. 모두가 돈, 권력 그리고 명성을 원한다.

Wonder [wʌ́ndər] wondered - wondered　명사 불가사의. 경이.

타동사 …을 궁금하게 여기다.

1. I just wonder why she didn't come to the party.
2. We wonder where he is now.
3. Everybody is wondering how she feels today.
4. I wonder who I should invite to the dinner.
5. We wonder if he could help us.
6. They wonder whether the story is true or not.
7. She wonders who they are.
8. I still wonder what he wants.
9. Do you wonder how big the universe is?

1. 왜 그녀가 파티에 오지 않았는지 궁금합니다. | 2. 그가 지금 어디에 있을까요? | 3. 그녀가 오늘 기분이 어떤지 모두가 궁금해 하고 있습니다. | 4. 저녁식사에 누구를 초대해야 할지 모르겠군요. | 5. 그가 우리를 도와줄지 궁금하군요. | 6. 그들은 그 이야기가 진짜인지 아닌지 궁금해 합니다. | 7. 그녀는 그들이 누군지 궁금해 합니다. | 8. 그가 무엇을 원하는지 여전히 궁금합니다. | 9. 우주가 얼마나 큰지 궁금하세요?

- 타동사의 목적어로 wh절을 취함. 1. 2. 3. 4. 5. 6. 7. 8. 9번.
- wonder의 목적어로 wh절과 that절이 가능하나 wh절이 많이 사용됨.

자동사 놀라다. 경탄하다.

1. I am wondering about the guy who watches TV all day.
2. We never wonder at his generosity.

1. 나는 하루종일 TV를 보고 있는 그 사람이 놀라울 뿐입니다. | 2. 우리는 그의 관대함에 결코 놀라지 않습니다.

Work [wəːrk] worked – worked **명사** 일. 직업. 노동. 공부.

타동사 일시키다. 부리다. (특정지역을) 담당하다. (기계를) 조작하다.

1. My boss works me really hard.
2. Mr. Johnson works the East Coast.
3. He works the printer very well.
4. Could you tell me how to work this new phone?

---

1. 나의 사장님은 나에게 몹시 많은 일을 시킨다. | 2.존슨 씨는 동부지역의 판매를 담당하고 있다. | 3.그는 인쇄기를 매우 잘 다룬다. (조작한다.) | 4.이 새 전화기를 어떻게 사용(조작)하는지 말해주시겠어요?

자동사 일하다. 공부하다. 노력하다. (기계 따위가) 작동되다.

1. She works for the post office.
2. I work for General Motors.
3. She used to work at the bank.
4. Did you work at the White House?
5. Where does he work?
6. He works at wine company as a salesperson.
7. They work with me on the project.
8. She works on Latin at college.
9. Does the television work?
10. The CD player is working great.
11. He works nights.
12. I worked all night.
13. They worked hard to solve the problem.
14. She works with the poor to help them get jobs.
15. My brain is not working well today.
16. Our plan didn't work out.

17. How often do you workout?

1. 그녀는 우체국에서 일합니다. | 2. 나는 GM에서 일합니다. | 3. 그녀는 은행에서 일했었습니다. | 4. 당신은 백악관에서 근무했습니까? | 5. 그는 어디서 일하죠? | 6. 그는 포도주회사에서 판매원으로 일하고 있습니다. | 7. 그들과 나는 함께 그 사업에 일하고 있다. | 8. 그녀는 대학에서 라틴어를 배우고 있다. | 9. 그 TV가 작동합니까? | 10. 그 CD 플레이어는 잘 작동됩니다. | 11. 그는 밤에 일합니다. (야간근무) | 12. 나는 밤새도록 일했다. | 13. 그들은 그 문제를 풀기 위해 열심히 노력했다. | 14. 그녀는 가난한 사람들이 직장을 갖는 것을 돕기 위해서 그들과 함께 일한다. | 15. 오늘은 내머리가 잘 돌지 않는군요. (둔하다) | 16. 우리들의 계획이 잘 실행되지 않았습니다. | 17. 얼마나 자주 운동을 하십니까?

Worry [wə́:ri] worried - worried 　명사　걱정.

타동사 …을 괴롭히다.

1. Children worry their parents sometimes.
2. You should not worry yourself. Everything will be okay.
3. The high cost of living worries poor families.
4. She worried *that* he wouldn't come back.
5. He worries *that* he might make the same mistake again.
6. They worry *that* they would fail in the business.

1. 어린이들은 때때로 부모님을 걱정시킵니다. | 2. 당신은 당신 자신을 괴롭혀서는 안 됩니다. 모든 것이 잘될 것입니다. | 3. 높은 생활비가 가난한 가정들을 괴롭힙니다. | 4. 그녀는 그가 돌아오지 않을까 걱정합니다. | 5. 그는 또 같은 실수를 하지 않을까 걱정합니다. | 6. 그들은 사업에 실패하지 않을까 걱정합니다.

• 타동사의 목적어로 that절을 취함. 4, 5, 6번.

자동사 걱정하다. 근심하다.

1. She worries about my health.
2. I was worrying about my sister.
3. He never worries about taking a test.
4. You don't have to worry about getting a job. Everybody likes you.
5. She worries about the way she looks.
6. My mom worries over the slightest thing.
7. Don't worry, please. I will help you.
8. I have nothing to worry about.
9. Don't worry, just be happy.

1. 그녀는 나의 건강에 대해서 걱정합니다. | 2. 나는 나의 누이에 대해서 걱정하고 있었습니다. | 3. 그는 결코 시험 치는 것을 걱정하지 않습니다. | 4. 취직하는 것을 걱정하지 마세요. 모두가 당신을 좋아합니다. | 5. 그녀는 어떻게 보일까에 신경씁니다. | 6. 나의 어머니는 아주 작은 일에도 걱정합니다. | 7. 걱정마세요. 제가 도와드리 겠습니다. | 8. 나는 걱정해야할 것이 아무것도 없습니다. | 9. 걱정마시고 그냥 행복하게 지내세요.

Write [rait] wrote - written

타동사 쓰다. …에게 편지를 쓰다.

1. Philip wrote this book.
2. Who wrote that play?
3. When you write a check, please record its number
4. Please write your name on the form.
5. When did you write him?
6. She writes me once a month.
7. Can I write you a check?
8. Did you write a letter to your mother?
9. He writes her a long letter every night.
10. He writes a long letter to her every night.
11. Mary wrote her friend that she would go to Spain.
12. He wrote me that he would join the army.
13. My son wrote me to send money to him.
14. She wrote me to take care of her old father.
15. A long letter is written to her by him every night.
16. Honesty is written on people's faces.

1. 필립이 이 책을 썼습니다. | 2. 누가 그 연극을 썼지요? | 3. 당신이 수표를 사용할때는 수표의 번호를 기록하세요. | 4. 당신의 이름을 이 양식 위에 써주십시요. | 5. 언제 그에게 편지를 썼나요? | 6. 그녀는 나에게 한 달에 한 번 편지를 씁니다. | 7. 당신에게 체크를 써 드릴까요? (수표를 사용할 수 있습니까?) | 8. 당신은 당신의 어머니에게 편지를 썼습니까? | 9. 그는 그녀에게 매일 밤 긴편지를 쓴다. | 10. 그는 그녀에게 매일 밤 긴 편지를 쓴다. | 11. 메리는 그녀의 친구들에게 스페인에 간다고 편지를 써서 알렸다. | 12. 그는 나에게 입대할 것이라고 편지로 알려왔다. | 13. 나의 아들은 돈을 보내달라고 편지를 써서 알려왔다. | 14. 그녀는 그녀의 늙은 아버지를 잘 부탁한다고 나에게 편지를 보내왔다. | 15. 그는 매일밤 그녀에게 긴 편지를 쓴다. | 16. 사람들 얼굴에 정직함이 쓰여져 있습니다.

- 4형식의 직접목적어로 that절을 취함. 11. 12 번. 앞의 명사. 대명사는 간접목적어.
- 불완전타동사 (5형식)의 목적보어로 to부정사를 취함. 13. 14 번.
- 4형식의 직접목적어 만이 수동태의 주어가 될수 있음. 15 번은 9 번의 수동태.
- 문장의 4형식 7. 9번.

자동사 쓰다. 편지를 쓰다. 글을 쓰다.

1. I write to my family.
2. He writes with a pen.
3. She writes for the local newspaper.
4. How often do you write to your friends?
5. The reporter writes about minority issues.
6. Michael writes about the life of animals.
7. I will write to the boss about the problem.
8. This pen writes well.
9. How long have you been writing?

1. 나는 가족에게 편지를 쓴다. | 2. 그는 펜으로 글을 쓴다. | 3. 그녀는 지역신문사를 위해서 기고를 한다. | 4. 당신은 얼마나 자주 당신의 친구들에게 편지를 씁니까? | 5. 그 기자는 소수민족 문제에 관해서 글을 쓴다. | 6. 마이클은 동물의 삶에 관한 글을 쓴다. | 7. 나는 사장님에게 그 문제에 관해서 편지를 쓸것이다. | 8. 이 펜은 잘 써진다. | 9. 당신은 얼마나 오랫동안 저술활동을 해오셨습니까?

필수동사 318개

[A]
accept
account
achieve
act
add
admit
affect
afford
agree
aim
allow
answer
appear
apply
argue
arrange
arrive
ask
attack
avoid

[B]
base
beat
become
begin
believe
belong
break
build
burn
buy

[C]
call
care
carry
catch
cause
change
charge
check
choose
claim
clean
clear
climb
close
collect
come
commit
compare
complain
complete
concern
confirm
connect
consider
consist
contact
contain
continue
contribute
control
cook
copy
correct
cost
count
cover
create
cross
cry
cut

[D]
damage
dance
deal
decide
deliver
demand
deny
depend
describe
design
destroy
develop
die
disappear
discover
discuss
divide
do
draw
dress
drink
drive
drop

[E]
eat
enable
encourage
enjoy
examine
exist
expect
experience
explain
express
extend

[F]
face
fail
fall
fasten
feed
feel
fight
fill
find
finish
fit
fly
fold
follow
force
forget
forgive
form
found

[G]
gain
get
give
go
grow

[H]
handle
happen
hate
have
head
hear
help
hide
hit
hold
hope
hurt

[I]
identify
imagine
improve
include
increase
indicate
influence
inform
intend
introduce
invite
involve

[J]
join
jump

[K]
keep
kick
kill
knock
know

[L]
last
laugh
lay
lead
learn
leave
lend
let
lie
like
limit
link
listen
live
look
lose
love

[M]
make
manage
mark
matter
mean
measure
meet
mention
mind
miss
move

[N]
need
notice

[O]
obtain
occur
offer

open
order
own

[P]
pass
pay
perform
pick
place
plan
play
point
prefer
prepare
present
press
prevent
produce
promise
protect
prove
provide
publish
pull
push
put

[R]
raise
reach
read
realize
receive
recognize
record
reduce
refer
reflect
refuse

regard
relate
release
remain
remember
remove
repeat
replace
reply
report
represent
require
rest
result
return
reveal
ring
rise
roll
run

[S]
save
say
see
seem
sell
send
separate
serve
set
settle
shake
share
shoot
shout
show
shut
sing
sit

sleep
smile
sort
sound
speak
stand
start
state
stay
stick
stop
study
succeed
suffer
suggest
suit
supply
support
suppose
survive

[T]
take
talk
teach
tell
tend
test
thank
think
throw
touch
train
travel
treat
try
turn

[U]
understand

use

[V]
visit
vote

[W]
wait
walk
want
warn
wash
watch
wear
win
wish
wonder
work
worry
write

필수명사 399개

[A]
account
act
addition
adjustment
advertisement
agreement
air
amount
amusement
animal
answer
apparatus
approval
argument
art
attack
attempt
attention
attraction
authority

[B]
back
balance
base
behavior
belief
birth
bit
bite
blood
blow
body
brass
bread
breath
brother
building
burn
burst
business
butter

[C]
canvas
care
cause
chalk
chance
change
cloth
coal
color
comfort
committee
company
comparison
competition
condition
connection
control
cook
copper
copy
cork
cough
country
cover
crack
credit
crime
crush
cry
current
curve

[D]
damage
danger
daughter
day
death
debt
decision
degree
design
desire
destruction
detail
development
digestion
direction
discovery
discussion
disease
disgust
distance
distribution
division
doubt
drink
driving
dust

[E]
earth
edge
education
effect
end
error
event
example
exchange
existence
expansion
experience
expert

[F]
fact
fall
family
father
fear
feeling
fiction
field
fight
fire
flame
flight
flower
fold
food
force
form
friend
front
fruit

[G]
glass
gold
government
grain
grass
grip
group
growth
guide

[H]
harbor
harmony
hate
hearing
heat
help
history
hole
hope
hour
humor

[I]
ice
idea
impulse
increase
industry
ink
insect
instrument
insurance
interest
invention
iron

[J]	measure	[P]	range	shame
jelly	meat	page	rate	shock
join	meeting	pain	ray	side
journey	memory	paint	reaction	sign
judge	metal	paper	reading	silk
jump	middle	part	reason	silver
	milk	paste	record	sister
[K]	mind	payment	regret	size
kick	mine	peace	relation	sky
kiss	minute	person	religion	sleep
knowledge	mist	place	representative	slip
	money	plant	request	slope
[L]	month	play	respect	smash
land	morning	pleasure	rest	smell
language	mother	point	reward	smile
laugh	motion	poison	rhythm	smoke
low	mountain	polish	rice	sneeze
lead	move	porter	river	snow
learning	music	position	road	soap
leather		powder	roll	society
letter	[N]	power	room	son
level	name	price	rub	song
lift	nation	print	rule	sort
light	need	process	run	sound
limit	news	produce		soup
linen	night	profit	[S]	space
liquid	noise	property	salt	stage
list	note	prose	sand	start
look	number	protest	scale	statement
loss		pull	science	steam
love	[O]	punishment	sea	steel
	observation	purpose	seat	step
[M]	offer	push	secretary	stitch
machine	oil		selection	stone
man	operation	[Q]	self	stop
manager	opinion	quality	sense	story
mark	order	question	servant	stretch
market	organization		sex	structure
mass	ornament	[R]	shade	substance
meal	owner	rain	shake	sugar

523

suggestion
summer
support
surprise
swim
system

[T]
talk
taste
tax
teaching
tendency
test
theory
thing
thought
thunder
time
tin
top
touch
trade
transport
trick
trouble
turn
twist

[U]
unit
use

[V]
value
verse
vessel
view
voice

[W]
walk
war
wash
waste
water
wave
wax
way
weather
week
weight
wind
wine
winter
woman
wood
wool
word
work
wound
writing

[Y]
year

필수형용사 329개

[A]
able
academic
active
actual
additional
afraid
alive
alone
alternative
ancient
angry
annual
apparent
appropriate
attractive
available
average
aware

[B]
bad
basic
beautiful
big
black
bloody
blue
brief
bright
broad
brown
busy

[C]
capable
careful
central
certain
cheap
chief
civil
clean
clear
close
cold
comfortable
commercial
common
complete
complex
concerned
conservative
considerable
constant
contemporary
conventional
corporate
correct
criminal
critical
crucial
cultural
current

[D]
daily
dangerous
dark
dead
dear
deep
democratic
detailed
different
difficult
direct
domestic
double
dramatic
dry
due

[E]
early
eastern
easy
economic
educational
effective
efficient
elderly
empty
enormous
entire
environmental
equal
essential
excellent
existing
expensive
extensive
external
extra

[F]
fair
familiar
famous
far
fast
federal
female
final
financial
fine
firm
first
flat
following
foreign
formal
free
fresh
friendly
front
full
fundamental
funny
future

[G]
general
glad
golden
good
great
green
grey
growing
guilty

[H]
happy
hard
healthy
heavy
high
historical
hot
huge
human

[I]
ideal
immediate
important
impossible
increased
independent
individual
industrial
initial
inner
interested
interesting
internal
international

[J]
joint

[K]
keen
key

[L]
labor
large
last

late	northern	public	simple	[U]
leading	nuclear		single	unable
left		[Q]	slight	unique
legal	[O]	quick	slow	united
liberal	obvious	quiet	small	unknown
light	odd		social	unlikely
likely	official	[R]	soft	unusual
limited	old	rare	sorry	upper
little	only	ready	southern	urban
living	open	real	special	used
local	opposite	reasonable	specific	useful
long	ordinary	recent	standard	usual
long-term	original	red	strange	
lovely	other	regional	strong	[V]
low	overall	regular	subsequent	valuable
lucky		relative	substantial	various
	[P]	relevant	successful	vast
[M]	parliamentary	religious	sudden	very
main	particular	remaining	sufficient	vital
major	past	responsible	suitable	voluntary
male	perfect	rich	sure	
married	permanent	right	surprised	[W]
massive	personal	round		warm
medical	physical	royal	[T]	weak
mental	political	rural	tall	western
middle	poor		technical	white
military	popular	[S]	temporary	whole
minor	positive	safe	terrible	wide
modern	possible	scientific	thick	wild
moral	potential	secondary	thin	willing
	powerful	senior	tiny	wonderful
[N]	practical	separate	tired	working
narrow	present	serious	top	wrong
national	previous	severe	total	
natural	primary	sexual	tough	[Y]
necessary	prime	sharp	traditional	yellow
negative	prior	short	true	young
new	private	significant	typical	
nice	professional	silent		
normal	proper	similar		

부사 144개

[A]
accidentally
afterwards
almost
always
angrily
annually
anxiously
awkwardly

[B]
badly
blindly
boastfully
boldly
bravely
briefly
brightly
busily

[C]
calmly
carefully
carelessly
cautiously
cheerfully
clearly
correctly
courageously
crossly
cruelly

[D]
daily
defiantly
deliberately

doubtfully

[E]
easily
elegantly
enormously
enthusiastically
equally
even
eventually
exactly

[F]
faithfully
far
fast
fatally
fiercely
fondly
foolishly
fortunately
frantically

[G]
gently
gladly
gracefully
greedily

[H]
happily
hastily
honestly
hourly
hungrily

[I]
innocently
inquisitively
irritably

[J]
joyously
justly

[K]
kindly

[L]
lazily
less
loosely
loudly

[M]
madly
merrily
monthly
more
mortally
mysteriously

[N]
nearly
neatly
nervously
never
noisily
not

[O]
obediently

obnoxiously
often
only

[P]
painfully
perfectly
politely
poorly
powerfully
promptly
punctually

[Q]
quickly
quietly

[R]
rapidly
rarely
really
recklessly
regularly
reluctantly
repeatedly
rightfully
roughly
rudely

[S]
sadly
safely
seldom
selfishly
seriously
shakily

sharply
shrilly
shyly
silently
sleepily
slowly
smoothly
softly
solemnly
sometimes
soon
speedily
stealthily
sternly
successfully
suddenly
suspiciously
swiftly

[T]
tenderly
tensely
thoughtfully
tightly
tomorrow
too
truthfully

[U]
unexpectedly

[V]
very
victoriously
violently
vivaciously

[W]
warmly
weakly
wearily
well
wildly

[Y]
yearly
yesterday